Auxiliando a humanidade a encontrar a Verdade

J. W. Rochester

OS TEMPLÁRIOS
Livro 2 da bilogia: Os Servidores do Mal

© 2005 - Conhecimento Editorial Ltda.

OS TEMPLÁRIOS
J. W. Rochester - Vera Ivanovna Kryzhanovskaia

Todos os direitos desta edição reservados à
CONHECIMENTO EDITORIAL LTDA.
Caixa Postal 404 - CEP 13480-970 - Limeira - SP
Fone/Fax: 19 3451-0143
www.edconhecimento.com.br
conhecimento@edconhecimento.com.br

Nos termos da lei que resguarda os direitos autorais, é proibida a reprodução total ou parcial, de qualquer forma ou por qualquer meio — eletrônico ou mecânico, inclusive por processos xerográficos, de fotocópia e de gravação — sem permissão, por escrito, do editor.

Tradução:
Victor Selin
Revisão e adaptação à língua portuguesa:
Margareth Rose A. F. Carvalho
Capa e projeto gráfico:
Sérgio F. Carvalho
Colaboraram nesta edição:
**Paulo Gontijo de Almeida e
Antonio Rolando Lopes Jr.**

ISBN 85-7618-058-9

Dados Internacionais de Catalogação na Publicação (CIP)
(Câmara Brasileira do Livro, SP, Brasil)

Rochester, John Wilmot, Conde de (Espírito)
Os Templários : bilogia, os servidores do mal, livro 2 / J. W. Rochester ; obra psicografada pela médium russa Vera Ivanovna Kryzhanovskaia ; tradução de Victor Selin. — 2ª. ed. rev. e adapt. à língua portuguesa por Margareth Rose A. F. Carvalho — , Limeira, SP: Editora do Conhecimento, 2005.

ISBN 85-7618-058-9

1. Espiritismo 2. Ficção espírita 3. Obras psicografadas I. Kryzhanovskaia, Vera Ivanovna, 1861-1924. II Carvalho, Margareth Rose A. F. III Título.

05-2402   CDD — 133.93

Índice para catálogo sistemático:
1. Romance mediúnico : Obras mediúnicas psicografadas : Espiritismo 133.93

J. W. Rochester

OS TEMPLÁRIOS
Livro 2 da bilogia: Os Servidores do Mal

Obra psicografada por
Vera Ivanovna Kryzhanovskaia

Tradução:
Victor Selim

2ª edição
2005

Obras do autor editadas pela Editora do Conhecimento:

- O Castelo Encantado – 2001
- Num Outro Mundo – 2001
- Dolores – 2001
- O Terrível Fantasma (Trilogia – Livro 1) – 2001
- No Castelo Escocês (Trilogia – Livro 2) – 2001
- Do Reino das Trevas (Trilogia – Livro 3) – 2002
- Os Luciferianos (Bilogia – Livro 1) – 2002
- Os Templários (Bilogia – Livro 2) – 2002
- Ksenia – 2003
- A Filha do Feiticeiro – 2003
- O Paraíso sem Adão – 2003
- A Teia – 2003
- O Chanceler de Ferro do Antigo Egito – 2004
- No Planeta Vizinho – 2004
- O Faraó Mernephtah – 2005
- A Vingança do Judeu – 2005
- Episódio da Vida de Tibério – 2005
- Herculanum – 2007
- Hatasu — a rainha do Egito – 2007
- Abadia dos Beneditinos – 2007

Obs: A data após o título se refere à primeira edição.

В. И. Крыжановская
(РОЧЕСТЕРЪ)

ТАМПЛІЕРЫ

(«СЛУГИ ЗЛА»).

> «Невозможно не прійти соблазнамъ; но горе тому, чрезъ кого они приходятъ».
>
> Л. XVII. 1.

РОМАНЪ

С.-ПЕТЕРБУРГЪ.

1904.

V.I. Kryzhanovskaia
OS TEMPLÁRIOS
São Petersburgo
Gráfica e Litografia de V. V. Komarov
1904

"É inevitável que venham tentações; mas ai do homem através do qual elas vêm!"

(Lucas, cap. XVII, v.v 1)

Rembrando

Raymond e Eliza, jovens personagens da trama de *Os Servidores do Mal* (primeiro livro da bilogia), retornam agora ao cenário de *Os Templários* (segundo livro da bilogia) para consumar, de fato, o matrimônio que lhes fora "arranjado" pelos pais, quando ainda eram muito crianças. Eliza aguardava, inconformada, o demorado retorno do "marido", que tinha viajado à Terra Santa, voluntariamente, para pagar uma promessa pelo restabelecimento da inocente esposa, vítima de seus pecados.

Mas Raymond era por demais inconstante e imaturo e, não suportando a solidão em terras tão distantes, acabou por se envolver numa "intriga amorosa" com uma sensual e sinistra judia. Começou aí a sua verdadeira desgraça! Endividado e totalmente envolvido pelos membros da seita dos "luciferianos", Raymond se vê num labirinto sem saída e percebe que fora enganado. Como retornar agora para os braços de sua amada? Como explicar a todos aquela longa demora?

Neste ínterim, Eliza reencontra o pai e conhece Gil Basemon, o belo cavaleiro "do Templo" adepto de uma ciência obscura, cuja alma afundava sem freios nos abismos do mal. Linda e romântica, a Condessa então desperta o verdadeiro amor no coração do jovem templário. Mas Uriel, o selvagem judeu "luciferiano", ainda está em cena tramando nos subterrâneos do castelo de Ortruda um terrível fim para Raymond e Eliza.

Era a "Idade das Trevas" e a luz ainda não se fazia presente no coração dos homens. Gil Basemon vai experimentar, então, as piores torturas e crueldades que caracterizam aquele período histórico; e a imponente e rica "Ordem dos Templários" vê, estupefata, a sua trágica derrocada, levando junto consigo o grande amor desta história.

Voltando no tempo a fim de ajudar o leitor a reconstituir o cenário daquela época difícil para a Humanidade, Antonio Rolando Lopes Jr., dedicado colaborador da **Editora do Conhecimento,** inaugura as páginas de *Os Templários* apresentando alguns registros históricos que permitirão a todos melhor elucidar e entender importantes acontecimentos da idade medieval, presentes nesta empolgante bilogia inédita de Conde de Rochester.

Os editores.

As Cruzadas

Para entender a história dos "Templários" é necessário inicialmente conhecer o que foi o "movimento cruzadista" que, retratando a estrutura mental e religiosa do homem medieval, se estendeu entre os séculos XI e XII, levando-o a lutar contra os inimigos da fé cristã.

Desde o advento do Cristianismo como religião oficial do Império Romano, as peregrinações à Terra Santa (Palestina) pouco a pouco ganharam popularidade e tornaram-se movimentos de fé e de penitência, numa busca aos túmulos dos mártires cristãos e aos monumentos construídos em suas homenagens.

Durante o século V, o intercâmbio entre o Ocidente e o Oriente já era intenso. Os sírios levavam suas idéias religiosas, sua cultura e sua arte para as cidades da Gália e da Itália e, por sua vez, os cristãos ocidentais viajavam em caravanas para a Síria, Palestina e Egito, não só para visitar os lugares sagrados, mas também buscando uma vida ascética.

Mas, a partir do oitavo século, com a unificação política dos árabes, em decorrência da união religiosa obtida por Maomé, organizador do Islamismo, tal situação começou a se modificar e os peregrinos passaram a ter grandes dificuldades para chegar à Palestina. A religião islâmica pregava a guerra santa aos infiéis e justificava o direito de saqueá-los porque não aceitavam o Deus criador dos bens materiais.

Vários acordos foram feitos com o Oriente naquela época, principalmente pelos soberanos francos, na tentativa de restabelecer a paz e favorecer as condições dos peregrinos ocidentais.

Em 1009, o califa egípcio Hakem,[1] num ataque de loucura, mandou destruir o Santo Sepulcro e exterminar os cristãos estabelecidos em Jerusalém, que passaram a ser cruelmente perseguidos. Mas, em 1027, o protetorado franco foi substituído pelos imperadores bizantinos e estes ordenaram, então, a reconstrução do Santo Sepulcro.

O homem medieval possuía uma fé profunda; acreditava no Paraíso e no Inferno. Por esta razão, a intensa espiritualidade daquele período histórico direcionava tais movimentos e, ao invés de diminuir, o entusiasmo dos cristãos em busca dos locais sagrados, especialmente no século XI, aumentava mais e mais, envolvendo inclusive príncipes, reis, bispos e cavaleiros.

Todavia, a expansão dos turcos no final do século XI, cujo Islamismo fanático levava-os a impedir as expedições cristãs a Jerusalém, comprometeu totalmente a segurança dos peregrinos e colocou em risco o Império Bizantino[2] e toda a cristandade. Com a tomada de Jerusalém, as peregrinações aos lugares santos foram proibidas. Os imperadores de Constantinopla imploraram a assistência dos papas, pedindo o reestabelecimento da unidade cristã, a expulsão dos turcos e o resgate do Santo Sepulcro. Foi então que surgiram as Cruzadas, expedições guerreiras de caráter religioso com o propósito de libertar a Palestina dos turcos e proteger os fiéis dos perigos das peregrinações; uma verdadeira contra-ofensiva cristã ao avanço muçulmano.

Outros fatores contribuíram e impulsionaram o movimento das Cruzadas. O momento histórico porque passava a Europa, numa relação feudalista suserano-vassalo, fazia-se

---

1 Hakem (996-1021) - Sexto califa fatímida do Egito. Fatímida - Muçulmano que se declarava descendente direto de Fátima e Ali, filha e genro do profeta Maomé, organizador do Islamismo.
2 Império Bizantino (330 a 1453) - Império Romano do Oriente, cuja capital era Bizâncio, fundada pelos gregos no século VII a.C., tomando posteriormente o nome de Constantinopla; hoje Istambul, na Turquia.

refletir também no relacionamento entre os homens e Deus. Assim, os guerreiros-vassalos tinham como dever e forma de penitência proteger o Cristo-suserano. No contexto comercial, as Cruzadas constituíram excelente oportunidade de criar a sua área de influência no Mediterrâneo. A própria expedição militar representava um bom investimento, já que os italianos forneciam empréstimos, mantimentos, equipamentos e navios aos cruzados. Além disso, no campo social, a expansão demográfica e a conseqüente expansão das fronteiras agrícolas desencadearam a migração dos camponeses dos feudos, que passaram a buscar uma forma alternativa de sobrevivência; e as Cruzadas dariam esta oportunidade de obter novas terras no Oriente.

Entre os anos de 1096 e 1270, foram organizadas muitas Cruzadas, mas a História registra oito delas como sendo as principais. Na verdade, houve um fluxo ininterrupto de peregrinações a Jerusalém, armadas ou não, que desembarcavam ali todos os anos durante a primavera. O termo "Cruzada" adveio do período em que o Papa Urbano II, durante o Concílio de Clermont, ordenou aos cavaleiros que estavam de partida para a Terra Santa que assinalassem com uma cruz os seus trajes guerreiros, com a promessa de receberem a indulgência pelos pecados cometidos, a suspensão de suas dívidas e a proteção dos seus bens. Inclusive, muitos daqueles que partiram para a conquista de Jerusalém, fizeram-no justamente na expectativa de morrer na luta e ganhar a salvação eterna. Os cavaleiros passaram, então, a utilizar o símbolo da cruz sobre as suas armaduras.

A primeira Cruzada (1096-1099) foi comandada por Godofredo de Bulhão e obteve relativo sucesso com a conquista da Palestina e parte da Síria e a fundação de um reino cristão. Foi durante este período que começaram a surgir várias ordens de cavaleiros: a dos Hospitalários, a dos Templários e a dos Teutônicos.

Entre os anos de 1147 e 1149 foi organizada a segunda Cruzada contra os muçulmanos; desta vez liderada por Luís VII, Rei da França, e por Conrado III, Imperador do Sacro

Império Romano-germânico.[3] A expedição atingiu Constantinopla e chegou à Ásia, mas foi derrotada antes de chegar à Palestina.

A terceira Cruzada, ou Cruzada dos Reis (1189-1192), foi decidida pelo Papa Gregório VIII, depois que o sultão egípcio Saladin[4] retomou Jerusalém. Foi liderada por Ricardo Coração de Leão, Rei da Inglaterra, por Filipe II, Rei da França, e por Frederico Barba Ruiva, Imperador do Sacro Império Romano-germânico. Este último faleceu na Ásia Menor, tendo suas forças se dispersado. Filipe Augusto, por questões de divergências, se retirou da luta, e Ricardo continuou sozinho, conquistando algumas cidades. Por fim, embora não tenha tomado a Cidade Santa, conseguiu um acordo com Saladin para que as peregrinações fossem permitidas.

Ao contrário das anteriores, os motivos que provocaram a quarta Cruzada, entre 1202 e 1204, foram outros. Inicialmente proposta pelo Papa Inocêncio III e financiada pelos nobres de Veneza, em vez de se dirigirem para a Terra Santa, que era o ponto crucial do conflito entre cristãos e muçulmanos, os cruzados resolveram atacar Constantinopla com o objetivo de derrubar Aleixo III[5] e o Império Bizantino, cujas riquezas lhes interessavam.

Com a tomada de Constantinopla, foi criado o Império Latino do Oriente, entre 1204 e 1261. Balduíno de Flandres foi feito Imperador e um patriarca latino foi nomeado Papa. Esta conquista latina tornou-se um desastre porque enfraqueceu o Império Oriental e agravou o ódio entre a cristandade grega e latina.

Ainda motivada por Inocêncio III, a quinta Cruzada (1217-1220), formada por húngaros, austríacos, cipriotas,

---

3 Sacro Império Romano-germânico - Império político-religioso responsável pela evolução cultural, política, religiosa e econômica da Europa Central e Ocidental, governado primeiramente pelos francos e depois pelos reis germânicos por 10 séculos: da coroação de Carlos Magno, no ano 800, até a renúncia do título imperial em 1806. Compreendia os territórios formados pelos reinos da Germânia, Itália e Borgonha.
4 Saladin - Salah-Addin ou Salah ad-Din (1137-1193); guerreiro muçulmano que conquistou o Egito e a Síria e lutou contra as Cruzadas.
5 Aleixo III ou Alexis (?-1210) - Imperador do Ocidente (1195-1204), proclamado pelo exército; foi destronado por seu irmão Isaac II.

frísios,[6] noruegueses e francos da Síria, ficou conhecida pelo completo fracasso na conquista do Egito.

A sexta Cruzada (1228-1229) foi organizada pelo Imperador germânico Frederico II, que conseguiu firmar um tratado com os muçulmanos, pelo qual Jerusalém, Belém e Nazaré ficavam sob a jurisdição dos cristãos ocidentais, mantendo-se, contudo, o livre acesso dos muçulmanos às mesquitas de Jerusalém. Mais tarde, em 1244, Jerusalém foi tomada novamente pelos turcos.

Luís IX, Rei da França, liderou as duas últimas Cruzadas. A sétima foi organizada a partir da pregação de Inocêncio IV, feita no Concílio de Lyon, e durou entre 1248 e 1250. Luís IX (mais tarde conhecido como São Luís) foi preso e libertado anos depois, após pagamento de resgate. Duas décadas mais tarde, em 1270, Luís comandou a última grande expedição (a oitava), mas ele e seu exército foram dizimados por uma epidemia de tifo.

No final do século XIII, os turcos apoderaram-se da última fortaleza cristã no Oriente. Vários papas tentaram organizar novas expedições, mas sem sucesso. Não mais existiam as motivações sociais e econômicas que impulsionaram as primeiras expedições.

Como conseqüência, as Cruzadas foram responsáveis pelo enfraquecimento do feudalismo, aumentando assim o poder dos reis. No plano econômico, a expansão do comércio com o Oriente favoreceu cidades marítimas, como Gênova e Veneza. Adicionalmente, o intercâmbio cultural floresceu, levando ao desenvolvimento das universidades e da literatura. Mas, se forem considerados os objetivos primeiros das Cruzadas, elas foram um fracasso, pois além de não terem conquistado de modo permanente a Terra Santa, não se pode afirmar que tenham detido a expansão do Islamismo.

---

6 Frísios - Naturais da Frísia, província holandesa cuja capital é Leeuwarden, descendiam do povo germânico e foram conquistados pelos francos no oitavo século.

Os Templários

A Ordem dos Cavaleiros Templários foi sem dúvida a mais importante e poderosa organização militar e religiosa da Idade Média. Originada em conseqüência do movimento das Cruzadas, muitas especulações surgiram a respeito desta enigmática Ordem de Cavaleiros Medievais que, em seus dois séculos de existência, passou da pobreza a um império de glórias e riquezas e daí a uma trágica e violenta queda.

Em 1118, Hughes de Payens, um cavaleiro que lutou ao lado do comandante Godofredo de Bulhão durante a primeira Cruzada, se apresentou ao Rei latino de Jerusalém, Balduíno II, juntamente com outros oito cavaleiros franceses, com o ardente desejo de defender o reino cristão e proteger a rota de peregrinação que ia de Jafa a Jerusalém. Balduíno acolheu o seu projeto e destinou a eles uma mesquita erigida ao lado das ruínas do antigo Templo de Salomão, para que servisse de quartel-general. A Ordem passou, então, a ser conhecida como "Cavaleiros do Templo de Salomão", ou ainda "Pobres Cavaleiros de Cristo", pois, como monges que eram, os guerreiros haviam feito votos de pobreza e de humildade, cujo símbolo era um selo contendo dois cavaleiros montados num único cavalo.

Os Cavaleiros do Templo, ou templários, como ficaram mais conhecidos, não tinham regras bem definidas. Assim,

Hughes partiu ao Ocidente em busca do reconhecimento da Ordem pela Igreja e de novos adeptos. Durante o Concílio de Troyes, em 1128, Bernardo de Clairvaux,[1] um dos grandes responsáveis pela ascenção da Ordem, redigiu as regras da nova organização, baseado nas regras de São Benedito, um conjunto de rigorosos deveres militar-religiosos. A Ordem foi, então, aprovada e reconhecida pelo Papa Honório III e passou a utilizar o hábito branco com uma cruz vermelha. Deviam ainda conservar a barba, os cabelos rasos, vestir-se com humildade e fazer os votos de castidade, pobreza, caridade e obediência aos ofícios religiosos.

Apesar das severas regras monásticas, a Ordem recebia constantemente novos membros e crescia rapidamente, movida pelo fervor religioso, pela busca de perigosas aventuras e pela "Lei de Progenitura", que desamparava boa parte dos nobres cavaleiros, já que concedia somente ao primogênito a herança dos títulos de nobreza e das posses da família.

Em 1130, Hughes retornou à Palestina, agora como primeiro grão-mestre da Ordem dos Templários, com um pequeno, mas bem treinado, exército recrutado por ele, preparado para o combate e para o auxílio aos peregrinos.

Entretanto, antes mesmo de ter provado seu real valor, as autoridades eclesiásticas presentearam os membros da Ordem com todo o tipo de favores, cumulando-os de privilégios. O Papa Inocêncio, em 1139, libertou-os da influência real, tornando-os subordinados apenas ao próprio Papa. Suas propriedades foram associadas aos bens da Igreja e isentas do pagamento de taxas.

Por outro lado, as inúmeras doações da nobreza e da realeza deixaram a Ordem cada vez mais rica e poderosa. Em pouco tempo, os templários tornaram-se os donos de imensos castelos, fortes, monastérios, comendadorias e propriedades espalhadas por toda a Europa e Oriente. Aos poucos, suas atividades se diversificaram através do comércio, da administração de fazendas, da extração de minérios e de

---

[1] Bernardo de Clairvaux (Claraval, 1090-1153) - Sacerdote e místico francês. Sua vida santa e sua reputação por curas milagrosas tornou-o renomado e com poderosa influência religiosa na França. Foi canonizado em 1174.

uma extensa frota de navios e acabaram por desenvolver o comércio, a cultura, a comunicação, a tecnologia e a engenharia. Por fim, pelo acúmulo de riquezas, criaram um sistema de crédito, de transferências de valores e de empréstimos que os tornaram verdadeiros precursores dos banqueiros.

Em 1187, os templários perderam o controle de Jerusalém para o sultão egípcio Saladin, mas conseguiram se instalar novamente em seu quartel-general, em 1228, quando Frederico II[2] retomou o controle da cidade. Pouco tempo depois, em 1244, a Ordem foi novamente expulsa pelas forças turcas e forçada a se mudar para São João d'Acre,[3] onde permaneceu até 1291, quando a cidade caiu definitivamente nas mãos dos muçulmanos. Os Cavaleiros do Templo se exilaram em Chipre, mas logo retornaram à Europa.

Em 1298, o templário Jacques de Molay foi nomeado grão-mestre, numa época em que a organização passava por momentos difíceis, já que os sarracenos estavam derrotando os cruzados e retomando a posse de importantes cidades. Jacques deparou-se, então, com um grande inimigo, o Rei francês Filipe IV, que tinha enormes dívidas com a Ordem e passou a cobiçar as suas riquezas.

Filipe IV "o Belo", monarca ávido e inescrupuloso, em sua desesperadora situação econômica, decidiu iniciar a cobrança de impostos do clero francês, mas encontrou forte resistência do Papa Bonifácio VIII. O conflito entre Filipe e Bonifácio teve o seu apogeu quando o Papa ameaçou excomungar o Rei. Em 1303, Filipe, furioso e num ato de insanidade, mandou prender o santo padre sob a acusação de heresia, mas a burguesia francesa conseguiu a libertação de Bonifácio VIII, que retornou a Roma. Meses depois, ele veio a falecer e, então, foi nomeado à frente da Igreja Bento IX,

---

2 Frederico II (1194-1250) - Rei germânico (1212-1220), Imperador do Sacro Império Romano-germânico (1120-1250), Rei da Sicília (1197-1250) e Rei de Jerusalém (1229-1250).

3 São João d'Acre (Acca, em árabe) - Cidade situada no noroeste de Israel, foi capturada em 1104 pelos cristãos durante a primeira Cruzada e mantida nesta situação até 1187, quando Saladin a retomou. Durante a terceira Cruzada foi conquistada por Ricardo Coração de Leão, Rei da Inglaterra, e cedida aos Cavaleiros Hospitalários. Foi rendida pelos sarracenos em 1291, marcando o declínio do Império Latino de Jerusalém.

que manteve uma postura rígida contra Filipe. Alguns meses mais tarde, misteriosamente, Bento morreu envenenado.

A escolha do novo Papa teve influência direta de Filipe. Bertrand de Gott, ambicioso arcebispo de Bordéus, fez uma aliança com o Rei francês e, em troca da eleição, concordou, entre outras coisas, em reconciliar a Igreja com a realeza francesa, cedendo a ele os dízimos cobrados pela Igreja, e a "perdoar" o erro de Bonifácio VIII, procurando destruir e anular sua memória.

Bertrand foi coroado Papa com o codnome de Clemente V e, a partir de então, Filipe contou com o seu apoio na perseguição aos templários. Primeiramente, tentaram uma fusão dos Cavaleiros do Templo com a Ordem dos Hospitalários, mas Jacques de Molay opôs-se energicamente. Depois, Filipe pediu que seu filho fosse aceito na Ordem. Sua intenção era transformá-lo no futuro grão-mestre, e assim, adquirir as riquezas da organização, mas Jacques negou-se a admiti-lo.

Finalmente, em outubro de 1307, com a anuência de Clemente, Filipe armou uma cilada e decretou a prisão de todos os templários sob diversas acusações heréticas, entre elas a de que adoravam um demônio initulado "Baphomet". Simultaneamente, milhares de cavaleiros foram presos em todo o território francês e imediatamente interrogados pelos comissários da Santa Inquisição até confessarem suas heresias. Jacques de Molay e outros templários foram torturados por vários anos, até que seus acusadores conseguiram as confissões que permitiram Clemente V abolir a Ordem dos Templários, em 1312.

Jacques de Molay, último grão-mestre da Ordem dos Cavaleiros do Templo, foi condenado à fogueira em 1314, em Paris. Mas, antes de morrer, intimou Filipe e Clemente a comparecerem perante o tribunal Divino para receber o justo castigo. Curiosamente, Clemente V morreu quarenta dias depois, e Filipe IV, cerca de oito meses após a morte de Jacques de Molay.

Hoje, quase setecentos anos depois da extinção da

Ordem dos Templários, muitas questões ainda permanecem obscuras. Muitos mistérios não foram elucidados e muitos mitos foram criados em torno dessa famosa organização que tem inspirado escritores e artistas. Alguns defendem a tese de que a Ordem não teria acabado com a morte de Jacques; outros de que muitos cavaleiros templários teriam-se juntado a outras ordens, como a dos Hospitalários ou a de Sion; e que alguns destes monges-guerreiros teriam-se exilado na Escócia e fundado lá a franco-maçonaria; que eram detentores de secretos conhecimentos místicos e iniciáticos; que possuíam o Santo Graal[4] e a Arca da Aliança.[5] Mas isso já é outra história!...

---

4 Santo Graal - Cálice sagrado que, segundo as lendas medievais de cavalaria, teria servido a Cristo na última ceia e no qual José de Arimatéia havia recolhido o sangue que de Cristo jorrou quando o centurião deu-lhe a lançada. O cálice sagrado teria poderes miraculosos.
5 Arca da Aliança - Arca onde os hebreus teriam guardado as tábuas das leis recebidas por Moisés.

Capítulo 1

Era uma noite escura de inverno do ano de 1302. Já fazia dois dias que a neve caía sem parar. Naquele momento, o vento gelado fustigava o rosto dos viajantes que seguiam devagar pela estrada, onde mal se enxergava sob a cobertura da neve. À frente iam dois cavaleiros enrolados em largas capas brancas e capuzes abaixados. Atrás deles, a uma certa distância, seguiam dois escudeiros em capas escuras. O grupo avançava com lentidão, pois em certos trechos o vento formava montes de neve e os cavalos afundavam até a barriga.

— Irmão Ervin, temo que acabemos morrendo congelados antes de conseguirmos alcançar algum abrigo. É fácil quebrar o pescoço entre essas ravinas. Essa maldita estrada parece que não tem fim — observou um dos cavaleiros, sacudindo a neve da capa e refreando o cavalo, que tropeçou.

— Irmão Gil, não se irrite à toa — respondeu tranqüilamente o outro. — Estamos no caminho certo. Lá está a floresta que vamos atravessar. Conheço perfeitamente este caminho, pois já passei por aqui várias vezes, e posso dar-lhe uma notícia consoladora: do outro lado da floresta existe uma hospedaria bem decente, onde encontraremos comida e podemos pernoitar. Portanto, tenha paciência! Acredito que em uma hora atravessaremos a floresta e, então, você logo verá a luz do farol da esperança que o estalajadeiro instalou num poste alto na frente da estalagem para atrair viajantes sob o seu teto hospitaleiro.

— Irmão, suas palavras dão-me forças e já estou sentindo por antecipação todas as delícias do jantar — disse o primeiro cavaleiro, recuperando o bom humor.

— Você irá deliciar-se ainda mais por que hoje é dia de pratos gordos — revelou Ervin, alegremente.

A conversa, então, foi interrompida, pois a estrada obrigou os cavaleiros a formarem uma fila. Quando saíram da floresta, a neve parou de cair e eles realmente viram ao longe uma luz fraca e intermitente. Quinze minutos depois, os viajantes pararam os cavalos exaustos junto aos portões da hospedaria.

Agora, sob a luz da lanterna, podia-se enxergar que eram dois cavaleiros templários acompanhados de irmãos-de-ofício. Um destes últimos apeou do cavalo e bateu nos portões com o cabo da espada, gritando alto:

— Ei!

A hospedaria era uma grande edificação de madeira com dois pavimentos e um telhado pontiagudo. Atrás da casa viam-se cavalariças, depósitos e outras construções, cercados por uma forte cerca de tábuas com portões altos.

Logo os portões se abriram e o grupo entrou no quintal. Na porta da hospedaria os cavaleiros foram recebidos pelo próprio dono da estalagem, que apressou-se em livrá-los das capas úmidas e, com reverências, conduziu-os ao quarto ao lado da cozinha, destinado aos hóspedes especiais e que rapidamente foi iluminado.

Em seguida, os templários solicitaram quartos para os seus servos, encomendaram o jantar e pediram que fosse acesa a lareira.

O estalajadeiro desculpou-se dizendo que não tinha nada pronto por causa do adiantado da hora (eram dez horas da noite). Então, enquanto os viajantes esfomeados aguardavam que o jantar fosse preparado, ele serviu-lhes uma torta e uma jarra do melhor vinho velho que possuía, pois os templários eram grandes conhecedores de vinhos, cuja fama corria longe.

Reconhecemos num dos viajantes a figura de um velho conhecido, Ervin Finsterbach. Só que agora ele parece um homem no auge de suas forças físicas. Seu rosto, entretanto, perdeu aquela antiga expressão de paz e apresenta uma palidez doentia. Em todo o seu ser há a marca de uma sombria tristeza. Seus olhos brilham como uma chama agitada e nos cantos da boca existe uma estranha depressão, misto de energia e de amargura.

Seu companheiro é um rapaz de uns vinte e oito ou vinte e nove anos, muito bonito, alto, elegante e encorpado. Sua estrutura física parece feita de aço e deve possuir uma força extraordinária. Seu rosto é belo não pela perfeição, mas pela expressão geral. O nariz aquilino, a boca pequena e bem delineada, oculta sob bigodes pretos; os dentes brancos ofuscantes e o sorriso contêm em si algo cativante. Os grandes olhos, negros como veludo, brilham com orgulho e energia. Os cabelos negro-azulados e a barba cortada rente, conforme estatuto da Ordem, são naturalmente ondulados.

Tudo indica ser ele um homem sensual, orgulhoso, despótico até a teimosia e capaz de quaisquer extremos. Aliás, naquele exato momento, ele só pensava no jantar. O calor agradável, o excelente vinho e o apetitoso aroma da caça assando, deixaram-no de muito bom humor.

Fazendo as honras à torta, ele foi até a cozinha para ver quando ia sair o jantar. Após alguns minutos, retornou, sentou-se à mesa e disse:

— Ervin, você sabia que desde ontem está hospedado aqui na estalagem um de nossos irmãos? Acabei de encontrar na cozinha o seu servo. Ele me informou que o irmão Raven adoeceu gravemente e não pôde prosseguir viagem. Mais tarde, devemos fazer-lhe uma visita.

— Sem dúvida! Vamos saber se podemos ser úteis em algo ao irmão Raven. Ah! Mas chegou o jantar. Não vamos deixá-lo esfriar — disse Finsterbach, em cujo rosto apareceu uma expressão levemente preocupada ao saber que na hospedaria encontrava-se um templário doente.

Após o jantar, Ervin aconselhou o jovem a descansar. Ele mesmo iria pessoalmente visitar o doente, depois de trocar de roupa.

O jovem cavaleiro, que se chamava Gil Basemon, ficou muito satisfeito com aquela decisão, pois estava caindo de tanto cansaço. Pediu, então, que o conduzissem ao seu quarto, que ficava separado do de Ervin por um corredor. Era um pequeno cubículo cuja mobília consistia de uma cama, uma mesa e um banquinho de madeira.

Estava muito frio ali. O jovem cavaleiro, então, enrolou-se em sua capa de feltro, que àquela hora já tinha secado, e deitou-se no leito duro sem se despir. Apagou a vela e estava ajeitando-se o mais confortavelmente possível quando ouviu por perto um gemido surdo. Uma voz rouca murmurou:

— Meu Deus! Tenha piedade de mim! Não me abandone nesta hora terrível, mesmo que eu o mereça pelos crimes que cometi!

Gil estremeceu e levantou o corpo. Provavelmente, ao lado do seu quarto ficava os aposentos do irmão doente, separado apenas por uma divisão de tábuas de madeira. Com a escuridão do ambiente ele pôde perceber que passava luz através de grandes frestas. Mas, o rapaz estava exausto e queria dormir; por isso, deitou-se novamente dizendo a si mesmo que Ervin tinha prometido visitar o doente. No mesmo instante, ouviu a porta do quarto vizinho se abrir e a voz de Finsterbach perguntar a alguém:

— Irmão, posso ser-lhe útil em algo? Acabei de saber que está aqui doente. Precisa de alguma coisa?

— Preciso de um padre! Quero me confessar e aliviar minha alma do peso que a esmaga — respondeu o doente com voz roufenha.

— Vou imediatamente mandar um servo buscar um padre no posto de comando da Ordem mais próximo.

— Ele chegará tarde demais! Sinto que a morte se aproxima. Vejo tudo escuro à minha volta — gemeu o doente com voz lamentosa, intermitente e seca.

— Nesse caso, irmão, confie ao meu ouvido aquilo que

aflige a sua alma. Você sabe que os estatutos da nossa Ordem me autorizam a ouvir confissões e a absolver os pecados.

— Você é irmão da nossa Ordem? Então, gostaria de receber a sua ajuda. Estou sufocando na escuridão! Mas, poderia me dizer "o que vem a ser a fonte da luz"?

— A fonte da luz é a noite[1] — respondeu Finsterbach, baixando a voz.

Em seguida, acrescentou mais baixo ainda:

— Agora, irmão, sabe que pode confiar em mim.

O ouvido apurado de Gil captou cada palavra e até a intonação da última frase. Sua curiosidade fora extremamente aguçada. O rapaz sabia que em sua Ordem havia uma Irmandade secreta, na qual era admitido somente um número limitado de cavaleiros. Há muito tempo ele desejava ingressar naquele grupo seleto, mas até então não conseguira. Agora, aparecia-lhe a oportunidade de ouvir um importante diálogo entre dois "iniciados" que, supostamente, reconheceram-se pela senha.

Gil deslizou da cama como uma sombra e colocou o olho na fresta iluminada. A sorte favorecia-o; daquele local podia enxergar quase o quarto inteiro.

À sua frente, num nicho, havia uma cama. A vela acesa sobre a mesa iluminava o rosto esgotado, pálido e emagrecido do templário, que estava encostado nos travesseiros. Suas mãos brancas e ossudas vagavam agitadas pela capa branca que lhe servia de cobertor. Os olhos no fundo das órbitas refletiam horror e tristeza.

Gil percebeu imediatamente estar diante do moribundo. Finsterbach estava sentado à cabeceira do leito e, inclinando-se para o doente, ouvia a confissão que este fazia a meia voz.

A confissão era muito estranha: uma série de meias frases, palavras misteriosas e de duplo sentido compreensíveis apenas aos dois. Grande parte do seu teor ficou indecifrável a Gil. Ele, entretanto, percebeu que diante de si descortinavam-se peripécias de uma vida criminosa, consagrada ao

---

[1] Nota do original russo: "A fonte da luz é a noite" (*Merdzdorff, Geheimstatuten des Templherren order*) - Senha através da qual os templários iniciados reconheciam um ao outro.

estudo da ciência maldita, a atos sacrílegos e a um monte de blasfêmias e horrores.

Finsterbach tentava de todas as maneiras acalmar e consolar a alma assustada do moribundo, mas este ficava repetindo com crescente preocupação:

— Não! Todos esses sofismas que acabaram comigo não vão me devolver a paz. Reneguei o meu Deus e Ele me abandona na terrível hora da morte. Ah!...

Ele endireitou-se tremendo com o corpo inteiro. Seus olhos estavam bem abertos; a testa ficou molhada.

— Será que não vê as sombras negras e os monstros asquerosos que querem possuir a minha alma?... Uma cruz! Dê-me logo uma cruz para que eu possa defender-me desse bando nojento — rugia ele, debatendo-se como se lutasse com seres invisíveis. — Ajude-me, irmão! Eles estão me atacando! As mulheres com rostos desfigurados, os monstros cobertos de pêlos e as cobras com olhos em brasa; sinto suas garras dilacerando o meu corpo! A saliva deles está me cobrindo e a fumaça negra me sufocando.

Os cabelos de Gil eriçaram-se e um suor de terror cobriu sua pele. Mesmo assim, ele não se moveu e, como hipnotizado, continuou a espiar o que acontecia no quarto vizinho.

Provavelmente o deprimente horror daquela agonia conseguiu atingir também a Finsterbach. Pálido, ele ficou olhando o moribundo gemer e revirar-se na cama. De repente, lembrou-se de algo, correu para a mala de couro junto à porta e arrastou-a até a cama. Depois, arrancou a chave pendurada no pescoço do templário e, retirando da mala uma caixa, abriu-a. De dentro, tirou um pequeno candelabro com sete velas, um estilete de lâmina reluzente e um bastão com nódulos, que colocou nas mãos convulsivamente apertadas do moribundo.

Depois de acender as velas, Ervin pegou o estilete e reverenciou os quatro lados, pronunciando com voz pausada palavras incompreensíveis para Gil. Em seguida, aproximando-se do moribundo, fez sobre a cabeça deste um sinal cabalístico e passou a ponta do estilete com tal rapidez em volta dele que a brilhante lâmina pareceu ter deixado no ar um círculo fosforescente. No mesmo instante, o quarto encheu-se de um ruído lúgubre e ouviu-se um grito estridente como se abafado pela distância. Depois, restabeleceu-se o silêncio.

A luz bruxuleante da vela iluminava a cabeça pálida do templário deitado imóvel que deve ter falecido, pois Finsterbach, após um rápido exame, cobriu-lhe o rosto com a borda da capa branca. Em seguida, recolocando os objetos no mesmo lugar, ele saiu do quarto levando a caixa consigo.

Gil foi deitar-se com a cabeça ardendo. O que vira encheu-lhe a alma de um misterioso horror, mas também de um enorme desejo de novos conhecimentos. Agora, como ele sabia que Ervin pertencia aos "iniciados" superiores da Ordem, faria de tudo para este aceitá-lo em suas fileiras.

Um pouco mais calmo com aquela decisão, o rapaz adormeceu num sono profundo. Quando acordou já era dia. Junto ao seu leito estava Ervin já vestido e tentando acordá-lo.

— Você tem um sono invejável, irmão Gil. Vejo que me preocupei à toa que o barulho ao lado do seu quarto atrapalhasse o seu sono — observou o cavaleiro com um sorriso, olhando atentamente para o seu jovem companheiro.

— Oh! Dormi como um morto. Mas, o que aconteceu no quarto ao lado? — perguntou Gil, sem o mínimo vacilo.

"Ele quer saber se eu ouvi o que aconteceu ontem à noite", passou instantaneamente na mente do rapaz.

— Bem, teve barulho suficiente para despertar qualquer um. À noite faleceu o irmão Raven. Ele delirou terrivelmente durante a agonia. Mas, isso não vem ao caso. Você precisa imediatamente ir até o posto de comando mais próximo. Lá deverá informar aos irmãos sobre a morte de um membro da Ordem e convocá-los para prestar a ele a última homenagem.

Depois de um rápido desjejum, Gil pôs-se a caminho levando a carta de Finsterbach ao comandante do posto. Viajou tão rápido que, após algumas horas, chegou ao seu destino.

O cavaleiro Raven estava sendo aguardado no posto de

comando e a notícia de sua morte, a poucas milhas de distância do posto, impressionou a todos. Na mesma tarde, alguns cavaleiros partiram para buscar o corpo do colega. Raven foi sepultado com a habitual cerimônia no cemitério anexo ao posto de comando. Mas Gil, cuja curiosidade fora aguçada e que observava tudo com atenção, notou que apenas determinados cavaleiros vestiram o falecido e que na noite que precedeu o sepultamento foi secretamente realizada uma missa, que dois "iniciados" chamaram de "missa vermelha".

De tudo aquilo, ele concluiu que o sepultamento de "iniciados" era acompanhado de ritos secretos e que a vida inteira deles estava repleta dos mistérios de uma ciência terrível e desconhecida.

No dia seguinte ao enterro, Gil e Ervin prosseguiram a sua jornada para o posto de comando deste último, de onde tinham partido algumas semanas antes, pois o prior convocou Finsterbach a negócios.

Capítulo 2

O acontecimento na estalagem marcou muito o jovem cavaleiro. Aquele episódio não só despertou a sua curiosidade como também incutiu-lhe um forte desejo de penetrar nos mistérios daquela ciência que deveria ser terrível tanto para o corpo como para a alma, mas que, em compensação, dava aos que a conheciam um grande poder oculto. Era justamente esse tipo de poder que ansiava com todas as suas fibras a orgulhosa e vaidosa alma do jovem cavaleiro.

Gil Basemon não foi mimado pelo destino. Quarto filho de uma família nobre e abastada, por força da cruel lei feudal que privava de tudo os membros mais novos da família, ele nada possuía a não ser o "brasão e a espada" para a conquista de uma posição honrosa na sociedade.

O acaso levou-o ainda muito jovem para a Alemanha, onde morava sua tia e madrinha, Juliana de Basemon, casada com um alto dignitário da Bavária,[1] e que educou o afilhado. Quando ele atingiu a maturidade, para garantir o futuro de Gil, ela achou melhor fazê-lo entrar para a Ordem dos Templários, cuja enorme riqueza e poder proporcionava aos seus membros um lugar de honra na sociedade.

Na verdade, durante aquele último século, a reputação da famosa Ordem dos Cavaleiros do Templo sofrera um

---

[1] Bavária (*Bayern*, em alemão) - Maior estado da Alemanha, localizado ao sul daquele país, cuja capital é Munique.

estranho obscurecimento. Eles eram acusados de relações criminosas com os sarracenos, de uma terrível avareza e de praticarem os sete pecados capitais. Entretanto, todas essas acusações eram feitas a meia voz e ninguém ousava acusar abertamente os orgulhosos monges-guerreiros que só na França possuíam nove mil castelos-fortaleza e, com seus vinte e dois mil cavaleiros, sem contar os irmãos-de-ofício e os simples soldados, representavam um verdadeiro exército.

Por força das circunstâncias, Gil Basemon vestiu contrariado o traje branco dos cavaleiros do Sion.[2] Ele tinha uma natureza impetuosa e mundana e, por isso, detestava a vida monástica. Além disso, estava apaixonado por uma de suas primas que já era comprometida com um barão alemão.

Apesar da desagradável situação, Gil pronunciou os votos monásticos com firme intenção de cumprir rigorosamente o seu dever de monge e de guerreiro, pois era honrado e honesto. Durante essa sua fase inicial de exagerada honradez e severa luta moral, que travava interiormente por estar em permanente contato com a vida mundana e ter de renunciá-la repentinamente, Gil desenvolveu com perfeição o seu talento musical e encantava as damas cantando canções provençais como o mais hábil trovador. Quando entrou para a Ordem, a música tornou-se um consolo. Ele, então, afogava a tristeza e a ira de sua alma dolorida nos sons melódicos da lira ou nas grandiosas melodias do órgão.

Em seguida, foi enviado à ilha de Chipre para juntar-se ao destacamento de cavaleiros que seguiriam para a Palestina, onde aconteciam os últimos combates pela conquista de Jerusalém. Mas, uma grave enfermidade impediu-o de viajar e ele ficou em Famagusta.[3]

A estada naquele lugar provocou uma nova fase em

---

[2] Sion (Sião) - A Bíblia a define como cidade do Rei Davi, mas também se refere ao monte ao sudeste de Jerusalém, onde está o Templo de Salomão. A Ordem de Sion, à qual pertenciam os cavaleiros de Sion, foi estabelecida por Godfroi de Bouillon (Godofredo de Bulhão) em 1099, unindo-se à Ordem dos Templários para proteger o Santo Sepulcro.
[3] Famagusta - Importante porto e centro administrativo da Turquia; ocupa o lugar da antiga cidade de Arsinoe, construída pelo faraó Ptolomeu II, no terceiro século antes de Cristo.

sua existência. Ele conheceu um jovem cavaleiro cuja mente afiada e a conversa interessante atraíram-no intensamente. Ele nem notava que as conversas daquele rapaz aos poucos destruíam a sua antiga fé e a sua crença religiosa.

George Alto-Marinello zombava com tanta sutileza das virtudes impostas pela Ordem, do idealismo da fé e da eterna esperança na justiça que Gil, sem perceber, passou a considerar ridículas as próprias dores de consciência e, então, começou a aproveitar abertamente as delícias da vida quando estas lhe surgiam.

Por fim, na condição de absoluto segredo, o novo amigo ofereceu-lhe alguns livros proibidos para leitura como as obras de Orígenes,[4] de Pierre Abélard[5] e de David Dinant,[6] que abalaram consideravelmente o prestígio da Igreja aos olhos do rapaz.

Gil tendia inteiramente ao materialismo absoluto quando Ervin Finsterbach retornou da Terra Santa. Ele havia-se ferido gravemente sob os muros de Jerusalém e o grão-mestre da Ordem enviou-o a Chipre para recuperar-se.

Apesar da diferença de idade, Gil e Ervin sentiam uma grande simpatia mútua. O ferido afeiçoou-se a tal ponto pelo canto do jovem templário que declarou-o como o seu melhor amigo. Então, quando foi designado como comandante de um posto de comando na Alemanha do Norte, conseguiu que Gil o acompanhasse.

---

[4] Orígenes Adamantius - Nasceu em Alexandria, no Egito, por volta do ano de 185 de nossa era, foi considerado um dos maiores lumiares do início do Cristianismo; tinha uma apurada visão espiritual e uma maneira especialmente lúcida de abordar a mensagem do Cristo. Seu pensamento e sua forma de interpretar o Evangelho foi durante muito tempo causa de acesa polêmica, chegando a ser condenado pela Igreja Romana. Foi preso e torturado barbaramente, o que levou-lhe a morte em 253. Depois de morto, foi condenado várias vezes e teve sua obra parcialmente destruída. Tinha uma percepção holística do mundo.
[5] Pierre Abélard (1079-1142) - Teólogo e filósofo francês considerado um dos maiores intelectuais do século XII, com especial importância no campo da lógica; precursor do racionalismo francês. Casou às escondidas com uma de suas alunas e foi castrado, por isso tornou-se monge e ela freira. Mesmo no mosteiro, continuou lecionando e causando polêmica. Suas obras abrangiam três áreas: lógica, teologia e ética.
[6] David Dinant - Filósofo belga nascido em Dinant que viveu entre o século XII e o início do século XIII, defensor do panteísmo materialista. Seus escritos foram condenados em Paris em 1210. Entre seus trabalhos estão "Quaternuli" e "De Tomia, seu Divisionibus".

Tudo isso aconteceu dois anos antes do momento em que prosseguimos com o nosso relato, período que transcorreu tranqüilamente para o jovem templário.

Gil acostumou-se à sua nova situação e levava a mesma vida que a maioria dos irmãos: externamente cumprindo os estatutos da Ordem e, por trás, entregando-se a todos os prazeres permissíveis.

Ele agora era um ateu despreocupado que não acreditava em Deus nem no demônio e que ria das próprias antigas dores de consciência.

O que ouvira na confissão do irmão Raven animou imediatamente o seu interesse pela sociedade secreta dos iniciados, a qual ficou conhecendo por intermédio de Alto-Marinello, que incutiu-lhe a esperança de ser aceito entre os seus membros.

Curioso e insubordinado, ele sofria de impaciência, sabendo que perto de si havia um "iniciado" que insistia em ficar calado. Será que ele o achava indigno de partilhar seus conhecimentos? Nesse caso, então, iria obrigá-lo a falar.

Tomando tal decisão, Gil ficou aguardando e, numa certa tarde, alguns dias depois da morte de Raven, quando ele e Finsterbach encontravam-se a sós, perguntou inesperadamente:

— Irmão Ervin! Eu trato-o com total confiança e sempre estou pronto a revelar-lhe os meus pecados mortais. Por que não confia em mim? O que fiz para merecer isso?

— Não estou entendendo-o, Gil! Por que não deveria confiar em você? Quando expressei alguma desconfiança? — perguntou Finsterbach, surpreso.

— Você esconde de mim que possui um conhecimento e poder acima do comum. Sei há tempos que na nossa Ordem existe uma "Irmandade de iniciados" que é mantida em segredo e que detém conhecimentos ocultistas. Aquilo que aconteceu junto ao leito de morte do irmão Raven confirmou-me que você é um iniciado que tem poder sobre o mundo invisível. Entretanto, continua calado e me deixa minguar na ignorância.

— Então, ficou espiando pela fresta e conseguiu descobrir o meu segredo? — perguntou Ervin, franzindo o cenho.

— É verdade! Fiquei olhando mesmo. Vi e ouvi tudo, mas nada entendi porque sou um profano. Agora, decidi saber tudo. Mas, gostaria de ter você, Ervin, como meu tutor.

Finsterbach abaixou a cabeça com ar sombrio.

— Você tem razão! Realmente, sou membro da Irmandade secreta e não tenho o direito de rejeitá-lo, já que deseja juntar-se a nós. Mas, permita-me dizer, Gil, que essa ciência, tentadora e terrível, não traz felicidade nenhuma. Para tornar-se seu adepto será preciso renunciar a tudo que você considera sagrado até agora. E, uma vez pisando nessa trilha, não terá como retornar!

— E o que se ganha em troca com tudo isso? — perguntou Gil com tremor na voz.

— Em troca, adquirimos uma liberdade ilimitada e o direito de aproveitar tudo que existe de bom na vida. O nosso ídolo é a carne e o mundo visível e sensível que nos cerca. Satisfazer todos os instintos que nos deu a natureza significa servir a Deus e juntar-se a Ele. Resumindo: tudo que existir de tentador como o ouro, o amor e o poder ocultista, que submete ou mata as outras pessoas, tudo isso nos pertence. Mas, torno a repetir, Gil, isso não traz felicidade!

O rapaz ouviu as palavras de Ervin com olhar faiscante. Toda a sua amargura, a luta e os sofrimentos pareceram revoltar-se dentro dele.

— E você pensa que suportar milhares de sofrimentos e privações imerecidas cantando salmos traz felicidade? — perguntou ele com voz entrecortada.— Será que a justiça divina interfere nas injustiças cotidianas? Será que eu próprio não fui vítima da revoltante lei que deu ao meu irmão mais velho riquezas, poder e as alegrias da família, enquanto me transformou num mendigo, privou-me do lar e de todos os direitos humanos? Assim acontece em todos os lugares! O mal sempre triunfa e a virtude é perseguida. Há muito tempo me pergunto onde encontrar a chave do mistério da nossa existência. Por que eu, que me tornei um monge contra a própria vontade e sem vocação, devo submeter-me à disciplina que me foi imposta e que me indigna e aos princípios nos quais já não acredito? Aceite-me na sua Irmandade, Ervin, e serei o mais fiel e fervoroso dos adeptos. Sim, eu quero endeusar a matéria e usufruir de uma liberdade sem fronteiras! Portanto, por que não posso deliciar-me com um amor impuro se não alcanço um amor justo? Por que eu, um deserdado, que mais do que qualquer outro necessita de armas ocultistas para se vingar e destruir o caminho que me impede à felicidade, não posso juntar riquezas?

Gil foi se entusiasmando cada vez mais. Em seu olhar, nos seus gestos e na sua voz metálica soava a indignação e a ira interior, há muito tempo reprimida. Naquele momento fatídico, o demônio que cochila em cada alma humana despertou dentro dele e calou a sua consciência e a sua fé.

Finsterbach abaixou a cabeça.

— Que o seu desejo se realize! Vou falar com os irmãos. Você pode começar a sua provação e na primeira reunião secreta receberá o "batismo de fogo"; assim chamamos o rito de aceitação na nossa Irmandade secreta — acrescentou Ervin, vendo o ar surpreso de Gil.

Alguns dias mais tarde, Finsterbach informou ao amigo que a próxima reunião secreta seria realizada em três semanas e entregou-lhe os estatutos secretos da Irmandade para que ele os estudasse bem.

O rapaz, então, lançou-se com afinco naquela tarefa, aguardando impacientemente o grande dia em que diante dele abrir-se-iam as portas do arquivo, da biblioteca e do laboratório secreto.

Mas, indócil, ele perguntou com preocupação, certa vez, se a reunião havia sido adiada. Ervin riu e explicou-lhe que as reuniões jamais podiam ser adiadas por causa das medidas de segurança que eram inevitavelmente tomadas e preparadas muito tempo antes da data marcada.

— Todos os iniciados são informados da reunião através

de um sinal combinado e apenas a morte pode livrá-los da obrigação de participar dela — explicou Ervin.

Dois dias antes da reunião secreta, o posto de comando começou a se esvaziar. Uns viajaram para inspecionar uma propriedade distante; outros foram levar mensagens ao Grande Prior ou a outros comandantes. Parte dos cavaleiros e irmãos-de-ofício dispersaram-se; o restante separou-se após o jantar, sem suspeitar o que estava sendo preparado.

Perto da meia-noite, quando todos dormiam um sono estranhamente profundo, alguns guardas ocuparam, em silêncio, todas as saídas e as torres da fortaleza para que pudessem ver de longe quem se aproximasse dali. Então, quando chegava algum cavaleiro e fazia no ar um sinal combinado com a espada, era conduzido imediatamente e sem alarde para dentro do castelo através de uma passagem secreta.

Nervoso e excitado, Gil aguardava em seu quarto que fossem buscá-lo. Na mesa, diante dele, estava um rolo de pergaminho selado contendo uma completa confissão e o relato detalhado de sua vida. Conforme os estatutos secretos, cada novo iniciado era obrigado a apresentar tal documento que era guardado nos arquivos da Irmandade secreta.

Finalmente, apareceu Finsterbach que iria apresentar o seu jovem amigo. Ele pegou o rolo de pergaminho e fez um sinal para que Gil o seguisse. Então, entraram na igreja do posto de comando, onde Ervin abriu uma porta oculta debaixo das imagens, e eles desceram por uma estreita escada que saía numa espécie de porão, aparentemente sem saída.

Lá, por ordem de seu guia, o rapaz deixou a capa e o traje. Descalço e usando apenas a roupa de baixo, Gil seguiu Ervin saindo do porão por uma porta ainda mais oculta do que a primeira. Passaram por um corredor, uma segunda escadaria, mais um outro corredor e saíram numa sala abobadada de pequenas dimensões, iluminada por tochas presas nas paredes, como todo o caminho que percorreram.

Naquele lugar, diante de uma porta fechada, postava-se um cavaleiro com um cinto vermelho por cima do traje branco. Ervin parou diante dele e trocaram perguntas e respostas. Depois, a porta se abriu e Ervin conduziu o neófito a uma segunda sala bem iluminada, ampla e arredondada, onde já estavam reunidos uns vinte cavaleiros. No fundo da sala, sobre uma plataforma de alguns degraus, havia uma grande e maciça caixa diante de um altar. No último degrau, postava-se um cavaleiro de capa vermelha; era o chefe da reunião e o "receptor", como era chamado, do recém-iniciado.

Gil foi colocado no centro da cela. Todos os presentes fizeram um círculo à sua volta e com rara perfeição cantaram um salmo. Ao término do canto, todos se aproximaram e colocaram as mãos sobre a cabeça e os ombros do neófito, que jurou em voz alta e clara obediência e fidelidade à Irmandade, como também absoluto silêncio até a morte sobre todos os segredos da "iniciação".

Depois disso, Gil foi levado à frente do receptor que, elevando ambas as mãos acima de sua cabeça, pronunciou uma fórmula que o libertava de qualquer lei, tradição, mistério e prescrição da Igreja Romana, a nova Babilônia, e de seu chefe, o verdadeiro anticristo.[7] Em seguida, colocou um anel no dedo indicador da mão direita do novo irmão e vestiram-no numa túnica branca com um cinto vermelho.

Depois de terem cantado uma nova prece, o chefe da reunião abriu a caixa colocada diante do altar e retirou de dentro dela um objeto metálico que, à primeira vista, parecia uma monstruosa cabeça humana. Um exame mais atento revelava que a cabeça tinha três faces: de uma criança, de um belo rapaz e de um ancião. Os olhos dos três rostos, confeccionados de algum composto químico fosforescente, reluziam como vivos e pareciam lançar um olhar flamejante aos presentes. Aquele estranho objeto, aparentemente de origem oriental, pertencia muito provavelmente aos tempos arcaicos. Levantando-o com ambas as mãos, o chefe pronunciou em voz alta:

— O ser humano, uma unidade relativa, está contido na Unidade Absoluta do grande Tudo!

---
[7] Rochester se refere ao Papa Bonifácio VIII.

— E o Allah,[8] Allah! — exclamaram os cavaleiros, fazendo profunda reverência.

Em seguida, eles se aproximaram, beijaram o ídolo e encostaram nele as pontas dos seus cintos vermelhos. Gil foi o último a se aproximar. Assim que beijou a figura simbólica e encostou seu cinto nela, o chefe guardou-a de volta e sugeriu que ele examinasse o enfeite esculpido na tampa da caixa.

Este inclinou-se curioso sobre a tampa e viu um corpo feminino artisticamente esculpido com uma cabeça masculina e barbuda. A figura tinha numa das mãos o Sol e na outra a Lua. Ambas as mãos estavam acorrentadas a ferro.

— Esta é a imagem alegórica da ciência que você quer estudar — disse o chefe. — A cabeça masculina representa o espírito; o corpo feminino, a matéria que deve ser vencida e controlada pelo pensamento, único princípio primário e criador, pois este deve dominar as forças da natureza personificadas pelas estrelas acorrentadas pela mente humana.

Beijando a mão do chefe, Gil afastou-se até os outros iniciados e recebeu de todos o ósculo da Irmandade. Então, foi entoado um hino em homenagem ao "Baphomet".[9] Em seguida, o chefe falou:

— Em nome do deus da sabedoria, da luz e da paz, que adoramos, dou por encerrada esta reunião! Vão e introduzam o nosso novo irmão no templo da ciência.[10]

Os presentes retiraram-se em silêncio. Somente três cavaleiros, entre os quais estava Ervin Finsterbach, condu-

---

[8] Allah - Termo árabe para designar *Deus*, também utilizado por todos os mulçumanos não importando o idioma.
[9] Baphomet (Bafomet) - Conforme estatutos secretos da Ordem, era um ídolo ou uma figura mística, supostamente adorada pelos cavaleiros templários. Não se sabe seu significado com exatidão, nem sua origem, nem sua função ritual; fala-se apenas de uma cabeça ou busto andrógino. Para a maioria, no entanto, tratava-se do busto de um homem barbudo, às vezes bifronte e até trifronte, de madeira ou metal e com os olhos muito brilhantes.
No portal da igreja de Saint-Méry, no bairro templário de Paris, vê-se um diabo barbudo, com chifres e asas, meio animal e meio mulher. Diz a tradição que é um bafomet, mais precisamente o "Baphomet" dos Templários.
[10] Texto original em alemão: *Merzdorf Geheimstatuten des ordens des Templbernn orders, nach de Abschrift eines angeblich im Vaticanischen Archive befindlichen manuscripte* (Conforme estatutos secretos da Ordem, de manuscritos cujas cópias estão supostamente guardadas nos arquivos do Vaticano).

Os Templários

ziram Gil aos quartos contíguos onde se situavam o arquivo, a biblioteca, o laboratório e o santuário secreto. Este último ficava num pequeno e circular subterrâneo, no fundo do qual, num pedestal, postava-se uma gigantesca figura de bode. Aos pés do ídolo chifrudo estava sentada uma mulher desnuda, coberta somente por seus longos e soltos cabelos. Seus olhos estavam vendados e, diante dela, no chão, estava caído um grande crucifixo de ébano.

Ervin pegou das mãos da mulher uma taça cheia de um líquido fumegante e entregou-a para Gil, que verteu-o sem vacilar.

— Renegue tudo o que adorou até o presente momento! Renegue o passado sem quaisquer dores de consciência para deliciar-se com o futuro! Adore as criações da natureza e delicie-se tranqüilamente com tudo que lhe ditarem os instintos embutidos em você pela força criadora do Universo. Somente os hipócritas vêem tais prazeres como criminosos.

O líquido que Gil tomou pareceu transformar em corrente de fogo o sangue que corria pelas suas veias. Como se tomado de loucura sacrílega, o jovem cavaleiro profanou o símbolo Divino da Eternidade e da Redenção para entregar-se à adoração da matéria nas paixões mais animalescas que esta provoca.

Capítulo 3

A partir daquele dia, Gil Basemon tornou-se um apaixonado adepto da ciência secreta, um "sacerdote do mal" no sentido integral da palavra. Com demoníaca auto-satisfação ele afundava-se no vício, deleitando-se nas paixões desordenadas com todo o ímpeto de sua natureza fogosa, arrastando consigo para todas as loucuras Ervin Finsterbach que era de natureza dócil, vacilante e completamente saturado de todos aqueles prazeres. Agora, entretanto, parecia que este estava eletrizado pelo contato com a jovem e forte personalidade de Gil, cuja alma "de aço e de fogo" afundava-se avidamente, sem qualquer freio nos profundos abismos do mal.

Mas, coloquemos um véu sobre essas monstruosas ilusões que podem confundir a alma humana privada do apoio da fé pura e da consciência incorruptível.

Assim passaram-se dois anos, quando, então, Gil saturou-se daquela vida e, como conseqüência, sua alma despertou do pesadelo criminoso que a acorrentava por tanto tempo. Ele, então, ficou horrorizado consigo mesmo, sentindo-se como um náufrago jogado pelas ondas sobre um rochedo isolado. À sua volta reinava um deserto espiritual. O altar, junto ao qual ele outrora orava, fora demolido, a fé apagara-se e as aspirações puras foram destruídas. Ele experimentou de tudo, pisoteou tudo, renegou tudo e cansou-se de tudo. Seu coração vazio ocultava agora uma dúvida angustiante, que arrastava a sua alma pecadora na direção de todas aquelas ruínas do passado e do presente.

Gil tornou-se sombrio, irritável e calado. Sua natureza nervosa e apaixonada procurava uma saída na ciência, mas, no estado de espírito em que se encontrava, todos aqueles sinistros segredos eram-lhe repulsivos e ele evitava o laboratório com o mesmo ímpeto com que antes ansiara. Quando desenfreado, o mal torna-se difícil de domar; e ele o perseguia especialmente nas horas noturnas, quando o sono evitava suas pálpebras. Nesses momentos, parecia que sombras negras e horrendas vagavam em volta do seu leito como chacais cercando o cadáver. A lembrança dos horrores que realizara reerguiam-se em sua mente em toda a sua asquerosa nudez enquanto a consciência desperta acusava-o e condenava-o impiedosamente. Às vezes, Gil queria orar, mas o Deus renegado não lhe abria as portas do verdadeiro arrependimento, única coisa que poderia renovar sua alma e devolver-lhe a paz.

Absorto em sua luta interior, Gil não prestava atenção em Ervin, cujo estado de espírito era ainda pior, porque além de ter asco de si próprio sentia-se culpado, mesmo que indiretamente, pela queda moral de Gil. A alma dócil e amorosa de Ervin afeiçoou-se ao jovem templário, cujos dons musicais e o canto encantavam-no.

A todos esses sofrimentos morais juntou-se ainda a preocupação com a Ordem. Corriam boatos que estava sendo levantada contra ela uma séria acusação, à qual o Papa,[1] por sua ira, ou o Rei da França,[2] por sua avidez, poderiam facilmente levá-la adiante. Apesar do orgulho e da consciência do poder que possuíam, os templários que sabiam que tal acusação tinha fundamento, como Ervin e Gil, não podiam deixar de temer pelo futuro. Essa era a situação quando um fato inesperado deu nova direção às idéias e aos acontecimentos.

Numa escura tarde de janeiro de 1307, o isolado posto

---

[1] Papa Clemente V (1305 a 1314) - Seu nome de batismo era Bertrand de Gott; foi o sucessor de Benedito XI; teve importante papel na opressão aos cavaleiros templários.
[2] O Rei da França, Filipe IV "o Belo", reinou de 1285 a 1314.

de comando chefiado por Finsterbach recebeu a visita de um templário enviado pelo grão-mestre da Ordem, levando uma mensagem extremamente importante e secreta que deveria entregar somente ao comandante.

Quando ficaram a sós, o cavaleiro chamado Anselm de-Roshier revelou que também era um "iniciado" e pediu a Ervin que convocasse todos os membros da Irmandade secreta que estivessem naquele momento no posto de comando, pois as notícias e as ordens que trazia eram muito importantes e referiam-se exatamente a eles.

Os únicos membros da Irmandade secreta que estavam presentes no posto de comando eram Gil e mais um cavaleiro. Quando os quatro se reuniram num lugar distante de ouvidos indiscretos, Anselm de-Roshier disse:

— Irmãos! Trago péssimas novidades. Devo avisá-los que traidores penetraram em nossas fileiras e a Ordem está correndo um terrível perigo, pior que a morte, pois o que nos ameaça é a vergonha e a desonra! Pessoas indignas denunciaram ao Papa sobre a nossa "Irmandade de iniciados" e sobre os nossos ritos secretos, dando às nossas tradições e símbolos arcaicos a mais depravada interpretação. Estamos sendo acusados dos mais vergonhosos crimes e vocês já perceberam a terrível arma que caiu nas mãos dos inimigos da Ordem, invejosos de sua riqueza e que temem o seu poder militar. O que acabei de contar lhes permitirá entender e avaliar melhor a utilidade e a importância das ordens enviadas pelo grão-mestre.

O cavaleiro calou-se e ficou pensativo. Depois, tirou um rolo de pergaminho que trazia escondido junto ao peito.

Os três templários, pálidos e preocupados, ouviam-no em silêncio.

— Já se sabe quem são os traidores? — perguntou de repente Gil Basemon.

— Sim! Seus malditos nomes não são segredo — respondeu Anselm de-Roshier, com ar sinistro. — Um dos traidores é o antigo prior Monphocon Esquin de Floyrac;[3]

---
[3] Esquin de Floyrac - Antigo templário condenado que, ressentido por ter sido

o outro é o cavaleiro italiano Nophodey. Estes desprezíveis traidores foram expulsos da Ordem por uma série-de maldades e, por exigência do grande prior Francis Hugo de Peyrul, entregues a um tribunal eclesiástico e trancafiados na fortaleza de Toulouse.[4] Querendo vingar-se do castigo inteiramente merecido, eles enviaram uma mensagem ao santo padre, na qual nos acusavam de simonia, magia negra e outros crimes.

— E não apareceu nenhum homem mais decidido que enfiasse um punhal na garganta desses nojentos traidores para calá-los para sempre? — perguntou Basemon com olhar flamejante dando um forte soco na mesa e fazendo tudo balançar.

— Quanto a isso, pode ficar tranqüilo, irmão Gil; a justiça foi feita! — respondeu Roshier, com um sorriso. — Por ordens superiores os dois miseráveis foram soltos da prisão. Eles imediatamente puseram-se a caminho para visitar o Papa e testemunhar pessoalmente contra a Ordem. Mas, você não foi o único entre os irmãos cujo punhal ardia na bainha e que desejavam manchar as mãos com o sangue dos traidores. Os nossos interceptaram-nos na viagem, julgaram-nos e executaram-nos no local. Esquin de Floyrac teve a cabeça cortada e o maldito italiano Nophodey foi enforcado como um cão.

Nos rostos dos presentes apareceu uma expressão de satisfação. Mas, instantes depois, Finsterbach observou com ar sombrio:

— Os acusadores estão mortos, mas a acusação continua viva e é uma arma poderosa nas mãos dos nossos inimigos. Isso porque acusam-nos de infringir todos os nossos juramentos.

— Com certa razão, aliás! Pelo menos, em relação a nós, os iniciados — acrescentou Gil com ironia.

---

expulso da Ordem, apresentou-se ao Rei da França contando ter ouvido na prisão as confissões de um templário apóstata sobre a vida dissoluta dos membros da Ordem.
4 Toulouse - Cidade do sul da França, capital do departamento Haute-Garonne na região de Midi-Pyrénées.

— Em todo caso, não seria Bertrand de Gott, o "santíssimo" Papa dos cristãos, que ficaria ofendido com a nossa heresia. O comportamento de Clemente V é evidente; suas aventuras amorosas não são segredo para ninguém. Nesse caso, tanto o Rei quanto o Papa são tentados pela nossa riqueza e se eles não brigarem entre si provavelmente se unirão contra nós. Mas, no presente momento, isso não vem ao caso e o importante são as ordens do grão-mestre, Jacques de Molay,[5] que devo passar-lhes agora e que são preventivas.

Portanto, irmãos, transmito-lhes formalmente que evitem quaisquer reuniões secretas até segunda ordem. Não deve haver nenhuma reunião e nenhum neófito deve ser admitido. Mesmo os irmãos que já receberam os estatutos não receberão o "batismo de fogo", pois as bibliotecas, os instrumentos dos laboratórios e os símbolos secretos devem desaparecer por tempo indeterminado. Irmão Finsterbach, você será responsável para que todos os objetos que citei sejam secretamente enterrados nos subterrâneos do posto de comando ou em algum outro lugar tão oculto que possa escapar de qualquer busca. Mas, o importante, irmão Ervin, é que se apresse em cumprir essas ordens. Depois, você passará o comando ao irmão Ethelred, aqui presente, e irá a Veneza, passando no caminho por todos os nossos postos de comando para retransmitir-lhes as ordens que acabou de receber.

Para que todos se certifiquem disso, vou entregar-lhe um documento que confirma a missão secreta de que foi incumbido. Daqui a dois meses, ou um pouco mais tarde, você deve estar em Veneza onde aguardará novas ordens. Leve consigo um dos cavaleiros, se possível um iniciado, que seja de absoluta confiança para que possa ajudá-lo — finalizou Anselm.

Pálidos e preocupados, os três templários ouviam atentamente o colega. Eles percebiam que se de Molay tinha achado necessário tomar medidas preventivas tão rigorosas, certa-

---

[5] Jacques de Molay (1243-1314) - Último grão-mestre dos cavaleiros templários. Lutou na Palestina contra os sarracenos e foi intimado pelo Papa Clemente V, em 1306, a discutir uma nova Cruzada. Mais detalhes os leitores conhecerão no decorrer desta obra, inclusive como de Molay foi torturado e morto.

mente o perigo que ameaçava a Ordem era muito grande.

— Irmão Anselm, será que já levantaram um processo contra nós e nossos postos de comando estão ameaçados de sofrer uma busca, por isso o grande magistrado ordena que escondamos tudo? — perguntou Gil.

— Você faz perguntas sobre coisas que desconheço — respondeu o cavaleiro com um suspiro. — No momento, tudo parece calmo; de Molay está em Paris e foi recebido com honras pelo Rei, embora ficássemos sabendo que Filipe e Clemente estão trocando opiniões sobre a acusação de Esquin de Floyrac. Não há dúvidas que uma terrível tempestade paira sobre nossa Ordem. Por isso, é bastante sensato ocultar tudo que possa nos comprometer.

— Sem dúvida! Mas, apesar de tudo isso, me parece improvável que eles nos ataquem abertamente. Nossa Ordem representa a mais poderosa organização militar da Europa e ao Papa, naturalmente, é mais vantajoso ter-nos como uma forte arma do que entregar-nos à avidez do Rei Filipe — observou Finsterbach depois de pensar um pouco.

— Sua lógica é correta, irmão. Mas, você se esquece que este Papa é uma criação do Rei da França. Bertrand de Gott deve-lhe a sua eleição e é difícil dizer que tipo de acordo eles fizeram antes disso.[6]

— Ouvi dizer que tiveram um encontro secreto quando Bertrand ainda era arcebispo em Bordeaux[7] — observou Gil.

— É verdade! Ambos foram secretamente a Saint Jean d'Angeli[8] e se encontraram na floresta. Mas antes estiveram juntos na missa e juraram silêncio absoluto sobre as negociações que realizariam. Por fim, eles se encontraram. O Rei mostrou ao arcebispo alguns pergaminhos; provavelmente, cartas dos delegados do conclave e contou-lhe algo a
___
6 Realmente, Filipe IV foi o grande responsável pela eleição de Clemente, pois trabalhou astutamente para a renúncia de seu predecessor Bonifácio VIII.
7 Bordeaux (Bordéus) - Cidade francesa situada às margens do Rio Garona, a 585 quilômetros de Paris; grande centro econômico e cultural; foi a capital da província da Aquitânia.
8 Saint Jean d'Angeli - Pequena cidade histórica francesa, situada no local da antiga vila romana de Angeriacum. Depois da queda do Império Romano, foi colonizada pelos duques da Aquitânia. Em 1199, o Rei João I, da Inglaterra, concedeu independência à cidade.

meia voz. O rosto de Bertrand, enquanto ouvia, refletia uma expressão de cobiça. Ele ficou tão interessado que esqueceu de tudo e jogou-se aos pés de Filipe gritando: "Ó, meu Rei! Agora vejo que me ama e quer retribuir-me o mal com o bem. O senhor manda e eu o obedecerei". Depois disso, o Rei levantou-o, beijou-o e continuou a falar-lhe algo a meia voz por bastante tempo.

— Pois é! Seria muito interessante saber o que foi combinado nesse encontro. Mas, irmão Anselm, como ficou sabendo tantos detalhes desse encontro secreto? — perguntou Finsterbach, curioso.

— Oh! Não existem segredos que não venham à tona nesse mundo de Deus. Quanto ao que acabei de lhes contar, fiquei sabendo pelo meu primo que, na época, foi capelão do arcebispo e o acompanhou a Saint Jean d'Angeli.

— Em todo caso, agora que Bertrand de Gott tornou-se Clemente V, ele pode não cumprir o prometido. Essas coisas acontecem — interrompeu Gil, zombeteiro.

— Naturalmente, se isso afetar seus interesses e ele puder realizá-lo. No momento, a questão resume-se no seguinte: Ele poderá nos oferecer proteção? Isso lhe trará alguma vantagem? Infelizmente, nisso existem dois momentos desfavoráveis para nós.

— Que momentos?

— O primeiro é que Clemente sempre sofreu por falta de dinheiro. A linda Brunisanda Taleiran de Perigor, sua amante, está arruinando-o impiedosamente e custa-lhe, como dizem, mais caro que uma Cruzada.[9] Se ele dividir com Filipe a nossa herança, isso vai acertar bem as suas finanças.

— Na memória das pessoas jamais houve tantos escândalos na Igreja. Primeiro, o processo de Bonifácio VIII[10] e sua morte horrenda; em seguida, a não menos escandalosa

---

[9] Cruzada - O leitor deve se recordar que as Cruzadas foram assunto do primeiro livro (*Os Servidores do Mal*) desta trilogia. Veja introdução histórica no início desta obra.
[10] Bonifácio VIII (Benedetto Caetani) - Papa de 1294 a 1303, conseguiu a renúncia de Celestino V; opôs-se violentamente a Filipe "o Belo", defendendo a imunidade eclesiástica. Por ocasião do primeiro jubileu, em 1300, proclamou a superioridade do Papa sobre os reis e excomungou Filipe IV.

morte de Benedito XI;[11] e, finalmente agora, o Papa Clemente, um ladrão, um assaltante e um esbanjador. Dá até para pensar que chegaram os tempos do anticristo! — disse o cavaleiro Ethelred de Rosenberg, que até então ouvia calado, sem participar da conversa.

— Você não é o único a pensar assim, irmão Ethelred. Parece que o próprio Deus voltou as costas para esses padres indignos que profanam o trono de São Pedro.[12] Bonifácio foi vítima dos demônios ainda em vida e morreu em agitada loucura, sem arrependimento, confirmando as palavras proféticas de seu predecessor Celestino:[13] "Você subiu ao trono como raposa, irá comandar como um leão e morrerá como um cão". Benedito XI morreu envenenado com figos que lhe serviu no almoço uma mulher toda encapuçada que se autodenominou como monja de Santa Petronilla de Perugia.[14] Não sabemos qual vai ser o fim de Clemente, mas o seu início não foi nada feliz. Há dois anos, quando ele foi coroado em Lion,[15] durante a passagem do cortejo ruiu um muro com os espectadores. O Rei ficou ferido, o Duque da Bretanha morreu e o Papa foi jogado ao solo e sua tiara caiu no chão. Uma semana depois, quando Clemente deu um banquete, seus homens discutiram com os homens do cardeal e durante a briga foi morto o irmão do Papa. Na época, todos comentaram esses acontecimentos e consideraram-nos maus presságios.

— Sim, são tempos difíceis para a cristandade e para a Ordem. Mas, irmão Anselm, você ainda não nos falou do

---

[11] Benedito XI ou Bento XI (Nicolo Boccasini) - Administrou a Santa Igreja um ano, de 1303 a 1304; foi beatificado por Clemente XII em 1736.
[12] Alusão ao apóstolo Pedro, primeiro Papa do Cristianismo.
[13] Celestino ou São Celestino V (Pietro del Murron) - Papa italiano (1294), sucessor de Nicolau IV. Abdicou cinco meses após eleito. Seu sucessor, Bonifácio VIII, cancelou os atos oficiais de seu predecessor e, temendo um conflito com os seguidores de Celestino, manteve-o confinado até sua morte. Celestino foi canonizado em 1313.
[14] Santa Petronilla - Basílica da cidade de Perugia, capital da província de mesmo nome, na região da Umbria, na Itália, construída em homenagem a uma cristã martirizada em Roma no final do primeiro século.
[15] Lion (Lyon) - Situada no leste da França, foi fundada em 43 a.C. como colônia romana e, sob o nome de Lugdunum, se transformou na principal cidade da Gália.

segundo momento desfavorável para nós. Pode nos contar? — perguntou Finsterbach.

— Vocês já irão perceber o quanto esse momento é triste e perigoso para nós. Estou falando da briga declarada do Papa com o nosso grão-mestre.

— Santo Deus! Como isso foi acontecer?...

— A briga foi inevitável por causa das circunstâncias. Aconteceu o seguinte: alguns meses atrás o grão-mestre recebeu ordens do Papa para comparecer à sua presença a fim de discutir o projeto de uma nova Cruzada. Isso, provavelmente, serviu apenas de pretexto, pois todos sabem que, no presente momento, é impossível qualquer expedição à Terra Santa. O verdadeiro plano do Papa era transformar-nos em arma contra o Rei, mas ele não soube conduzir o plano. Na época, de Molay encontrava-se em Limousin[16] com todos os comandantes da Ordem. Não sei por que motivo ele os levou para lá junto com o arquivo e todos os tesouros. Eles partiram de Chipre em duas galeras num total de sessenta cavaleiros e dirigiram-se diretamente a Poitiers,[17] onde então estava o Papa. Lá aconteceu o encontro do santo padre com o grande magistrado. Durante a conversa a sós, o Papa informou a Jacques de Molay que tinha decidido formar uma única ordem reunindo templários e hospitalários,[18] formulando-lhes novos estatutos, o que daria um fim à nossa antiga rivalidade.

Como vocês sabem esse projeto não é novidade, mas sempre encontrou uma oposição tão forte que deixaram-no de lado. Segundo pessoas bem informadas, a bela Brunisanda estava implicada nesse plano. Unidos aos hospitalários,

---

16 Limousin - Região histórica da França no maciço central, cuja cidade principal é Limoges.
17 Poitiers - No oeste francês, foi antiga capital do povo gaulês, chamada pelos romanos de Limonum.
18 Hospitalários (Ordem dos Hospitalários) - Ordem militar cristã conhecida com o nome de "Cavaleiros de São João de Jerusalém", "Cavaleiros de Rode" ou "de Malta", fundada pelos cruzados em Jerusalém, em 1099, com o fim de defender pelas armas os lugares santos, estabeleceu-se primeiramente num hospital para peregrinos; suas regras foram aprovadas pelo Papa em 1120. Em 1187, expulsos de Jerusalém, transladaram-se para Chipre, depois para Rodes (1310) e a seguir para Malta, onde permaneceram de 1530 a 1798.

sob o comando de uma pessoa obediente à vontade do Papa e suficientemente oprimidos pelos novos estatutos inventados por Clemente e Brunisanda, nós não seríamos perigosos a mais ninguém. Mas, o grão-mestre recusou-se terminantemente, apesar da ira do Papa, e eles então separaram-se brigados — concluiu.

Os cavaleiros trocaram olhares preocupados. Na situação atual, a briga entre Clemente e de Molay era uma verdadeira desgraça.

Depois de um momento de silêncio, Gil levantou a cabeça e disse, orgulhoso:

— Tudo isso é muito triste! Apesar de tudo, estou convencido de que ninguém ousará nos atacar abertamente. Somos uma força!...

— Podemos ser atacados em função das acusações de Floyrac e de Nophodey e as nossas riquezas são muito tentadoras. Mas, o que for, será! Em todo caso, é preciso tomar o maior cuidado. Até acho que Thomas Bérard[19] e Guillaume de Beaujeu,[20] ao criarem a "Irmandade dos iniciados" prestaram-nos um péssimo favor. Só nos resta confiar no futuro. Agora, caros irmãos, vamos terminar a conversa. Fiz uma longa viagem e estou exausto.

Entregando a Finsterbach o certificado do grão-mestre, o cavaleiro Roshier foi descansar por algumas horas. No dia seguinte, ao amanhecer, partiu do posto de comando para cumprir o restante da sua missão.

Após a partida do mensageiro de de Molay, teve início a execução das ordens recebidas. Primeiramente, os símbolos secretos foram murados num esconderijo feito com tal propósito na espessa parede do posto; em seguida, desapareceram os livros e os manuscritos da biblioteca e os instrumentos dos laboratórios. Eles foram enterrados nos porões e nas criptas ou ocultos em caixões, que depois foram cui-

---

19 Thomas Bérard (1252-1273) - Vigésimo grão-mestre da Ordem dos Templários. Quando Jacques de Molay entrou para a Ordem, em 1265, aos 21 anos, Thomas Bérard era o grão-mestre.
20 Guillaume de Beaujeu - Vigésimo-primeiro grão-mestre dos templários (1273-1291).

dadosamente enterrados.

Todos esses trabalhos tomaram muito tempo porque exigiam extremas precauções e realizavam-se somente à noite.

Finalmente, dois meses e meio após a partida do cavaleiro Roshier, tudo estava concluído e o posto de comando podia enfrentar a mais rigorosa busca tranqüilamente, pois o mais cuidadoso exame não traria resultado algum.

Finsterbach preparou-se para viajar a Veneza, levando consigo Gil Basemon, seu companheiro inseparável. Essa viagem despertava as mais controvertidas sensações no espírito de Ervin. A idéia de ver a filha enchia o seu coração de alegria e de tristeza.

Como iria ser o seu encontro? Quando se separaram Eliza tinha apenas cinco anos. Agora, ela era uma mulher de dezessete anos, uma criatura completamente nova e desconhecida para ele tanto quanto ele próprio era estranho à filha, que muito provavelmente o esquecera por completo. A imagem de Eliza trouxe-lhe à mente milhares de outras lembranças de sua vida passada. Paola, Hildegarda e a vida pura, simples e honesta que levava até o momento fatal em que vestiu a túnica branca dos cavaleiros do Sion, sob a qual ocultava-se tanta lama. A lembrança de todas as suas ações enchiam a sua alma de horror, desespero e vergonha. Em tais momentos, Ervin quase temia o encontro com Eliza. Como ousaria abraçar aquela inocente criança? Como ousaria encostar nela os seus próprios lábios profanados pelas blasfêmias?

Sombrio, preocupado e com o coração apertado, Ervin partiu do posto de comando na companhia de Gil e de numeroso séquito de escudeiros e guerreiros.

Capítulo 4

Passaram-se cerca de dez dias desde a visita de Arnulf, mas a irritação provocada no espírito de Eliza pelo relato do cavaleiro não se acalmava. Qualquer lembrança de Raymond desencadeava em sua alma uma tempestade de raiva e nojo tal que Vart e Fúlvio nem tentavam mais convencê-la, deixando tudo ao tempo. Ela se relacionava bem apenas com Giovanna, que compartilhava de seus sentimentos e expressou a Raymond a sua desaprovação quanto ao comportamento dele de um jeito nada lisonjeiro.

Certa manhã, Eliza se arrumou para ir passear. Junto à janela aberta, aguardava a chegada da gôndola com o cenho franzido, completamente absorta nos próprios pensamentos.

Era meado do mês de abril e os dias já estavam mais quentes e agradáveis. Os raios do Sol brincavam alegremente na água do canal, mas Eliza, entretida nos próprios pensamentos, não prestava atenção em nada e ficou desagradavelmente surpresa quando o pequeno pajem irrompeu no quarto e murmurou com voz preocupada:

— Madonna Elizabeth! Tenha a bondade de ir até a sala dos macabeus;[1] chegaram dois cavaleiros que desejam vê-la.

— Lorencino, você continua bobo e, como sempre, não

---

[1] Sala dos macabeus - Assim chamavam uma das salas decorada com tapetes que apresentavam a história dos macabeus, povo seguidor de Matatias Macabeu, que lutou contra o Rei da Síria, Antíoco IV (175-163 a.C.), soberano que queria impor a cultura helenística aos judeus com o propósito de destruir o judaísmo.

entendeu direito o que lhe disseram. Provavelmente os cavaleiros chegaram para ver o senhor Fúlvio, mas ele não está em casa e você deve dizer-lhes isso. Já devia saber que eu nunca recebo desconhecidos. Além disso, estou indo agora a Villamarino — respondeu Eliza com impaciência.

— Não, não! É a senhora que eles desejam ver — insistiu o garoto. — Eles não são simples cavaleiros! São templários! Um deles usa um nome alemão muito difícil... algo como "Finterbacco" — acrescentou Lorencino, meio confuso, meio rindo.

Eliza ficou muito pálida. Não foi difícil perceber pelo tagarelar do pajem que este referia-se ao nome Finsterbach; e o único templário que possuía aquele nome era o seu pai, de quem ela guardara estranhamente uma clara lembrança, apesar dos anos passados desde a sua separação. Ele jamais mandara notícias, jamais enviara-lhe uma única carta! Ela sabia apenas que ele vivia num longínquo posto de comando na Alemanha do Norte. E, agora, aparecia ali!

O coração da moça disparou. Tomada por um sentimento de curiosidade e de alegria, Eliza livrou-se do estupor provocado pela inesperada notícia e saiu quase correndo.

A sala dos macabeus era longa, estreita e estendia-se paralelamente ao canal. Era dividida por uma arcada com um pesado cortinado de veludo de cor granada, formando dois ambientes de menor porte. O primeiro deles estava vazio. Eliza passou rapidamente por ali, levantou o cortinado e estancou indecisa. Um dos templários estava parado junto à janela e olhava as gôndolas que deslizavam pelo canal; o outro cavaleiro apressou-se a levantar da poltrona e, visivelmente emocionado, deu alguns passos em sua direção.

Toda a atenção da moça concentrou-se nele. Apesar de muito mudado, Eliza reconheceu imediatamente o pai. Sua palidez, a expressão sofredora no rosto e o tremor nervoso dos lábios provocaram nela, a compaixão e despertaram em seu coração juvenil todo o antigo amor filial.

— Querido pai! Finalmente você chegou! — exclamou.

Eliza jogou-se nos braços do cavaleiro e abraçou-o com

uma inocente afeição infantil.

Naquele momento, Ervin esqueceu-se de tudo. Ao ver a filha, felicidade e tristeza mesclaram-se em sua alma, causando-lhe uma dor quase física; mas tudo desapareceu quando ele ouviu o seu alegre chamado e sentiu o beijo de sua fresca e rósea boquinha.

Por instantes, o pai apertou-a convulsivamente ao peito; depois, afastando-a, disse com olhar flamejante:

— Deixe-me admirá-la, Eliza! Não consigo me conformar com a idéia de que a pequenina garotinha que ficou em minha memória transformou-se de repente numa mulher tão encantadora. Você é muito parecida com sua falecida mãe e, ao mesmo tempo, completamente diferente — acrescentou ele.

Eliza nada respondeu... Ela, então, defrontou-se com o olhar sinistro do jovem templário, que causou-lhe uma má impressão.

Ervin notou para onde dirigia-se o olhar da filha e apressou-se em dizer:

— Minha cara criança, permita-me apresentar-lhe o meu amigo e companheiro de armas, cavaleiro Gil Basemon. Peço-lhe que seja atenciosa com ele.

— Um amigo de meu pai sempre poderá contar com os meus melhores sentimentos — afirmou Eliza amavelmente, estendendo a mão para Gil.

Este fez-lhe uma profunda reverência. Depois, sentaram-se e entabularam uma animada conversa. Eliza fazia perguntas sem parar e suas inocentes observações obrigavam Ervin a rir involuntariamente. Ela, então, foi buscar um retrato-miniatura do cavaleiro antes de entrar na Ordem e passou a compará-lo com o original atual.

— Pai, como você envelheceu e mudou! — exclamou ela com compaixão. — O seu olhar já não é mais tão doce e sonhador. Meu pobre pai! Você certamente sofreu muito. Não me diga que é tão difícil ser um templário!

— A vida de um monge-guerreiro está longe de ser alegre e os maus momentos da guerra que suportei na Palestina não foram feitos para rejuvenescer as pessoas — revelou Ervin com um sorriso. — Você acha que foi fácil para mim suportar a solidão e a separação de uma pessoa que me é tão cara?

Eliza agarrou o pai pela mão e levou-a aos lábios.

— Esqueça isso, pai! Agora, vou amá-lo tanto que você será inteiramente recompensado pelo tempo que ficou privado disso — disse ela alegremente. — Espero que fique em Veneza! Por aqui temos um grande posto de comando e você pode transferir-se para cá. Não quero que vá embora novamente. Você e seu amigo devem hospedar-se em nossa casa — acrescentou ela, lançando um olhar para Gil, que estava sentado de lado sem participar da conversa.

— Puxa, você é muito rápida em suas decisões! Mas, será que o senhor Faleri compartilha do seu desejo de nos ter como hóspedes aqui? — perguntou Ervin com um sorriso que se transformou numa sonora risada quando viu o ar de surpresa refletido no rosto de Eliza.

— Sua observação comprova que você realmente não conhece nada da minha vida. Aqui, no palácio Faleri, eu sou a dona! Todos me obedecem como ao próprio Fúlvio. Até hoje, nunca — ela acentuou a palavra "nunca" — aconteceu que ele não aprovasse alguma decisão minha. Vou imediatamente ordenar que preparem os aposentos para vocês.

— Fique aqui, minha filha! Deixe-me matar a vontade de admirá-la! Quanto ao seu convite, por mais que ele seja tentador, nem eu nem o irmão Gil podemos aceitá-lo. Os nossos estatutos só nos permitem aproveitar a hospitalidade de terceiros em lugares onde não existem instituições da Ordem. Como você mesma sabe, Veneza não se enquadra nesse caso. Mas, pelo tempo que tiver de ficar por aqui, serei um assíduo freqüentador de sua casa. Agora, diga-me: o senhor Fúlvio está em casa? Eu e Gil gostaríamos de cumprimentá-lo.

— Fúlvio está na casa de um primo, Marc Foscari, que aniversaria hoje; mas deve voltar logo. Quanto ao vovô Conrad, estamos aguardando o seu retorno hoje à noite. Ele está em Mont-Roc, um pequeno castelo de Fúlvio perto de Pádua, onde foi passar alguns dias.

— Quero muito ver o tio Conrad; voltarei à noite para visitá-lo se ele não estiver exausto demais para me receber. Quanto ao senhor Faleri, podemos aguardá-lo. Mas, chega de falar sobre mim — acrescentou Ervin. — Conte-me como passou todos esses anos? Volfram, em suas cartas, era extremamente lacônico. Resumindo: sei apenas que ele afastou-a da casa dele por motivos muito sérios e confiou-a a Giovanna Villamarino. Na última correspondência que recebi há uns dois anos, Volfram comunicava que você e o Barão Vart estavam vivendo na casa de Faleri e que ele pretendia ir a Veneza para vê-la por ocasião de sua maioridade. E depois pretendia levá-la a Reifenstein ou mandar Raymond para cá, a fim de que ele pudesse conhecê-la melhor antes do início de uma vida em comum. Por isso, ao chegar aqui, eu não estava certo de encontrá-la na cidade. Mas, onde está o seu marido? Você o ama? Está feliz com ele?

As últimas perguntas fizeram o rosto de Eliza tornar-se sombrio e os olhos faiscarem de raiva. Ela já ia abrir a boca para expressar sinceramente todo o desprezo que sentia por Raymond, mas conteve-se a tempo, pois lembrou que na sala havia um estranho e, então, respondeu disfarçando:

— Raymond visitou-me no ano passado. Na época, eu estava gravemente doente e ele fez a promessa de ir orar junto ao Santo Sepulcro se Deus me poupasse a vida. Ele ainda não retornou de sua peregrinação.

Dando tal explicação diplomática, Eliza jogou um olhar atento sobre Gil, sem se dar conta, e um rubor de irritação espalhou-se pelo rosto dela ao notar uma expressão irônica nos olhos escuros do templário. Provavelmente ele tenha percebido o desentendimento dela com o marido. Mas, de que forma?

Eliza não teve mais tempo de pensar em nada, pois naquele instante Fúlvio entrou e a conversa mudou de rumo. O veneziano e Finsterbach conheciam-se desde os tempos em que este último casou-se com Paola. A conversa entre eles, naturalmente, versou sobre o passado e sobre acontecimentos desconhecidos para Eliza.

Gil, que mantinha-se todo o tempo à parte, aproximou-se da jovem Condessa e conseguiu entretê-la tanto com sua conversa que ela logo esqueceu a irritação provocada pela sua descabida ironia.

Fúlvio fez os dois cavaleiros ficarem para jantar e combinou com Ervin que durante o tempo que ele permanecesse em Veneza fosse um convidado assíduo no palácio Faleri. Até reservou-lhe um quarto para que passasse a noite lá, no caso de ele atrasar-se ou simplesmente não querer retornar ao priorado.

Todos ficaram conversando até tarde. Ervin ansiava ver o Barão Vart, mas ele não chegou. Quando os dois cavaleiros já estavam saindo, Fúlvio convidou gentilmente Gil Basemon para visitá-los junto com o amigo, pois ele também seria sempre bem-vindo àquela casa.

Após a partida dos visitantes, Eliza foi deitar-se mas não conseguia dormir. Os acontecimentos emocionaram demais a moça que, no silêncio da noite, começou a colocar em ordem suas impressões e os pensamentos. O encontro com o pai despertou nela toda a grande afeição que sentia por ele desde a infância. A amarga melancolia que refletia-se nos olhos de Ervin enchia de compaixão o coração da filha. Provavelmente, a vida que ele tinha escolhido não lhe trouxera felicidade. Oh! Para que fora ele vestir o traje dos templários, que acabou por separá-los? Se ele tivesse ficado, ela jamais teria ido morar no castelo Reifenstein; o asqueroso casamento com Raymond também não teria acontecido e tudo seria diferente!

A lembrança de Raymond encheu-a novamente de raiva. Se, naquele instante, o marido estivesse ao alcance de suas mãos passaria maus bocados. Mas, para a felicidade de Raymond, ele estava longe. Então, os pensamentos de Eliza mudaram de direção e concentraram-se em Gil Basemon. No início, ela passou a compará-lo com o marido e todas as vantagens ficaram para o templário. Os traços enérgicos do rosto dele, o fogo sinistro e devorador que ardia em seus olhos, a desilusão e até o amargo sarcasmo que soava em suas palavras, tudo agradava-lhe.

Passou, então, a fazer milhares de suposições sobre as causas que criaram tal estado de espírito num rapaz tão jovem, belo e saudável. Talvez ele tivesse vestido o hábito dos cavaleiros de Sion contra a própria vontade. Ou um amor infeliz e sem esperanças envenenara sua vida? Talvez, o pai dela, que se dizia amigo do jovem templário, pudesse explicar as questões que a interessaram tanto a ponto de Eliza ter esquecido completamente Raymond. Quando estava adormecendo, a imagem de Gil Basemon ainda pairava em sua mente.

No dia seguinte, Finsterbach chegou sozinho. Eliza ficou irritada e desforrou em Raymond quando Ervin começou a inquiri-la mais detalhadamente sobre suas relações com o marido.

Esquecendo completamente os conselhos de Fúlvio de que fosse paciente e indulgente, Eliza contou, sem atenuações, todas as proezas do Conde, as suas aventuras amorosas com Beatrice, que custara a ela um ferimento quase mortal, e a peregrinação que o levou a uma criminosa ligação com uma judia com quem banqueteava-se em Jerusalém esquecido a honra e o dever.

Por fim, tremendo de indignação, declarou que resolvera separar-se terminantemente daquele homem imoral e implorou ao pai que a ajudasse.

Ervin, surpreso e amargurado, ouviu-a calado. Ele, naturalmente, não culpava Raymond com tanta severidade quanto sua filha. A ligação dele com Beatrice tinha alguns atenuantes e Arnulf poderia facilmente ter exagerado na história das aventuras amorosas do Conde com a judia. Em todo caso, tais desavenças não previam nada de bom para o futuro, apesar de não achar que a filha precisava da separação com o filho de seu amigo. Percebendo que o momento não era propício para uma conversa séria, ele limitou-se a dar a seguinte resposta:

— Pessoalmente, minha querida, não posso ajudá-la, mas pedirei a Fúlvio e a Vart para usarem de sua intimidade com o santo padre. De minha parte, prometo que escreverei a Volfram. Vou pedir-lhe que use de toda a sua influência paterna para obrigar o filho a libertá-la desses odiosos laços. Mas, antes de empreender qualquer coisa é preciso aguardar a chegada de Raymond. No caso de eu precisar partir antes do retorno dele, vou deixar com você a carta prometida.

Eliza ficou satisfeita com a promessa. A conversa franca com o pai acalmou a sua raiva infantil e ela deixou-se facilmente levar para outro assunto, bem mais agradável. Começou a contar sobre a sua vida feliz com Vart e Fúlvio, que a cercavam de atenções e cobriam-na de presentes.

De repente, ela se lembrou que o Barão Vart havia chegado pela manhã e tinha-se retirado imediatamente para os seus aposentos para descansar da viagem noturna, mas incumbiu Eliza de transmitir ao pai que estava feliz em poder vê-lo e estaria aguardando-o em seu gabinete de trabalho após o jantar, ao qual não compareceria.

As palavras de Eliza fizeram Ervin empalidecer levemente e ele dominou com dificuldade a sinistra preocupação que se assenhorou dele. Tantas vezes desejou ardentemente ver o seu velho mestre; mas, agora que chegava o momento do encontro, seu coração apertava-se com a aguda dor da vergonha e do temor.

Ao término do jantar, Ervin desculpou-se diante de Fúlvio e pediu à filha para indicar-lhe o gabinete de trabalho do Barão. Eliza prontificou-se imediatamente a acompanhá-lo até lá. Sem esperar resposta, e continuando a tagarelar, ele agarrou o cavaleiro pela mão e arrastou-o consigo; mas, constrangida com o sombrio silêncio do pai, também calou-se e só diante da porta do gabinete do velho sábio falou baixinho:

— É aqui! Você agora vai entrar no saguão. A porta em frente leva ao gabinete do vovô.

Ervin passou indeciso e lentamente pelo primeiro quarto, parando diante do pesado cortinado. No mesmo momento, de dentro ouviu-se a voz de Conrad:

— Entre!

Ervin obedeceu. O velho estava sentado diante de uma mesa abarrotada de manuscritos e iluminada por dois candelabros com velas. Apoiando a cabeça no braço, Conrad dirigiu ao visitante um olhar triste e severo.

Ervin deu alguns passos na direção do Barão; depois rapidamente ajoelhou-se e, abaixando a cabeça, murmurou:

— Mestre! Sou indigno de aproximar-me de você, pois a sua profecia se cumpriu. Manchei o meu traje branco e reneguei o símbolo sagrado que devia adorar. Sinto-me pior que Judas e, mesmo assim, anseio com todas as forças do meu espírito receber seu conselho e seu apoio.

A emoção impediu-o de prosseguir. Conrad levantou-se rapidamente; ergueu o templário e apertou-o amorosamente ao peito.

— Meu pobre Ervin! Lamento profundamente por você, mas não o condeno. Que juiz terreno pode condená-lo mais impiedosamente do que a sua própria consciência? Não esqueça que o arrependimento e o remorso são âncoras da salvação que o Céu joga ao criminoso. Aquele que agarrar-se energicamente a estes, conseguirá chegar ao porto da salvação.

Percebendo que um tique nervoso agitava o corpo de Finsterbach e que seus olhos anuviavam-se em lágrimas, Vart fê-lo sentar-se num banquinho ao seu lado, apertou-lhe a mão e dirigindo-lhe o seu olhar límpido, dócil e profundo, disse amigavelmente:

— Vejo pelo seu rosto, meu pobre Ervin, que suportou muitos sofrimentos morais; mas, reconhecer o mal é o primeiro passo para a cura. Sempre o amei e o tratei como um filho e sei que tem absoluta confiança em mim. Portanto, abra-me a sua alma; isso irá aliviá-lo. Você sabe que tudo farei para devolver a paz à sua alma dolorida.

Ervin apertou forte a mão do Barão. Em seguida, após um instante de silêncio, passou a contar-lhe a meia voz a sua vida desde a época em que se separaram. Não suavizou nem ocultou seus atos insanos, evitando somente os detalhes escabrosos e sacrílegos da asquerosa seita à qual pertencia. Contou também sobre Gil e disse que lamentava profundamente que um infeliz acaso tivesse revelado ao rapaz a existência da Irmandade secreta.

— Para aquela natureza impetuosa, atraída pelo mundano, o conhecimento da ciência oculta tornou-se uma infelicidade e um desastre. Como monge que odiava o hábito, ele tornou-se um terrível servidor do mal e arrastou-me consigo para muitos exageros — acrescentou Ervin com um suspiro.

— Mas cansou-se rapidamente do mal e agora, tanto quanto eu, é consumido pela saturação e pelo remorso. Jamais me senti tão infeliz como no momento em que soube que me enviavam a Veneza e que iria ver Eliza! Eu, que ansiava tanto apertar ao coração a pessoa mais querida para mim, a pessoa que foi a encarnação da minha juventude e da felicidade, ao mesmo tempo temia e tinha vergonha desse encontro. Como ousaria tocar com meus lábios profanados na inocente face dela? O que aconteceria quando o seu olhar puro lesse no meu o constrangimento, e ela estremecesse instintivamente ao toque de seu criminoso pai? Esses pensamentos, tio Conrad, estavam me enlouquecendo. Apesar das tarefas extremamente cansativas de que fui incumbido, orei bastante implorando para Deus me perdoar e me purificar. Foi um tempo terrível! Você mesmo sabe como é difícil a um pecador arrependido livrar-se das forças do mal, às quais ele se ligou tão descuidadamente.

Os espíritos do mal amarram-se àqueles que os invocam, torturando-os, tentando-os e até aniquilando-os se estes desejarem livrar-se deles. Na época, tive de enfrentar uma terrível batalha com meus inimigos invisíveis, mas mantive-me firme e não paro de orar e de me arrepender. Eu, naturalmente, estou longe de adquirir a paz espiritual, pois o remorso me tortura. Entretanto, sinto-me extremamente feliz por ter conseguido purificar-me um pouco antes de encontrar minha filha. O amor que Eliza demonstra por mim é uma grande dádiva de Deus que não mereci — revelou Ervin.

— Deus deu essa filha a você para que o seu sentimento puro sirva-lhe de apoio. De minha parte, posso ajudá-lo com indicações sobre purificação — revelou o Barão Vart, apertando amigavelmente a mão do seu ex-discípulo.

Depois, a conversa tomou um rumo científico e absorveu a tal ponto os interlocutores que somente um olhar lançado por acaso no relógio lembrou-lhes que já era tarde e que já passava da hora do templário retornar à casa da Ordem.

Ervin despediu-se apressadamente do Barão e foi embora sem ver Eliza.

Capítulo 5

A época a seguir foi para Eliza cheia de diferentes emoções. Seu pai era um visitante assíduo na casa dos Faleri. Gil passou a acompanhá-lo com uma freqüência cada vez maior e sua presença provocava na moça uma estranha impressão que ela não conseguia explicar. Sentia um misto de atração e de repúdio pelo jovem templário. Quando os grandes e aveludados olhos negros de Gil, sombrios e faiscantes, dirigiam-lhe o seu olhar enigmático, Eliza se assustava.

Em outros momentos, quando o rapaz parecia alegre e descontraído, seu olhar brilhava com inteligência e seu rosto iluminava-se com um sorriso encantador, Eliza não conseguia tirar os olhos dele. Ela ria junto com Gil, conversavam animadamente e trocavam finas piadas.

Eliza nem notava até que ponto acostumara-se à companhia de Gil. Aguardava com impaciência a sua chegada e ficava amuada nos dias em que ele não aparecia. Fúlvio, entretanto, dirigia-lhe, às vezes, um olhar triste, sombrio e perspicaz. Um observador atento já teria percebido que a respeitosa amabilidade com que ele tratava o templário custava-lhe grande esforço. Todavia, ele recebia amavelmente o seu convidado e não atrapalhava os seus encontros com Eliza. Esta falava cada vez menos de Raymond e mandou retirar o retrato dele do dormitório, alegando que depois das visões horrendas que tivera o quadro a deixava aterrorizada.

Certa vez, depois do almoço, Eliza estava sentada no balcão anexo à sala, onde geralmente a família se reunia, e, com a ajuda da criada, tecia uma guirlanda de folhas e flores. Ela não estava de muito bom humor e ouvia distraída o tagarelar da camareira contando sobre uma mulher que vivia nos arredores e que lia o futuro das pessoas como um livro aberto. Mas, quando Loretta passou a aconselhar insistentemente a sua jovem ama a visitar aquela mulher, Eliza respondeu com irritação:

— Oh! Prefiro não saber nada do meu futuro. Não preciso da velha Januária para saber que ele será horrível.

Loretta quis protestar, mas Eliza interrompeu-a com impaciência:

— Vamos! Em vez de tagarelar, me passe logo o ramo verde e as flores vermelhas. Precisamos nos apressar para terminar isso a tempo.

Naquele instante, ouviram-se passos pelo piso de mosaicos do quarto contíguo e na entrada do balcão apareceu Gil. O mau humor de Eliza desapareceu como por encanto. Ela estendeu a mão ao jovem templário e disse alegremente:

— Não esperava vê-lo hoje, senhor Gil. Meu pai me disse que o senhor estava ocupado com os negócios da Ordem.

— Consegui livrar-me antes do que imaginava. Mas, onde está o irmão Finsterbach?

— Está com o vovô Conrad. Eles têm tanto a conversar que até falei ao pai que ele vem mais para ver o vô do que a mim — respondeu Eliza sorrindo.

Gil puxou uma cadeira e, apontando para o cesto de flores e guirlandas, perguntou à moça o que ela estava fazendo e se poderia ajudá-la.

— Por que não? Se um guerreiro puder rebaixar-se a tal ocupação! — disse Eliza com um olhar malicioso. — Aliás, essas guirlandas vão enfeitar a nossa capela. Por isso, este é um trabalho solidário, digno da participação de um cavaleiro de Cristo.

Uma nuvem sombria passou rapidamente pelo rosto do templário e nos olhos dele faiscou um fogo sinistro. Em seu semblante apareceu aquela expressão que tanto assustava Eliza e provocava-lhe um supersticioso tremor.

Dessa vez, entretanto, ela nada notou pois estava absorta no trabalho. Gil levantou-se, tirou do cinto a espada e o punhal e colocou-os no banquinho junto à porta. Depois, retornou ao seu lugar, colocou o cesto por perto e, escolhendo e passando as flores à moça, perguntou:

— Esta casa tem uma capela?

— Sim, o vovô Conrad e Fúlvio construíram-na quando voltaram da Cruzada para guardar uma santa relíquia que trouxeram da Palestina. Antigamente havia um capelão, mas enquanto morávamos perto de Pádua o velho padre Angelo faleceu e não teve substituto. Nos dias de festas, um monge do mosteiro vizinho vem rezar a missa aqui. Amanhã é aniversário de Fúlvio. Haverá uma celebração na capela e quero enfeitá-la com flores. Ah! A minha guirlanda está pronta! Loretta! Chame Lorencino. Ele vai me ajudar a levar a cesta. Agora, preciso ir. Se o senhor quiser, pode me acompanhar e mostrar-lhe-ei a nossa capela. Ela é muito bonita.

Gil concordou. Então, desceram para o andar inferior e passaram pela galeria que contornava o paço interior e no fim da qual tinha sido construída a capela. De fora, era difícil distingui-la, pois esta confundia-se no meio de outras construções. Mas, quando eles entraram por uma porta estreita, Gil não conseguiu conter um grito de espanto e de admiração.

A capela não era grande, mas muito alta. Suas arcadas elevavam-se ousadamente para o céu, formando uma abóbada azul e dourada. As condições externas não permitiram abrir janelas em toda a extensão das paredes laterais, mas de ambos os lados do altar e no fundo do semicírculo foram construídas janelas altas com vidros coloridos que se destacavam somente por finas colunas.

Sobre o altar havia uma imagem de mármore de Nossa Senhora, que segurava nas mãos uma caixinha de ouro, onde estava guardado um espinho da coroa de espinhos de Cristo.

— Esta capela é um verdadeiro tesouro! Ela me lembra uma igreja em Paris construída por Ludovico IX[1] — disse Gil, examinando a capela e admirando as esculturas e a riqueza dos ornamentos. — E pensar que tal tesouro encontra-se numa casa particular, enquanto a capela do nosso priorado é feia, vazia e sem qualquer estilo. Santo Deus! Vocês têm até um órgão, coisa que a nossa capela nem sonha ter! Como é bom orar aqui, neste silêncio! Esta misteriosa penumbra predispõe ao êxtase da prece — acrescentou o rapaz com um suspiro, ajudando Eliza a distribuir as flores no altar.

O templário não falou que a visão do órgão despertou nele uma forte vontade de tocar e cantar. A música sempre foi o seu consolo, mas ele nada falou sobre o talento que possuía. Ervin também jamais disse uma palavra sobre o assunto.

— Se lhe agrada orar aqui, então esse desejo é fácil de ser realizado. Posso lhe dar a chave da pequena porta lateral. Dela sai um corredor direto para o canal. Portanto, o senhor vai poder vir aqui para orar e ninguém na casa saberá disso. Padre Angelo e seu predecessor sempre utilizavam esse caminho. Hoje, a porta está trancada, mas assim que encontrar a chave eu a entregarei ao senhor — disse Eliza, observando com compaixão e medo a expressão triste e sofredora que obscurecia o rosto de seu interlocutor.

— Se isso não incomodar ninguém e não for desagradável ao senhor Fúlvio, ficarei muito feliz em vir de vez em quando aqui para orar — respondeu Gil, com um certo vacilo.

— Oh! Não se preocupe com isso. Eu respondo por ele.

Na manhã seguinte, Eliza soube que a chave da porta da capela estava com Fúlvio. Sem perder tempo, ela foi falar com o rapaz, levando consigo um lindo cachecol que tinha bordado para ele. Queria ser a primeira a cumprimentá-lo

---

[1] Ludovico IX (Luís IX ou São Luís) - Rei francês (1226-1270), filho e sucessor de Luís VII; participou ativamente da sétima Cruzada, mas foi derrotado. Permaneceu até 1254 na Terra Santa auxiliando a guarnecer os fortes das colônias cristãs. Em 1270 comandou a oitava Cruzada, mas faleceu em Tunis. Por sua vida religiosa e ascética, foi canonizado em 1297.

pelo aniversário. Também precisava lhe perguntar sobre a chave antes da chegada de Giovanna com a família, que viria para o início da missa. A moça sabia perfeitamente que não conseguiria falar com Fúlvio pelo resto do dia, pois a casa hospitaleira estaria cheia de amigos, parentes e representantes da alta aristocracia veneziana.

Fúlvio já estava vestido e tomava o desjejum quando chegou a sua protegida. Ele aceitou com um sorriso os cumprimentos de Eliza, o cachecol e, por sua vez, presenteou-a com um magnífico colar de ouro, enfeitado de brilhantes e esmeraldas para ela usar na festa, à noite.

Eliza, toda feliz, correu para o espelho para ver como tinha ficado com a nova jóia. De repente, lembrou-se da chave e, aproximando-se da mesa, onde Fúlvio continuou a refeição interrompida, expôs-lhe o seu pedido.

Para grande surpresa dela, o rosto do veneziano ficou sombrio e em sua voz soou uma nota amarga e severa quando respondeu:

— Verdade? O senhor Basemon deseja orar na nossa capela? Que desejo estranho! Deus não é o mesmo em qualquer lugar? Aliás, aquele monge canalha talvez necessite de condições para orar bem diferentes de nós, simples mortais.

— Por que você chama o senhor Gil de monge canalha? Sabe algo sobre ele? — perguntou Eliza com preocupação.

— Oh... não! Mas, entre os senhores templários existem muita gente de má reputação — respondeu Fúlvio, dominando-se rapidamente.

Eliza abaixou a cabeça e ficou pensativa. Em seguida, colocou a mão no ombro do amigo e disse com certo vacilo:

— Talvez você esteja certo, Fúlvio. O senhor Gil às vezes fica tão estranho que até parece ter um grande peso na alma; em seus olhos aparece uma expressão que me assusta. Talvez ele tenha cometido alguma falta, quebrado algum juramento, e esteja sendo torturado pelo remorso. Mas, por que você, sempre tão bondoso, condena-o tão severamente em vez de apiedar-se dele? Um dia você me falou uma frase que jamais vou esquecer: "Todo pecado, toda transgressão das Leis Divinas traz consigo mesmas a punição. Na vida de toda pessoa, a tentação aparece de surpresa e de forma ameaçadora. Ai daquele que entregar-se e deixar-se subjugar-se pelas paixões; pagará caro por isso". Você também acrescentou: "Tal tentação ameaça qualquer um de nós e isso nos obriga a ser indulgentes um com o outro". Pode ser que o cavaleiro Basemon tenha-se entregado mais facilmente à tentação, pois conforme contou meu pai ele não entrou na Ordem por vocação.

Enquanto Eliza falava, um forte rubor espalhava-se pelas faces do veneziano. Ele puxou a moça para perto de si e beijou-a na testa.

— Tem razão, minha querida! Você venceu-me com minhas próprias armas ao lembrar-me que não é suficiente pregar a indulgência, mas é preciso colocá-la em prática. Esqueça o que eu disse! Já vou dar-lhe a chave. Transmita ao cavaleiro, em meu nome, que a capela está à inteira disposição dele.

Uma semana depois dessa conversa, Eliza preparava-se desde cedo para ir à casa de Giovanna. Ela estava absolutamente só; seu pai tinha ido passar o dia todo em algum lugar nos arredores da cidade; Fúlvio e o Barão Vart também tinham dito que só iriam vê-la na tarde do dia seguinte.

Eliza encontrou Giovanna doente. Ela estava muito abatida porque na tarde anterior seu filho mais velho quase se afogara numa pescaria. O susto que ela tomou foi tão grande que se transformou numa forte enxaqueca.

A jovem passou toda a manhã brincando com os dois meninos de Giovanna, mas, vendo que a amiga não estava em condições de conversar, decidiu voltar para casa logo depois do almoço. Ela estava triste. Alguma coisa na casa dos Villamarino lhe havia lembrado vivamente Raymond, da época em que ela desempenhara o papel de Bianca, enquanto ele cortejava Beatrice.

Nunca os laços que a prendiam ao jovem Conde lhe pareceram tão pesados como naquele dia. O pensamento de que, apesar de tudo, Raymond lhe negaria o divórcio, enchia sua alma de tristeza e indignação.

Nervosa e amuada, Eliza ficou andando tristemente pelas salas vazias do palácio. De repente, decidiu ir até a capela, trocar as flores e orar à Virgem Maria tanto por si como pela infeliz Beatrice, a vítima de Raymond. Ela sentiu uma grande compaixão por esta última quando Giovanna lhe contou que a senhora Salviati acabou morrendo no mosteiro onde fora trancafiada. Corriam boatos de que ela se enforcara.

Triste, pensativa e preocupada, Eliza apanhou as flores trazidas por Loretta e dirigiu-se à capela. Mas, ao abrir a porta, parou surpresa e indecisa: ouviu nitidamente os sons do órgão. Quem poderia estar tocando numa hora tão imprópria? De repente, lembrou-se de Gil. Mas como poderia ele tocar órgão se jamais falou que tinha dons musicais?

Intrigada, Eliza entrou silenciosamente na capela e fechou a porta. Se era realmente o cavaleiro quem tocava, então ele, evidentemente, estava ali porque sabia que os donos da casa não estavam. Eliza, então, decidiu que iria chamar a atenção do templário por ocultar o seu talento!

Após dar alguns passos, a moça estancou no lugar ao ouvir uma voz masculina sonora, poderosa e, ao mesmo tempo, aveludada, que cantava uma prece. Os sons espalhavam-se grandiosamente sob a abóbada, fazendo todo o ser de Eliza palpitar com uma estranha emoção. Apesar de ela conhecer a prece, o cantor invisível dava a esta uma expressão completamente inusitada.

Logo, a música e o canto perderam a sua característica e transformaram-se numa fantasia de artista. Já não era mais o instrumento que soava, mas a alma, enchendo a capela de ondas sonoras que tinham aspectos harmônicos ou selvagens e estridentes. Através delas, percebia-se uma tempestade de paixões desenfreadas, lágrimas de arrependimento e desespero e, numa melodia agradável e inebriante, cantava-se o amor esquecendo-se o mundo e todas as suas desgraças.

Eliza, emudecida, ficou ouvindo toda trêmula e apertando as mãos ao peito. Por centenas de vezes já tinha ouvido bons músicos, mas jamais tivera a oportunidade de presenciar um artista tão genial. Por isso, naquele momento, ela sentia uma emoção incomum. Aquele canto, aquela música, conquistavam-na e penetravam no mais íntimo de sua alma, fazendo vibrar todas as suas fibras e despertando sentimentos jamais experimentados.

De repente, ela pareceu livrar-se daquele estupor e colocou no chão as flores que segurava. Como uma sombra, deslizou para a frente e começou a subir a escada em caracol, que levava até o órgão.

No último degrau ela parou e apoiou-se calada no corrimão. Então, viu Gil. Ele estava sentado diante do órgão num banco de madeira trabalhada. Seu rosto pálido transpirava arrebatamento e inspiração. Naquele momento, ele vagava num mundo só dele. Os dedos desenvolvidos e a voz disciplinada obedeciam quase inconscientemente a cada movimento de sua alma. Gil realmente resplandecia com a beleza de um gênio. Os raios do Sol poente, que atravessavam os vidros da janela, brincavam na sua túnica branca e cercavam sua cabeça numa auréola dourada.

Finalmente, o canto parou e a cabeça do cavaleiro caiu pesadamente sobre o peito. Após uma momentânea imobilidade, ele levantou-se, passou a mão na testa e estremeceu. Um forte rubor espalhou-se pelo seu rosto. Ele viu Eliza, que permanecia imóvel e calada no último degrau da escada. No expressivo rosto e nos grandes olhos claros da jovem refletiam-se tão nitidamente a emoção e o encanto pelo que via, que a chama de irritação acendida nos olhos de Gil apagou-se imediatamente, transformando-se num sorriso meio irônico.

Fazendo uma profunda reverência a Eliza, ele disse:

— Permita-me trazer-lhe os meus respeitos, Condessa! A senhora está percebendo que aproveitei a sua amável proposta de visitar a capela, mas jamais esperava que iria me encontrar aqui logo na primeira visita!

Eliza estava tão emocionada que nem notou a surpresa e a insatisfação do cavaleiro; também não prestou atenção às palavras de Gil; viu somente que ele tinha parado de tocar. Por isso, sem nada responder, apontou para o órgão e exclamou:

— Cante! Cante mais!

Gil sorriu, sentou-se obedientemente no banco e, depois de um pequeno prelúdio, cantou uma oração à Virgem Maria.

Quando terminou, Eliza acalmou-se um pouco e, repentinamente, sentiu-se envergonhada pela indiscrição e pelo inesperado encontro naquele local isolado. Ruborizada, ela acenou com a mão e disse baixinho:

— Perdoe-me, senhor Gil, por tê-lo perturbado tão inesperadamente. Juro que tudo aconteceu por acaso! Subi aqui para ver quem estava tocando o órgão e fiquei calada porque me encantei pela sua música. Oh! Jamais ouvi alguém tocar assim! Aquilo não era o órgão, era a sua própria alma que cantava tão claramente que podia-se lê-la como um livro aberto.

— Oh! E o que a senhora leu? — perguntou Gil.

Com essa pergunta, o rosto do cavaleiro assumiu aquela lúgubre e sinistra expressão que sempre assustava Eliza. Mas, naquele instante, sua natureza nervosa e impressionável ainda estava tão excitada que seus claros e resplandecentes olhos suportaram, sem tremer, o olhar sombrio e demoníaco do cavaleiro. Ela, então, respondeu, sem vacilar:

— Li que o senhor está sofrendo, que um ferimento secreto tortura-o e que em sua alma lutam duas forças antagônicas: as do inferno e as do Céu. Mas também percebi que o Céu irá vencer essa batalha! Os meus tutores, Fúlvio e vovô, ambos cientistas, diziam-me que a música é um grande remédio da alma e que aquele que possui o dom divino de dominar a harmonia certamente deve encontrar a paz e a felicidade.

Na voz e no olhar de Eliza sentia-se tal convicção inocente e um entusiasmo tão sincero, que Gil emocionou-se e sua pesada irritação mudou para um sorriso profundamente melancólico. Mas, não teve tempo de falar nada, pois a moça voltou-se rapidamente e desapareceu como uma sombra. Antes que o cavaleiro pudesse recompor-se da surpresa, ouviu fechar-se a porta de entrada da capela.

— Que mulher estranha! — murmurou Gil, descendo pela escada em caracol, enquanto nos seus lábios brincava um sorriso de orgulhosa jactância.

Já era noite alta quando Ervin Finsterbach retornou da viagem empreendida por ordem do prior. No posto de comando todos já dormiam quando o cavaleiro passou pelo longo corredor dirigindo-se ao seu quarto. Mas, ao passar pelo quarto de Gil Basemon, notou com surpresa por debaixo da porta que a luz estava acesa. Ervin dispensou imediatamente o seu escudeiro e, certificando-se que a porta não estava trancada, entrou.

Sobre a mesa, queimava um toco de vela num candelabro de bronze. Sentado numa poltrona e com a cabeça jogada no espaldar estava Gil, olhando para o vazio. O cenho franzido e a expressão de amargura em seu rosto atestavam que seus pensamentos estavam longe de serem agradáveis. O rapaz não percebeu que a porta se abriu nem notou a entrada de Finsterbach.

— Gil, você ainda não está dormindo! Novamente se entrega aos sonhos doentios! — observou Ervin com desaprovação. — Meu amigo, isso não é nada bom! Assim você só prejudica a sua saúde e tortura o seu espírito.

O rapaz estremeceu e se endireitou.

— O que fazer se não consigo encontrar a verdadeira paz? — perguntou, passando a mão na testa. — O solo me escapa debaixo dos pés; sinto um vazio que nada consegue preencher. Talvez esteja sentindo falta da maldade anterior e daquele embevecimento que traz o esquecimento e encobre o horror de si mesmo. Sinto na alma um terrível vazio, a vida me parece insuportável, o futuro apresenta-se como um deserto infinito e o traje que uso, uma prisão sem saída. Quando, aos trinta e dois anos, você já experimentou exaustivamente todas as paixões; quando esvaziou completamente a taça de prazeres; quando estão destruídos todos os ideais e as esperanças, o que nos resta então para preencher o que sobrou da vida e para torná-la suportável?

— O verdadeiro arrependimento e uma firme vontade de readquirir a fé e a esperança pela oração e pela autopurificação — respondeu Finsterbach delicadamente, mas com firmeza. — Você já rompeu com o passado, Gil; agora, esqueça-o!

O rapaz soltou um riso estridente e pôs-se de pé de supetão. Estava pálido como a morte e seus olhos faiscavam.

— Esquecer?!... Purificar-se?!... — perguntou ele com desprezo. — Tudo isso são palavras vazias nas quais nem você mesmo acredita. Como algumas preces podem destruir a vergonha a que me submeti? Esquecer?!... Oh! Se eu pudesse ordenar à minha maldita cabeça que esqueça aquilo que ela cansou de pensar! Se pudesse ordenar aos meus sentidos para esquecer os criminosos prazeres que eles suportaram! Não e não! Esse tipo de sujeira não se apaga nem com a vontade nem com as preces. As fatídicas lembranças foram absorvidas pelo cérebro e quanto mais eu as evito, mais firmemente elas me perseguem.

— Afaste-as com alguma ocupação séria; dê uma nova direção aos seus pensamentos. Eu estou fazendo isso, e desde que cheguei a Veneza sinto-me livre e feliz como nunca.

— Pudera! Mas o seu milagre tem fácil explicação: você tem uma filha e um amigo. Já eu, não tenho ninguém que me ame, que tenha compaixão de mim e que me apóie! Não tenho nada, além desse odioso traje que me sufoca como um laço de forca e fecha para mim todas as saídas. Oh! Como amaldiçôo a hora fatídica em que assumi esse hábito e a lei à qual me sacrificaram!

A ira e o desespero soavam na voz de Gil. Jogando-se na poltrona, ele agarrou a cabeça com ambas as mãos.

Finsterbach abaixou a cabeça e uma amargura e muita compaixão refletiram-se em seu rosto. Após um instante de silêncio, ele fez um grande esforço e, colocando a mão no ombro de Gil, disse:

— Para um homem enérgico e orgulhoso como você é indigno entregar-se a tal ponto ao desespero, à apatia e a uma inútil irritação contra o que não pode ser consertado, pois...

Basemon endireitou-se rapidamente. Seu rosto readquiriu a expressão habitual e só a terrível palidez denotava a tempestade que se desencadeava em sua alma.

— Você tem razão! É ridículo ficar gemendo e se lamentando feito mulher — disse ele com um leve e indescritível sorriso irônico. — Eu me joguei voluntariamente no abismo que, apesar da escuridão, não deixava de ter coisas agradáveis e, por isso, não devo reclamar. Além disso, uma vez amigo de Lúcifer, não se deve privá-lo de sua companhia.

— Conversa! Você como sempre está indo de um extremo a outro. Mas, no seu caso, prefiro vê-lo reclamando do que caindo em desespero — observou Finsterbach com um sorriso.

Em seguida, puxando uma poltrona e sentando-se, acrescentou:

— Bem, agora que você recuperou a sensatez, posso responder às suas observações sobre os dois tesouros que eu tenho e você não: uma filha e um amigo. Até agora eu achava que era para você um amigo tão fiel quanto Vart é para mim. Mas você tem outra opinião a respeito. Que seja! Se você não tem uma filha, em compensação possui uma irmã imortal, a música. Você, Gil, dá pouca importância a essa dádiva que Deus lhe deu para recompensá-lo por muitas desilusões.

As últimas palavras do cavaleiro fizeram Gil ficar vermelho e ele, agarrando a mão de Ervin, exclamou:

— Perdoe, Ervin, essas minhas palavras ingratas! Eu realmente não sinto falta de um amigo, mas preferiria uma bondosa e pequena irmã viva do que a música imortal.

— Tente encontrar em Eliza a sua irmã viva. Ela é uma

criatura pura e encantadora; é muito esclarecida e você pode conversar assuntos sérios com ela. Mas, talvez você não simpatize com ela! Nunca me falou da impressão que teve dela. Sei que ela se interessa por você.

Gil nada respondeu. Andou pelo quarto e depois, parando em frente a Ervin, disse com uma voz um pouco indecisa:

— Eliza me agrada. Ela possui algo mais do que beleza. Todo o seu ser respira alegria e uma inocência pura; em seus olhos brilha uma mente elevada. Ela é tão alva e delicada que dá a impressão que não é deste mundo. Naturalmente, eu ficaria feliz em ter a sua afeição de irmã. Mas, isso seria possível? Ervin, será que você não teme o contato daquela criatura pura com um homem como eu? Se o sentimento que tenho por ela mudar de repente não poderei responder por mim mesmo e pelas selvagens paixões que enchem a minha alma. Além disso, não seria eu perigoso para Eliza? Eu sou o próprio inferno e, por isso, carrego a tentação dentro de mim. Por isso, devo contar-lhe a cena que aconteceu hoje.

Foi um dos meus dias ruins. À noite, as alucinações me atormentaram. Resumindo: senti uma incontrolável vontade de tocar, mas para isso precisava ficar só. Eu sabia que hoje não teria ninguém na casa dos Faleri. Então, peguei a chave que a sua filha me deu e fui até a capela. O órgão que está lá é maravilhoso e fiquei entretido com ele. Não lembro o que toquei e cantei. Muito provavelmente estava extravasando os sentimentos sombrios e agitados que me perturbam a alma.

Imagine a minha surpresa quando vi Eliza parada na escada, olhando-me como encantada! Posso afirmar que a minha música causou-lhe uma impressão bastante profunda e aos olhos dela fui coroado por uma auréola que não mereço. O que acha disso, Ervin? Mesmo tendo vendido a alma ao demônio, por nada deste mundo gostaria de prejudicar aquela maravilhosa mulher e nem amargurá-la. Se você achar necessário, posso partir de Veneza alegando motivos particulares — concluiu o templário.

Finsterbach ouviu tudo com uma expressão preocupada e indecisa. As últimas palavras do rapaz fizeram-no dirigir-lhe um olhar cheio de afeição.

— Gil, agradeço suas nobres e sinceras palavras. Elas me provam que a sua honestidade sobreviveu e resistiu a todas as más influências. Não quero que você parta, pois nada prova que seus temores tenham fundamento. Mas, ficarei observando Eliza e logo saberei a impressão que ela teve sobre o seu canto. Agora, boa noite! Vá dormir, meu pobre amigo, descanse e tente esquecer tudo!

E os cavaleiros separaram-se após apertarem firmemente as mãos.

Capítulo 6

Durante a tarde toda e a noite Eliza continuou emocionada, ainda sob aquela extraordinária impressão causada pelo canto e pela música do templário. Não conseguia esquecer o rosto pálido de Gil e seu olhar inspirado. Aquelas melodias, por vezes selvagens e outras vezes delicadas, continuavam a soar em seus ouvidos.

Mas Eliza era de natureza tranqüila e saudável, sobre quem as paixões desenfreadas não tinham qualquer influência. O caos doentio de sentimentos que enchia a dolorida e apaixonada alma de Gil afetou os nervos da moça e provocou-lhe uma momentânea confusão. Em seguida, todos esses sentimentos juntaram-se em sua pura e inocente alma e transformaram-se numa sincera compaixão por aquele belo rapaz tão talentoso e, ao mesmo tempo, tão profundamente infeliz.

Durante a prece noturna, Eliza orou por Gil. Do fundo de sua alma, implorou à Virgem Maria e ao seu Divino Filho que enchessem o espírito perturbado do rapaz com paz e fé, que salvassem e apoiassem o ser humano.

Por muito tempo Eliza não conseguiu dormir. No dia seguinte, acordou tarde. O sono profundo devolveu-lhe a habitual tranqüilidade.

Quando chegou Finsterbach, ela o recebeu como de costume. Por mais que Ervin ficasse observando o seu rosto fresco e seus límpidos olhos, não conseguia descobrir neles nada de extraordinário.

Após o almoço, quando estava sentada com o pai no balcão, Eliza perguntou-lhe por que Basemon não tinha ido visitá-los e depois acrescentou inocentemente:

— Temo que o cavaleiro Gil tenha ficado com raiva de mim. Ontem eu o peguei na capela tocando órgão e cantando. Fiquei simplesmente encantada com o que ouvi. Jamais acreditaria que um instrumento musical e a voz humana pudessem ser tão eloqüentes! Aquilo era algo divino e, ao mesmo tempo, torturante para a alma, pois em cada som sentia-se um terrível sofrimento. Como é triste imaginar que um grande artista como Basemon possa ser tão infeliz!... Diga-me, pai, ele é muito infeliz? Só não pense, pelo amor de Deus, que lhe pergunto isso por pura bisbilhotice.

— Não, minha querida filha, sei que é incapaz disso e que tem pena do meu amigo. Não tenho o direito de falar da vida particular dele. Para você é suficiente saber, e isso deve ficar só entre nós, que Gil é o caçula da família. As circunstâncias e a vontade de seus pais obrigaram-no a entrar para a Ordem, que jamais foi sua vocação. Você deve compreender a desarmonia que isso provocou no espírito do rapaz. Ele se sente infeliz, ainda mais por que a nossa derrota na Palestina privou-o até da possibilidade de lutar com os infiéis e, com isso, dar um objetivo à sua atividade.

— Sinto muita pena dele! Gostaria muito de consolá-lo! Em todo caso, sempre o receberei com carinho — afirmou Eliza.

Passaram-se cerca de dois meses. Aparentemente não houve qualquer alteração nas relações entre os nossos personagens. Os dois templários continuaram a visitar diariamante o palácio Faleri. Reinava o mesmo reservado respeito entre Eliza e Basemon. Mas, na alma de ambos acontecia imperceptivelmente uma profunda e perigosa metamorfose.

O interesse despertado em Eliza pelo acontecimento na capela, não se apagou; pelo contrário, um dos mais traiçoeiros sentimentos, a piedade, incitava a moça a ocupar-se do jovem templário e demonstrar-lhe uma delicada amizade. Gil entendeu e estava profundamente reconhecido por Eliza tentar, inocentemente, consolá-lo, embora ela não conseguisse adivinhar o seu verdadeiro caráter.

Ele logo se acostumou com aquela atenção que, no fundo, era o único a conseguir entender. Depois, passou a ansiar impacientemente pelo momento de ver aqueles olhos claros que jamais ocultavam o brilho de alegria que provocava a sua chegada. Por fim, começou a sentir uma saudade enorme e uma irritação nervosa nos dias em que não via Eliza. Mas como nenhum acontecimento constrangia-o, pois era de natureza apaixonada, nem mesmo ele suspeitava da profundidade e do perigo do sentimento que tão rapidamente se apoderava de sua alma.

Eliza, naturalmente, estava ainda mais cega. Nem lhe passava pela cabeça que a sua constante preocupação com Gil, o forte bater do coração à sua chegada e a certeza de que ele era o mais belo e inteligente dos homens, poderiam ser sintomas de amor. Com a mais pura inocência, ela convencia-se que gostava de olhá-lo só porque ele realmente era mais belo e melhor do que os outros. Para ela, era até natural sentir pena e simpatia pelo talentoso e infeliz rapaz que a injusta lei feudal sobre os irmãos caçulas obrigou a abandonar a sociedade, à qual ele parecia ter sido criado apenas como peça decorativa.

Eliza nem percebia que essas suas deduções encontravam, por vezes, estranhas contradições. Assim, certa vez, quando recebiam alguns convidados, uma jovem e bela viúva interessou-se por Gil e declarou-se abertamente. Eliza ficou simplesmente indignada. Apenas a indiferença com que o cavaleiro enfrentava todos os flertes da madura beldade acalmaram-na um pouco e ela, com grande satisfação, concluiu como era bom Gil ser um monge e não poder tornar-se um marido. Quanto ao fato de ele poder vir a ser um amante então... graças a Deus, Gil era demasiado puro e sério para isso. Ele não era um depravado como Raymond, que poderia ser seduzido por qualquer saia.

No início, Ervin ficou observando os dois jovens, tentando captar sintomas de um amor que pudesse estar desabrochando, mas depois sossegou. A conversa com a filha, no dia seguinte ao episódio da capela, enfraqueceu desde o início as suas suspeitas e, como não notava nenhuma mudança em Gil, acalmou-se em definitivo.

Apenas Fúlvio, inspirado pelo ciúme, enxergava melhor as coisas. Ele seguia com amargura doentia o perigoso processo que acontecia no coração da mulher amada. Mas, nada podia fazer para afastar Eliza do templário ou abrir-lhe os olhos para o perigo que este representava para ela. Como astrólogo, Fúlvio estava convencido que Gil era exatamente a pessoa por quem Eliza iria se apaixonar e que seria uma pesada provação na vida dela. O fato de Basemon ser um templário explicava o obstáculo que haveria entre os jovens e que ele, Fúlvio, não conseguira prever antes.

Além disso, Fúlvio leu nas estrelas que Basemon estava duplamente marcado pela fatalidade: o talento musical e a morte prematura. Mas, não se achava no direito de interferir no fluxo dos destinos deles. Ele condenara há muito tempo o amor-próprio e encarava a própria e pesada luta moral que passava naquele momento como a suprema provação através da qual deveria triunfar sobre a carne. Como, nessas horas difíceis, ele necessitava de isolamento, então, mantinha-se longe sob diversos pretextos e passava grande parte do tempo no seu castelo perto de Pádua. Enquanto isso, Vart, ocupado com um importante estudo científico, nem pensava em ficar observando Eliza ou os visitantes do palácio Faleri.

Tal era a situação quando, certa vez, em meados de julho, Ervin chegou ao palácio Faleri visivelmente emocionado. Sua palidez, sua tristeza e sua preocupação perturbaram Eliza, mas ela não ousou perguntar-lhe sobre o que havia acontecido de imediato. Somente depois de convencer-se que a irritação do pai absorvia-o tanto que ele nem ouvia o que lhe falavam, a moça decidiu-se rapidamente.

— Pai! O que você tem? Está doente? Aconteceu algo importante ou desagradável? — perguntou ela colocando a mão no ombro dele.

Finsterbach estremeceu. Ao encontrar o temeroso olhar de Eliza, puxou-a para perto de si e beijou-a na testa. Em seguida, tentando dominar a própria emoção e forçando um sorriso, ele respondeu:

— Aconteceu aquilo que já deveria ter sido previsto. Hoje, pela manhã, recebi uma ordem graças à qual devo partir de Veneza. Mas, me acostumei tanto com a felicidade de estar perto de você e deliciar-me com o seu amor de filha que esqueci que sou um monge e não tenho nenhum direito às alegrias familiares. Nossa separação, que pode ser longa, pegou-me de surpresa e amargurou-me demais.

Eliza nada respondeu; ficou branca como um lençol e caiu sem forças na poltrona. A notícia da separação do pai e de... Gil chocou-a de tal maneira que uma dor física apertou-lhe o peito e impediu-a de falar.

— Eliza! Minha filha! Acalme-se e perdoe-me por comunicar-lhe isso de supetão. Não pensei que minha partida a deixaria tão triste! — exclamou Finsterbach emocionado, inclinando-se preocupado sobre a filha.

Eliza tentava recompor-se, mas seus lábios tremiam e, aos prantos, ela pulou no pescoço do pai.

Ervin teve muita dificuldade para acalmá-la e secar as lágrimas que caíam de seus olhos. Por fim, Eliza sentou-se novamente na poltrona e, molhando na água o seu lenço, começou a enxugar os olhos vermelhos e inchados de lágrimas. Finsterbach andava pelo quarto com ar sombrio e cenho franzido. Ele amaldiçoava a sua insana decisão de entrar para a Ordem em vez de viver para a sua única filha.

— Pai! Quando e para onde você deverá partir? — perguntou ela de repente.

— Vou partir o mais tardar daqui a uma semana para o

Tirol. Por mais estranho que pareça, estou voltando à minha pátria! — respondeu Ervin, parando de andar. — Imagine só, minha querida, fui designado para o posto que fica a uma hora de viagem de Zapnenstein.

— Vai ficar lá por muito tempo? — perguntou Eliza com ar preocupado.

— Não sei dizer. Como o grão-mestre incumbiu-me de uma missão naquela região, ficarei por lá um mês ou um mês e meio — respondeu o cavaleiro, dominando o leve sorriso que lhe provocaram as perguntas da filha.

Eliza deixou de lado o lenço úmido e levantou-se. As faces do seu rostinho encantador ficaram vermelhas e os olhos brilharam.

— Nesse caso, ainda não vamos nos separar; vou com você a Zapnenstein! — disse ela num tom decidido.

Finsterbach olhou-a com surpresa, mas depois balançou a cabeça.

— Compreendo e valorizo o amor que lhe sugeriu esse plano, minha querida, mas deve entender que não será possível realizá-lo. Não posso viajar em companhia de damas e em Zapnenstein você teria de viver sozinha. Seria loucura deixar os seus magnânimos tutores para ficar lá sozinha após a minha partida.

Eliza balançou a cabeça.

— Suas observações não afetam o meu plano. Tenho motivos muito importantes e inteiramente lógicos para ir junto com você ao Tirol. É preciso terminar de vez com essa história do meu infeliz casamento. Não quero ficar esperando docilmente aqui até o meu exemplar marido se cansar de se banquetear em Jerusalém e achar necessário vir a Veneza reclamar os seus direitos que, aliás, eu renego. O Conde Volfram realizou o nosso noivado; portanto, é perfeitamente natural que ele use de toda a sua autoridade para me devolver a liberdade. Zapnenstein está localizado tão perto de Reifenstein que lá será mais fácil resolver essa separação. Além disso, sua amizade com o velho Conde e sua proteção paterna me ajudarão muito nessa difícil negociação. De minha parte, seria insano não aproveitar tal oportunidade. Quanto a viajar com você, ninguém pode atrapalhar isso. Sei que, pelas regras de sua Ordem, é permitido prestar ajuda e proteção à uma dama nobre que viaja sozinha para ver o marido. Ninguém precisa saber que estou indo ao Tirol só para me livrar do marido — concluiu Eliza com ar triunfante e os olhos brilhando de malícia.

Ervin, espantado, ouvia em silêncio as explicações da filha.

— Juro pelo sangue de Cristo que é uma grande verdade o fato de existir mais esperteza no cérebro feminino do que células numa colméia! — concluiu ele, com riso involuntário. — Desse ponto de vista, a sua idéia é totalmente viável. De minha parte, seria loucura recusar a felicidade de passar com você mais dois meses. Além disso, desejo muito terminar logo essa história do seu casamento. Entretanto, antes de tomar a decisão final quero que você se aconselhe com Vart e, se ele aprovar o seu plano, eu a levarei comigo.

— Então vamos! Vamos agora mesmo falar com ele. Que pena Fúlvio estar ausente; ele também daria uma opinião sobre isso! — exclamou Eliza, agarrando o pai pela mão e puxando-o ao quarto do velho cientista.

Ao tomar conhecimento do caso e após refletir um pouco, o Barão aprovou o projeto de sua protegida.

— É natural que Eliza deseje adiar o quanto possa a separação do pai e também é inteiramente legal o seu desejo de encerrar o caso de Raymond com sua ajuda. É bem provável que o jovem Conde retorne logo, pois fiquei sabendo que Volfram enviou-lhe ordens severas nesse sentido. Você tem o direito de exigir satisfações sobre o comportamento dele em relação à sua filha. Além disso, ninguém melhor do que você para restabelecer a paz entre o jovem casal, se isso ainda for possível. Para tranqüilizá-lo definitivamente, meu caro discípulo e amigo, posso informar-lhe que logo irei para o meu pequeno castelo no Tirol. Se você partir, tomarei conta de Eliza e, se necessário, a trarei de volta a Veneza.

— Meu caro mestre, suas palavras me deixaram mais tranqüilo. Portanto, minha filha, a nossa viagem está decidida. Peço-lhe que apresse os preparativos e esteja pronta, pois é bem provável que tenhamos de partir mais cedo que o previsto. Aguardo apenas a chegada de um irmão, vindo do Chipre, que deve trazer-me os documentos necessários. Se a travessia for bem-sucedida, a galera pode atracar no porto por esses dias.

Com atividade febril, Eliza começou a preparar-se para a partida. Naqueles tempos distantes, uma viagem era difícil por causa do volume de coisas que era necessário levar para ter um mínimo do conforto no caminho e, chegando-se ao destino, ter à mão os objetos necessários. Eliza estava partindo por um prazo de tempo que não podia determinar; ela nem sabia com certeza qual seria o seu futuro. Por isso, quando passou o primeiro ímpeto, sua excitação nervosa alterou-se para uma desmotivada tristeza e um obscuro temor.

Fúlvio não chegava, apesar de Vart ter enviado um mensageiro atrás dele. Eliza perguntava-se temerosa se ele teria ficado ofendido por ela ter tomado uma decisão tão importante sem consultá-lo. É verdade que Vart aprovara o seu plano, mas ela própria já começava a duvidar da sensatez do que planejara. Não estaria ela abandonando um abrigo de paz e de felicidade para atirar-se no desconhecido amanhã, onde se privaria da proteção e do apoio de seu melhor amigo, que sempre foi para ela o pai mais condescendente, o irmão mais amoroso, o mestre mais paciente e o mais magnânimo benfeitor?

A notícia da data da partida, marcada para dali a dois dias, levou a preocupação da moça ao ápice. Ela não conseguiu dormir a noite inteira e passou o dia aguardando a chegada de Fúlvio. Se ele não aparecesse logo, ela teria que partir de Veneza sem vê-lo e sem despedir-se dele. Só esse pensamento já a fazia verter lágrimas amargas.

Às perguntas preocupadas de Eliza, Vart respondeu que o mensageiro provavelmente não tinha encontrado Fúlvio em Pádua e que não podia haver outro motivo para o seu atraso. Mas essa explicação não servia de consolo para ela. Portanto, pode-se imaginar a alegria de Eliza quando, ao pôr-do-sol, atracou uma gôndola ao portão do palácio com o brasão de Fúlvio e o próprio desembarcou.

Com a rapidez de um raio, Eliza correu do quarto e encontrou-o na escadaria, mas não notou a alegria e o afeto com que ele costumava recebê-la. A ela, parecia que Fúlvio estava mais pálido e sério do que de costume e o olhar que dirigiu-lhe era estranhamente frio e severo. Mas, nada havia de inusitado em seu tratamento e ele, como sempre, abraçou-a.

— Fúlvio! Gostaria de conversar com você a sós — murmurou Eliza.

— Está bem! Venha daqui a uma hora ao meu gabinete — respondeu o rapaz.

Pálida e nervosa, a moça foi na hora marcada ao gabinete de trabalho do amigo. Fúlvio estava sentado junto à janela, imerso em profundos pensamentos.

À entrada de sua protegida, ele endireitou-se, indicou-lhe uma cadeira e disse:

— Eliza, você naturalmente quer falar comigo sobre a sua partida. Precisa de ajuda ou de conselho?

— Primeiramente quero pedir-lhe perdão por ter tomado uma decisão tão importante na sua ausência e sem esperar a sua aprovação — murmurou Eliza com voz indecisa.

— O que posso ter contra a sua viagem, se esta decorre de seu amor de filha? Pelo contrário, só posso aprová-la tanto quanto o tio Conrad. Nesse sentido, nada tenho a lhe perdoar. Do fundo d'alma peço a Deus que essa viagem lhe seja benévola!

— Ah! Já estou arrependida por tê-la empreendido. A mim me parece que, deixando esta casa, estarei no meio de uma noite escura numa estrada açoitada por tempestades e cheia de perigos. Estou com medo do futuro! Em certos momentos, até entendo o que me leva a seguir meu pai. Eu o amo e para mim é difícil separar-me dele, mas essa separação será inevitável. Resumindo: não consigo entender a mim mesma, pois o meu coração dilacera-se tanto com a idéia de ir quanto com a de ficar. Ajude-me, Fúlvio, a encontrar o equilíbrio e a explicar o que acontece comigo.

Caindo em prantos, Eliza atirou-se no pescoço de Fúlvio e apertou a cabeça em seu ombro.

O rapaz afagou-a por instantes. Uma expressão de sofrimento e amargura surgiu em seu rosto, mas ele dominou-se corajosamente e disse com carinho:

— Antes de mais nada, seque suas lágrimas e acalme-se. Não há nada de mal em privar-se temporariamente de tudo que lhe é caro por aqui. Esta casa sempre estará à sua disposição. Você poderá retornar a ela como se fosse para a sua própria casa. Além disso, sempre poderá contar com o meu amor fraternal e o meu apoio tanto moral quanto físico. No Tirol, além do pai, você poderá contar com o Conde Volfram, que é nobre e magnânimo. Ele a defenderá de qualquer ofensa, mesmo que seja do próprio filho. Por fim, se isso lhe servir de consolo, prometo ir para o Tirol junto com o tio Conrad e passar por lá os meses em que se decidirá a questão do seu casamento.

— Fico-lhe muito grata, Fúlvio! Você é tão bom para mim quanto o próprio Nosso Senhor. Mas, o que mais me consola é que você não está com raiva de mim. Isso eu não poderia suportar! — exclamou Eliza, sorrindo por entre lágrimas.

Após um instante de silêncio, ela acrescentou:

— Mesmo assim, sinto uma certa desarmonia na alma que não consigo explicar. Temo o futuro, como se um perigo me ameaçasse.

— Em sua alma reina a desarmonia porque você perdeu aquela antiga paz e teme instintivamente que algum perigo possa ameaçar o seu futuro, como, por exemplo, ser dominada pelos sentimentos!

Um forte rubor espalhou-se pelo rosto da moça e ela perguntou com visível irritação:

— Como pode pensar tão mal de mim, Fúlvio? Não me diga que me julga capaz de me entregar ao fogo da paixão, assim que o senhor Raymond resolver desempenhar diante de mim um papel de apaixonado? Eu o detesto e me separarei dele, mesmo que venha arrastando-se de joelhos de Bricsen a Zapnenstein!

— Não estava me referindo a Raymond quando falei do perigo que pode ameaçá-la. Você, além de não amá-lo, detesta-o exageradamente, apesar de ninguém, além dele, ter maior direito à sua indulgência. Obviamente, não será a pessoa de quem você anseia livrar-se como de um pesado fardo que irá dominar seus sentimentos. Entretanto, o vazio que se formou entre você e seu marido, por causa dos erros dele, será ocupado por uma terceira pessoa, cuja proximidade, voz e olhar farão vibrar o seu coração. Essa pessoa pode despertar em sua alma virginal sentimentos desconhecidos, de cujo poder e perigo você nem suspeita. Está trêmula e pálida, Eliza? Isso significa que já me entendeu. Confesso que há muito tempo pretendia, mas não me decidia, abordar esse delicado assunto e levantar o véu que oculta de você o perigo que se acumula em volta do seu coração. Como seu amigo e tutor, conheço suficientemente bem o seu caráter orgulhoso e correto. Assim, estou convencido que, por você conhecer esse perigo, significa que já o superou pela metade.

Eliza abaixou a cabeça. Seu rosto transparente alternava-se entre pálido e vermelho. Após um curto silêncio, ela levantou os seus límpidos olhos para Fúlvio e disse a meia voz:

— Desde que vivo sob o seu teto, você sempre foi o espelho de minha consciência. Em nenhuma pessoa no mundo confio tanto quanto em você. Por isso, vou responder-lhe com toda a sinceridade. Sim, entendi o que quis me dizer! Você acha que o cavaleiro Basemon representa um perigo para mim. Também é verdade que sinto um interesse especial por ele desde que o vi, certa vez, cantando e tocando o órgão. Tenho pena dele e admiro o seu incomparável talento. Mas, esteja certo, que nem por ele e nem por ninguém vou transgredir o dever da honra. Terminando esse assunto, diga-me Fúlvio, será que amar é crime? Não é minha culpa se a pessoa a quem estou ligada pela lei deixou-me à vontade no meio de todas as tentações tão naturais na minha idade! Se um dia em meu espírito despertar um justo sentimento, o amor por alguém que não seja o Conde Reifenstein, você me consideraria uma criminosa?

— Não uma criminosa, mas alguém muito infeliz. Isso porque, Eliza, todo sentimento que não é baseado na consciência tranqüila e na convicção de que transgride qualquer lei divina ou terrena traz consigo somente sofrimento. Entre você e Basemon existe um obstáculo: não o do Conde, de quem poderá separar-se, mas sim o dos votos monásticos do cavaleiro. Sua alma é talentosa, mas sombria e torturada pelas paixões que a devoram; Gil não é melhor que Raymond; ele, entretanto, é mais perigoso pois domina completamente a harmonia musical; esta poderosa conquistadora de almas. Portanto, tenha cuidado, minha querida irmã e adorada discípula! Vigie o seu coração e lute contra o encantamento que obscurece a razão e entrega o corpo sob o domínios dos sentidos! Apóie-se sempre no dever! Ele será o seu escudo e suporte! Ouça a voz da consciência! Essa voz incorruptível lhe indicará o verdadeiro caminho. Enfim, ore para que o Pai Celestial a inspire e a força divina Dele interponha-se entre você e a tentação que arrasta para o abismo. Agora, minha querida, chega desse assunto. Vá e descanse! Vai precisar de forças para amanhã.

Eliza levantou-se e, antes que o rapaz pudesse impedi-la, agarrou e beijou a sua mão.

— Fico-lhe grata, Fúlvio, por tudo que me falou! Nem uma mãe conseguiria falar diferente. Seus conselhos me servirão de apoio e prescrição. Serei cuidadosa e forte, pois não quero ser infeliz. E venha logo me visitar! Ninguém pode substituí-lo e nem mesmo com meu pai posso ser tão franca como com você.

Fúlvio apertou carinhosamente a mão da moça.

— Irei logo e você sempre poderá contar com o meu apoio.

Ficando só, ele sentou-se à janela e afundou-se em sombrios pensamentos. Aos poucos, seu rosto foi se desanuviando e os grandes e aveludados olhos brilharam.

— Não, não posso me queixar — murmurou. — O destino me concede a melhor parte do coração de Eliza em troca do amor do qual desisti.

Capítulo 7

Dois dias mais tarde, Eliza e seus acompanhantes já atravessavam a fértil Lombardia[1] dirigindo-se ao Tirol. A cavalgada tinha uma aparência respeitável, pois, além dos dois cavaleiros e de seus escudeiros e guerreiros, a comitiva da moça era composta de duas camareiras, do pajem Lorencino e de seis soldados contratados por Fúlvio que escoltavam cavalos e mulas carregados de bagagem.

Eliza seguia entre os dois templários, mas a conversa não fluía, pois, desde a hora da partida de Veneza, a moça estava triste, pensativa e pouco sociável. No início, Ervin e Gil fizeram tudo para distraí-la, mas suas tentativas não tiveram sucesso algum.

Aliás, Finsterbach pouco se preocupava com o silêncio da filha. Ele achava completamente natural que a despedida dos amigos e da vida tranqüila e luxuosa deixasse a jovem um pouco triste. Da mesma forma, aos seus olhos eram inteiramente compreensíveis os anseios que iriam provocar nela o aguardo das formalidades do futuro divórcio. Por isso, ele entregou-se inteiramente a pensamentos de seu interesse particular e que referiam-se à sua missão e ao futuro da Ordem.

Em compensação, Gil estava ocupado exclusivamen-

---
[1] Lombardia - Região da Itália continental formada por nove províncias: Bérgamo, Brescia, Como, Cremona, Mântua, Milão, Pavia, Sondrio e Varese; sua capital é Milão.

te com a sua bela companheira de viagem. Possuindo uma extraordinária capacidade de observação, ele captou na expressão dos olhos de Eliza e em sua atitude para com ele uma certa mudança, cuja causa não conseguia encontrar e que revelava-se a cada novo passo da moça. Parecia que certa desconfiança imiscuíra-se no espírito da jovem e uma certa reserva ocultava-se em suas palavras e em suas atitudes.

A alma apaixonada do jovem templário foi dominada por uma surda irritação mesclada com temor e por um obscuro ciúme, aplicando um profundo e perigoso golpe na paz de espírito de que gozava até aquele instante.

No início, ele pensou que algo do seu conturbado passado chegara aos ouvidos de Eliza. Mas logo abandonou essa idéia e passou a supor que Eliza estava daquele jeito por causa da separação de Fúlvio. Quem sabe ela amasse este último? Ela não gostava de Raymond e o esperto italiano poderia, por precaução, incutir-lhe alguma desconfiança dele, Gil.

Gil sabia que Eliza não gostava do marido, mas não conseguia determinar o papel de Fúlvio na vida da jovem. Bonito e extremamente rico, ele transformou Eliza na rainha do seu palácio e, aproveitando os privilégios de irmão, poderia facilmente ter pretensões em Eliza sem revelar suas intenções até a separação definitiva. Assim, ele poderia com alguma esperta insinuação minar qualquer amizade entre ele e a Condessa.

Essa conjetura fez despertar todo o orgulho doentio, toda a impetuosidade do rapaz; e do sombrio abismo de sua alma elevaram-se pensamentos agitados e perigosos, ainda obscuros e indeterminados, mas que aguardavam uma oportunidade para desenvolverem-se completamente.

Aliás, todo esse processo moral acontecia em segredo; externamente Basemon continuava desapaixonado, insolente e reservado como sempre. Seus olhos escuros e impenetráveis nem por um instante revelavam a tempestade que se desencadeava em seu interior. Ele parecia não mais se ocupar de Eliza.

Como a trilha estreitava-se, muitas vezes Gil tinha de passar à frente e seguir encabeçando os soldados de sua Ordem. Mantendo um ar de cuidadosa indiferença, o olhar de Eliza fixava-se na elegante figura do jovem templário que destacava-se bastante na fina malha de aço sarracena que, como um tricô de seda, contornava seus flexíveis e fortes membros. Além disso, Gil era um magnífico cavaleiro e controlava com tal descuidada destreza o seu fogoso puro-sangue árabe como se este fosse uma pacífica mula.

No dia seguinte, à noitinha, a cavalgada chegou cedo à hospedaria onde tinham decidido pernoitar. Após o jantar, os viajantes continuaram a conversar. Como Eliza estava triste e pensativa, Gil perguntou-lhe de repente:

— Nobre dama, gostaria que eu cantasse alguma coisa? Talvez isso possa distraí-la um pouco da desgastante viagem e dissipar a tristeza trazida pela partida de Veneza.

Eliza ficou vermelha. Há muito tempo desejava, e ao mesmo tempo temia, ouvir outra vez o canto do maravilhoso artista. Mas não podia recusar a amável proposta por considerar isso o máximo da grosseria; entretanto, antes que Eliza pudesse responder qualquer coisa, seu pai exclamou:

— Irmão, que bela idéia você teve! Eu e Eliza teremos prazer em ouvi-lo.

Só restou à moça confirmar as palavras do pai. Então, Gil ordenou ao escudeiro que trouxesse o alaúde.

O jovem templário iniciou o seu repertório com uma canção veneziana, muito em moda na época. A canção emocionou tanto Eliza que ela pediu que ele a repetisse. O tempo passou tão depressa que a jovem foi dormir lamentando-se. Ela caíra novamente sob o encanto do rapaz e, esquecendo a desconfiança e os cuidados, ficou por muito tempo pensando na canção ou no próprio cantor enquanto o sono profundo não lhe vedava os olhos.

A partir daquele dia, Gil teve de cantar a cada noite. Ele o fazia com grande amabilidade, notando, com profunda satisfação, como desaparecia imperceptivelmente a parede que se interpusera entre ele e a moça por motivos desconhecidos. Realmente, sob a influência do encanto que lhe provocava o talento do rapaz, Eliza esquecia as precauções que, aliás, não se confirmavam em momento algum. Aparentemente, Gil não sentia grande interesse por ela. Ele era amável, bondoso, alegre, mas apenas isso. Eliza acalmou-se. Entregava-se sem vacilar ao encanto e tentava convencer-se que Fúlvio dissera-lhe tudo aquilo por prevenção. Nem lhe passava pela cabeça que ela própria poderia se apaixonar, mesmo que não fosse amada.

A viagem transcorreu sem maiores problemas. Somente antes da última parada, Finsterbach recebeu uma notícia desagradável que o colocou numa situação bastante difícil.

Ervin enviou um de seus guerreiros como mensageiro para o posto de comando mais próximo de Zapnenstein, onde deveria instalar-se. O mensageiro deveria avisar o castelão sobre a chegada da jovem proprietária e transmitir-lhe a ordem de preparar o castelo. Foi justamente esse homem quem trouxe a má notícia. Ele chegou muito apressado, pois queria informar o mais depressa ao seu comandante sobre o incêndio que havia destruído há um mês o posto de comando e durante o qual tinham morrido alguns cavaleiros. De toda a construção só sobraram ruínas e, até novas ordens, os cavaleiros sobreviventes instalaram-se num outro posto de comando que ficava muito distante de Zapnenstein.

Aquele acidente inesperado derrubou todos os planos de Finsterbach. O posto de comando incendiado encontrava-se aproximadamente no centro de todas as localidades que ele precisava visitar e a proximidade do castelo Zapnenstein permitia-lhe ver a filha diariamente. Ele estava muito preocupado com a idéia de ter de deixar Eliza sozinha e instalar-se a dois dias de viagem dela. Depois de muito pensar, Ervin decidiu levar a filha para o castelo Reifenstein ou para a companhia de sua madrasta Ortruda.

Ao tomar conhecimento de tal mudança de planos, Eliza ficou fora de si e declarou energicamente que preferia voltar para Veneza a ir para Reifenstein.

— Não quero viver sob o mesmo teto com a desprezível Condessa Anna! Por diversas vezes, ela quis me matar e agora não lhe faltarão oportunidades para corrigir o primeiro fracasso! — exclamou ela com as faces em fogo.

— Você não sabe o que está dizendo, Eliza! Você não é mais uma criança que pode ser trancada numa torre. E nem Volfram suportaria que não a tratassem com o devido respeito.

— Fico-lhe muito agradecida! Não quero nem respeito e nem cortejos que só irão envenenar a minha liberdade. Se, por um azar, o meu exemplar marido retornasse agora, então adeus divórcio! Ele não vai deixar de alegar que voltei voluntariamente para o teto conjugal. Não e não! Não vou para Reifenstein! Pai, não entendo por que você não pode se hospedar em Zapnenstein. É o seu castelo. Quem pode dizer algo contra, se você ocupá-lo temporariamente em nome da Ordem?

No início, Finsterbach ficou surpreso, mas depois esse plano pareceu-lhe muito conveniente e ele exclamou, rindo:

Você realmente tem idéias geniais! O que acha, irmão Gil, da proposta desta genial filha de Eva? Parece que seria muito sensato aceitá-la.

— Naturalmente! Se a Condessa deseja oferecer aos cavaleiros da Ordem algumas semanas de hospitalidade em seu castelo, não serei eu a contestá-la — respondeu Gil com um sorriso.

Decidindo o caso desse modo, os viajantes seguiram em frente com a velocidade que permitiam as horríveis estradas daquele país montanhoso.

O castelo Zapnenstein era uma edificação sombria e maciça, que fora moldada como um ninho de águia num íngreme rochedo. Uma estreita trilha levava até os seus portões, serpenteando em largos ziguezagues pela encosta da montanha.

O arcaico castelo adquiriu uma aparência festiva para receber a jovem proprietária e seu antigo senhor. A bandeira da proprietária foi desfraldada no topo da torre. O sentinela tocou uma alegre fanfarra quando a cavalgada apareceu na trilha.

Os camponeses vizinhos, atraídos pelo toque do clarim, reuniram-se à beira da estrada e com alegres gritos saudavam os recém-chegados.

Eliza mandou distribuir entre eles moedas de cobre e prata. Além disso, decidiu visitar a aldeia e, na medida do possível, amenizar as necessidades que porventura encontrasse por lá.

A ponte levadiça baixou. Todos os habitantes do castelo reuniram-se no paço principal. O velho castelão recebeu Eliza e o pai com o tradicional pão e sal e, com lágrimas de alegria, beijou a mão do cavaleiro.

Aceitando o buquê de flores oferecido pela filha do castelão, Eliza entrou no castelo que, no primeiro instante, causou-lhe muito má impressão. Acostumada ao luxo principesco dos palácios venezianos, com suas altas e amplas salas, paredes cobertas de afrescos e valioso mármore, com seus pisos de mosaicos e escadarias monumentais, parecia que entrava num calabouço, enquanto subia pela estreita e íngreme escadaria que levava ao primeiro andar. Sim, aquilo era um verdadeiro calabouço, com salas de teto baixo, fracamente iluminadas por janelas estreitas como seteiras, profundamente entalhadas nas paredes de extraordinária espessura. O revestimento de carvalho enegrecido fazia tudo aquilo parecer ainda mais sombrio.

No primeiro momento, Eliza ficou mal impressionada, mas dominou energicamente aquela impressão por respeito ao pai, especialmente quando notou a emoção dele. Realmente, milhares de lembranças dominaram Ervin ao rever as salas onde ele foi feliz com sua jovem esposa e de onde saiu puro e honrado para vestir a túnica branca, que depois manchou tão criminosamente.

Mandando que conduzissem a ele e a Gil a uma ala do castelo separada dos aposentos destinados a Eliza, o cavaleiro retirou-se para o seu quarto. Sentia uma premente necessidade de ficar sozinho com seus pensamentos e suas recordações. Gil também retirou-se discretamente. Sentindo a chegada do mau humor, ele também ansiava ficar só e pediu permissão para jantar no próprio quarto.

Abandonada pelos dois cavaleiros, Eliza foi para os seus aposentos, que eram exatamente os cômodos ocupados outrora por sua mãe e que haviam sido decorados por ela com objetos raros e valiosos, trazidos da Itália. Mesmo assim, quando a moça viu a mobília simples e maciça, as tapeçarias que cobriam as paredes e as comparou com o luxo oriental com que Fúlvio a cercara, foi tomada por uma sensação tão desagradável que lágrimas surgiram em seus olhos.

As camareiras italianas e o pequeno pajem Lorencino estavam tão desesperados quanto a sua jovem senhora. Todos foram dormir desolados e irritados. Eliza, mais uma vez, jurou que jamais faria as pazes com Raymond, inclusive para ter a oportunidade de voltar a Veneza. Por nada no mundo ficaria morando naqueles horríveis castelos perdidos nas montanhas.

Apesar do mau humor, os dias que se seguiram dissiparam os preconceitos de Eliza contra Zapnenstein. O panorama que se descortinava da sua janela era tão maravilhoso e grandioso que a deixava embevecida.

Os simples e bondosos criados, rivalizando no esforço de servi-la, rapidamente adquiriram a atenção da moça e suas excursões aos arredores do castelo proporcionavam-lhe uma diversão completamente nova.

Gil sempre a acompanhava nos passeios. Juntos, eles visitavam as aldeias, distribuindo esmolas e tratando doentes, pois ambos tinham um certo conhecimento de medicina. Pequenos acontecimentos durante tais excursões forneciam-lhe um inestimável material para conversas. Durante duas semanas, Eliza e Gil foram entregues à própria sorte. Finsterbach estava adoentado e não saía do quarto. O ferimento que recebeu na Palestina causava-lhe periodicamente terríveis dores de cabeça e, dessa vez, as dores foram mais fortes que de costume.

Nem Ervin, nem os jovens perceberam que entre eles estabeleceram-se relações de amizade e intimidade completamente novas. Os passeios a cavalo e a pé provocavam muitas familiaridades. A presença de Lorencino e do velho soldado que sempre os acompanhavam em nada constrangia suas conversas e as amabilidades, por direito, pertencentes ao cavaleiro. Eliza nem percebia como seu coração disparava e as faces enrubesciam quando ela punha o seu pezinho nas mãos de Gil ou quando os fortes braços dele tiravam-na como a uma pluma da sela, enquanto o olhar flamejante do cavaleiro penetrava em seus olhos.

Nada provocava a desconfiança dela. Basemon era tão calmo, alegre, despreocupado e reservado que Eliza não suspeitava de algum perigo. Nenhuma palavra, nenhum olhar revelavam a ela o amor do rapaz, e o tratamento cortês com as damas era, na época, um costume tão comum que qualquer homem de origem nobre, mesmo um templário, tinha direito incontestável a isso.

As tardes passavam não menos alegres. Gil cantava e tocava com inesgotável amabilidade. Quando, em vez de um hino sacro ou uma canção folclórica, o jovem templário cantou pela primeira vez uma ária de amor, Eliza ficou encantada, encarando aquela atitude como uma prova da versatilidade do seu talento.

A moça pareceu esquecer Raymond. Alguns dias depois da sua chegada, Ervin levantou informações sobre o castelo Reifenstein e ficou sabendo que Volfram estava na Corte há alguns meses e que, por enquanto, não havia nenhuma notícia do jovem Conde.

Certa vez, um dos mordomos do castelo foi a Bricsen fazer compras e voltou trazendo a notícia do assassinato de Arnulf, que tinha acontecido há uma semana e que agitara o país inteiro.

Sentindo-se melhor, Finsterbach expressou a vontade de ir ao enterro do cavaleiro, mas Eliza dissuadiu-o daquela idéia, a tal ponto era-lhe asqueroso qualquer contato com a Condessa Anna, especialmente na ausência de Volfram. A moça lamentou o fim trágico do cavaleiro Ried, mas de modo puramente oficial. Já Finsterbach tinha negócios demais a tratar para ficar insistindo naquela viagem. Por isso, assim que melhorou, Ervin partiu para o posto de comando distante, onde residiam os irmãos cavaleiros vítimas do incêndio, e levou Gil consigo.

A partir daquele dia, freqüentemente os cavaleiros deixavam o castelo por prazos de tempo relativamente longos. Nessas ausências, Eliza ficava muito amuada e passava a maior parte do tempo no balcão ou na torre, aguardando a sua volta.

Certa vez, Ervin voltou para casa com ar muito preocupado e, depois do jantar, contou a Eliza que encontrou em Bricsen o Conde Volfram com quem teve uma longa conversa sobre ela.

— E então? Ele concorda com o divórcio? Ele entende que desejo me livrar do seu querido filho, que é um desonrado depravado? — perguntou Eliza com preocupação.

— Bem! Eu estaria mentindo se dissesse que ele concorda com o divórcio. É natural que ele encontre no comportamento de Raymond circunstâncias atenuantes e espere que você seja condescendente com o filho dele...

— Já fui condescendente demais com ele — interrompeu-o Eliza, com as faces em fogo e os lábios trêmulos. — Perdoei o seu imperdoável comportamento em Veneza. Perdoei quando ele foi ferido, saindo da casa de Beatrice Salviati. Mas não quero passar a vida perdoando todos os insultos que o senhor Raymond desejar me presentear, só porque sou escrava da lei que me amarrou a ele na idade em que ainda não podia compreender as obrigações que me impunham.

— Não se irrite e me deixe concluir! Quando descrevi-lhe o seu estado de espírito, ele ficou muito amargurado. Mesmo assim, prometeu usar de toda a sua influência sobre Raymond para obrigá-lo a conceder-lhe a liberdade, se percebesse ser impossível qualquer acordo entre vocês.

— Compreendo! Ele começará ajudando o filho a me convencer e recuar somente diante do inevitável, apesar de eu não entender o porquê se fixaram em mim. Graças a Deus existem muitas mulheres que ficariam felizes em se casar com Raymond. A começar por Greta...

— Oh! Sem dúvida! A morte de Arnulf fez o jovem Conde ficar muito rico, mesmo sem contar com a fortuna de Volfram. Mas, o que fazer? Volfram prefere você a qualquer outra nora. Ele me contou que, a julgar pelas cartas de Raymond, este também sente profunda afeição por você. O Conde teme que exatamente este sentimento é que será o grande empecilho que teremos de superar no caso do divórcio.

— Como tudo isso é tocante! Mas, o que fazer? Sou como uma pedra que permanece insensível a todas as provas de afeição que ele me dá em profusão — respondeu Eliza num tom irônico.

Ervin balançou a cabeça e imediatamente mudou de assunto. O cavaleiro informou à filha que ele e Basemon partiriam no dia seguinte a negócios da Ordem e esperavam retornar em uma semana. Além disso, durante a viagem ele pretendia fazer uma visita à sua madrasta Ortruda.

— Não posso evitar essa visita, apesar de pouco simpatizar com a viúva de meu pai — acrescentou ele. — Se ela souber que estou morando aqui há mais de cinco semanas e nenhuma vez fui visitá-la, poderá considerar isso como falta de respeito de minha parte.

Capítulo 8

O leitor deve estar lembrado que, ao retornar para casa, Raymond soube da chegada de Eliza ao castelo Zapnenstein. Ele pretendia ir visitá-la junto com o pai quando chegou um mensageiro com uma carta para a Condessa Anna, cuja leitura fê-la desmaiar.

A carta era de Ortruda. A Baronesa informava sobre a estranha e inesperada morte de Margarita Raments. Enquanto Raymond cuidava da mãe com a ajuda das criadas, o Conde leu a carta. Ele também ficou muito chocado e estarrecido, apesar de jamais ter sentido qualquer simpatia por Greta. Mas ela tinha crescido sob o seu teto e ele decidiu ir imediatamente ao castelo Finsterbach com a esposa e o filho.

Raymond também ficou muito surpreso e desolado com a morte prematura de sua amiga de infância. Apesar da grande vontade de rever a esposa, o rapaz prontificou-se a acompanhar o pai. Já a Condessa, ao recuperar-se do desmaio, sentia-se tão mal que foi obrigada a ir deitar-se. Por isso, os condes foram em dois.

Mesmo com extrema pressa, eles chegaram a Finsterbach só às três horas da tarde. O paço principal estava apinhado de pessoas e de cavalos. O vigia da ponte levadiça informou a Volfram que encontravam-se no local autoridades que tinham sido informadas na véspera e que, provavelmente, já teriam terminado o interrogatório dos moradores do castelo.

Todos os funcionários estavam reunidos na grande sala, onde conversavam com o capelão sobre os detalhes da misteriosa morte da moça, cuja causa, sem dúvida, fora um crime executado com tal esperteza infernal que não havia a menor pista do culpado.

Volfram e Raymond juntaram-se ao grupo. Como o Conde conhecia o juiz de Bricsen e seus companheiros, estes imediatamente contaram-lhe tudo. O que mais confundia os juízes era o corte aberto no pescoço da vítima que, na opinião de todos, era um velho ferimento que se abrira. Entretanto, os depoentes afirmavam a uma só voz que Margarita Raments jamais tivera tal ferimento, o que foi confirmado também pelos condes.

Em seguida, Volfram soube que o corpo da moça fora levado para a capela e que a Baronesa, completamente debilitada pela emoção e pelas lágrimas, recolhera-se aos seus aposentos.

Deixando o pai conversando, Raymond dirigiu-se à capela. O que ficou sabendo da morte de Greta deixou-o profundamente abalado e ansiava por ver os restos mortais daquela que ele sabia que o amava profundamente.

No centro da capela estava colocado um catafalco preto, sobre o qual repousava o corpo. Algumas mulheres, cobertas de lágrimas, arrumavam as dobras do vestido e enfeitavam de flores a cabeça e o peito da falecida.

O monge do mosteiro vizinho acendia as velas nos grandes candelabros que seriam colocados na cabeceira e nos pés do catafalco.

Ao ver o jovem Conde, as criadas respeitosamente abriram passagem. Muito emocionado, Raymond subiu os degrau do catafalco e, inclinando-se sobre a falecida, começou a olhá-la com um misto de compaixão e de curiosidade.

Margarita estava vestida de branco, como uma noiva. A palidez opaca do corpo dava-lhe a aparência de estátua de marfim. Naquele instante, ela estava mais linda do que em vida. A morte deu-lhe aquela nobreza e fineza que sempre lhe faltaram. Junto com o grosseiro e vulgar frescor, desapareceu também aquele ar maldoso e sensual dando lugar a uma expressão de grandiosa paz e a um misterioso sorriso com que a grande libertadora, a morte, marca a moradia corporal abandonada pelo seu dono imortal, o espírito, para atravessar a terrível soleira do mundo do Além.

Raymond jamais amou Greta, mas nunca antes sentiu tanta simpatia por ela como naquele instante. Todo o passado reviveu dentro dele e diante de seus olhos passou todo o paraíso da casta infância com suas inocentes alegrias que a falecida dividiu com ele.

O vestido de Margarita, aberto no pescoço, permitia ver o grande ferimento que cortou-lhe as artérias da garganta. Raymond olhou horrorizado para aquele estranho corte. Depois, ajoelhou-se e orou com fervor pela alma de sua amiga de infância. Em seguida, beijou a mão da falecida e afastou-se para não atrapalhar os últimos preparativos para a missa fúnebre.

Quando retornou à sala, encontrou o pai parado junto à janela conversando com um cavaleiro templário que supôs ser o pai de Eliza.

Surpreso e embaraçado, Raymond parou, mas o Conde, que o aguardava, fez-lhe um sinal para aproximar-se. O rapaz empalideceu e obedeceu meio contrariado.

— Permita-me apresentar-lhe Ervin, seu sogro! O jovem volúvel, retornou finalmente da Palestina. Espero que você perdoe-lhe os erros e não se negue em ajudá-lo diante de uma outra severa juíza — disse Volfram alegremente e com leve zombaria.

Raymond ficou muito vermelho e cumprimentou Ervin. O templário dirigiu-lhe um olhar penetrante e atento, mas, apesar do preconceito, o jovem Conde causou-lhe boa impressão. Sua boa aparência lembrava o pai e, naquele instante, os grandes olhos escuros refletiam vergonha, remorso e inocente embaraço. Evidentemente, ele era um cabeça-de-vento, despreocupado e explosivo, mas não um criminoso como o considerava Eliza.

Ervin, sorriu, estendeu-lhe a mão e disse amigavelmente:

— Bem-vindo, meu caro filho! Pode contar com a minha inteira indulgência. Mas, o que deseja não depende de mim. Você precisa acertar tudo com Eliza. Ficarei feliz se vocês fizerem as pazes. Aliás, acho meu dever preveni-lo que ela está muito contrariada com você e, para dizer a verdade, tem muitos motivos para isso.

— Não nego os meus erros, mas quero tentar repará-los — justificou Raymond com voz baixa.

Em seguida, após um instante de silêncio, acrescentou:

— Gostaria de me entender com Eliza o mais breve possível. Pretendia ir, ainda hoje, a Zapnenstein com meu pai, mas a inesperada notícia da morte de Greta mudou todos os nossos planos.

— É fácil resolver essa questão! Devo voltar hoje mesmo para Zapnenstein e proponho que me acompanhem. Logo após a cerimônia fúnebre, me despeço de Ortruda e podemos partir.

Naquele instante, a madrasta de Ervin entrou na sala e, com isso, encerrou a conversa. Trajada de luto, com um longo véu negro, ela parecia ainda mais pálida e desolada. Finsterbach ficou estarrecido ao ver como ela tinha envelhecido e mudado.

Ortruda recebeu o seu enteado com um carinho que jamais demonstrou antes. Ela perguntou por Eliza e convidou Ervin a ir junto com ela ao enterro de Greta, cujo corpo seria trasladado para o mosteiro próximo, onde estavam sepultados os seus pais.

Finsterbach prometeu que traria Eliza. Após uma curta conversa com os dois condes sobre o retorno de Raymond e o triste acontecimento do dia, todos dirigiram-se à capela para a cerimônia fúnebre.

Uriel e a irmã não foram ao velório. Melquior alegou estar adoentado, enquanto Maakha-Madalena encontrava-se em tal estado nervoso, provocado pelas lágrimas e pela emoção do interrogatório a que fora submetida junto com todos, que o velho médico teve de administrar-lhe gotas de calmante e prescrever repouso absoluto.

Depois da missa, Ortruda ofereceu uma refeição aos cavaleiros. Em seguida, Ervin declarou que estava na hora de partirem para chegar em Zapnenstein a tempo de descansar e permitir a Eliza preparar-se para o enterro. Despedindo-se da Baronesa, os três cavaleiros e o cortejo dirigiram-se rapidamente ao castelo Zapnenstein.

Com o pai e Gil ausentes, Eliza passou uma semana terrivelmente entediada. Acostumada a vida animada, luxuosa e mundana de Veneza, a jovem Condessa sentia-se muito só naquele velho ninho feudal, onde seu tédio era amainado apenas pela presença do pai e, principalmente, de Gil.

Dessa vez, entretanto, teve uma inesperada alegria. Chegou um mensageiro trazendo uma carta de Fúlvio, na qual este informava que ele e Barão Vart partiriam em alguns dias de Veneza para o Tirol e que logo que se instalassem no pequeno castelo de Vart ele iria visitá-la. O mesmo mensageiro deveria informar o castelão da chegada deles ao castelo do Barão.

No dia combinado, Eliza aguardava Ervin, ansiando informá-lo da boa novidade sobre a breve chegada dos amigos. Por isso, quando soou o clarim, a moça correu toda alegre para a grande escadaria, mas, em vez do pai, pela escada subiu Gil e, com os olhos brilhando, beijou a mão de Eliza.

O jovem templário havia realizado sua missão tão rapidamente que, contrariando os cálculos de Finsterbach, voltou para casa antes dele.

O dia passou alegremente. Gil divertia a jovem dona do castelo com contos humorísticos de sua viagem. Depois do almoço, ao qual fez as devidas honras, Gil pegou o seu alaúde.

— Isso é para matar o tempo até a chegada de Ervin — disse ele contente.

O rapaz estava de muito bom humor. Eliza nunca o tinha visto tão alegre, despreocupado e espirituoso.

Realmente, o inesperado encontro a sós com a moça encheu de alegria o coração do templário. Então, quando eles passaram para a pequena sala — o lugar preferido de Eliza —, Gil estava muito feliz e sentia na alma uma paz que não experimentava há muitos anos.

No início, Eliza ficou bordando, enquanto eles conversavam animadamente entre as canções que Gil interpretava a pedido da moça. Mas, aos poucos, o jovem templário foi ficando inspirado, como acontecia sempre que a genialidade musical assenhorava-se dele. As cordas do alaúde choravam ou soavam alegremente sob os seus dedos finos, e a voz sonora refletia fielmente os sentimentos que perturbavam-lhe a alma. Naquele instante, Gil vagava num mundo fantástico criado por sua imaginação. Ele esqueceu da cruz púrpura que enfeitava seu peito e o privava de todas as alegrias mundanas. Seu pensamento criava um paraíso efêmero, invocando lembranças do velho castelo onde nasceu e cresceu.

Naquele paraíso, numa poltrona de madeira trabalhada, geralmente ocupada por sua mãe, estava agora sentada uma encantadora moça. No corpete dela havia o brasão azul-claro dos Basemon, no fino dedo brilhava uma aliança e as mechas negras dos seus cabelos traziam a coroa baronial que o seu irmão mais velho tinha o direito de colocar na cabeça de sua esposa. Ele imaginava-se dono de um castelo para onde acabara de retornar de uma caçada ou da guerra, e descansava junto à lareira de casa.

O templário entregou-se inteiramente ao seu sonho. Seu olhar brilhante e fascinado estava dirigido para Eliza, que deixou o bordado no colo e ouvia-o encantada. Ambos nem perceberam quando entrou o criado e acendeu as velas dos candelabros, pois já era fim de agosto e a sala escurecera rapidamente; também não perceberam o som do clarim anunciando a chegada de um visitante, que não poderia ser outro senão Finsterbach.

Era ele realmente quem havia chegado, acompanhado pelos dois condes. Ao saber que a filha estava na sala São João,[1] Ervin decidiu levar os amigos até lá. Quando já esta-

---

1 Sala São João - Aquele cômodo era assim chamado por causa da tapeçaria pendurada na parede com a imagem do Batismo de Cristo.

vam chegando, ouviram o canto e Volfram, então, perguntou surpreso:

— Você conhece o menestrel que está distraindo a sua filha? Como canta bem!

Ervin sorriu.

— Não é um menestrel, mas um dos irmãos de nossa Ordem que está me acompanhando. Parece que ele retornou antes de mim e Eliza, sem dúvida, pediu que ele cantasse algo.

— Permita-nos chegar lá sem fazer barulho! Você sabe que adoro música. Gostaria de ouvir mais um pouco antes que nossa chegada embarace o cantor — sussurrou Volfram.

Assim, os três atravessaram silenciosamente a sala. O Conde levantou cuidadosamente o cortinado que tapava a porta. Raymond inclinou-se ansiosamente para a frente, por trás do ombro do pai e, ao primeiro olhar dirigido para o interior do quarto, um forte rubor cobriu suas faces e em seus olhos acendeu-se um fogo ameaçador.

A fraca luz da lâmpada de óleo e das velas mantinha no ambiente uma luz amena que, entretanto, permitia ver claramente Eliza, semideitada na poltrona. Suas pequenas mãos estavam cruzadas no colo e os olhos, dirigidos para o músico, pareciam adorar uma visão celestial. Eliza estava encantadora em sua graciosa e descuidada pose e em seu vestido branco de largas mangas ao corte moderno veneziano e lindos cabelos negros presos com um fino aro de ouro. Naquele instante, ela parecia a Raymond mais bela do que nunca.

De Gil só dava para ver o perfil. Foi suficiente para perceber que ele era jovem e bonito e seu canto demonstrava claramente que não estava cego aos encantos de sua ouvinte.

O coração de Raymond disparou. Pela primeira vez na vida um selvagem ciúme passou a torturá-lo, incutindo-lhe um louco ódio por aquele rival, cuja voz vibrante penetrava visivelmente na alma da moça que pertencia exclusivamente a ele, Raymond, provocando-lhe sentimentos proibidos. Com a rapidez de um raio ressurgiu na memória do jovem Conde a visão que teve no jardim de Abdias: "Volte logo, Raymond! Senão algum outro ocupará seu lugar no meu coração vazio, enchendo-o com profunda e poderosa paixão", disse-lhe a imagem de Eliza, na ocasião. Agora, o perigo previsto pela moça começava a realizar-se. Aquele outro, que despertaria uma paixão na alma virginal de sua esposa, com certeza era o templário, presenteado pelo inferno com o poderosíssimo dom de subjugar corações com a celestial harmonia musical.

No caos de sentimentos que agitaram-se no espírito de Raymond destacava-se um pensamento que acabou superando todo o resto: colocar um fim àquela cena e quebrar o encanto da moça. O jovem Conde, então, empurrou rispidamente o pai, entrou no quarto e disse com a voz embargada de emoção:

— Acorde, Eliza! Digne-se a notar o seu marido que está feliz em vê-la!

O canto interrompeu-se imediatamente. Eliza estremeceu, levantou-se de supetão e pareceu estancar de surpresa. Mas não deu um passo na direção de Raymond e quando este aproximou-se, ela recuou rapidamente. O rapaz, entretanto, não estava disposto a agüentar pacientemente uma resistência aos olhos do rival. Sem pensar que a sua rispidez pudesse provocar um escândalo, Raymond abraçou Eliza pela cintura e beijou-a com força nos lábios.

Um irado rubor espalhou-se pelo rosto da moça, mas ela era educada demais para fazer uma cena. Somente suas finas sobrancelhas franziram-se e o olhar com que ela mediu Raymond foi para este como um balde d'água fria.

A emoção de Gil não foi menor. Seu olhar abrasador passou por toda a figura do marido de Eliza e dele não escapou nenhum detalhe daquele encontro. Quando percebeu a mal disfarçada hostilidade da jovem, um sorriso de desprezo e cheio de orgulho zombeteiro passou por seus lábios.

Instantes depois, os olhares severos e afiados como lâminas de aço dos rivais encontraram-se. Os olhos escuros de Raymond ainda brilhavam triunfantes por ter conseguido provar ao rival seus indiscutíveis direitos sobre Eliza que, aliás, o templário jamais possuiria.

Quanto a Gil, seu rosto pálido não revelou absolutamente nada dos sentimentos que o perturbavam. Seu olhar gelado e atento parecia simplesmente avaliar as próprias vantagens para manter a mulher que poderia facilmente escapar de Raymond apesar dos direitos deste.

O que Raymond não percebeu, Eliza conseguiu captar, ou seja: a chama de ódio e sombrio ciúme que acendeu-se nos olhos de Gil. Ela também entendeu a atitude do Conde, provocada pelo ciúme. Naquele momento, olhava para os rapazes observando com curiosidade a hostilidade com que os dois se analisavam, pois um homem nunca presta tanta atenção à aparência de outro homem como quando este torna-se seu rival. Cegos pelo mesmo sentimento, eles procuram, um no outro, encantos externos, temendo não possuí-los para conquistar o coração da mulher amada.

Eliza, por sua vez, comparou-os. O templário, ainda de pé e apoiando-se no alaúde, era mais alto que Raymond. Seu rosto pálido talvez fosse menos belo, mas respirava uma energia férrea, e em seus olhos ardentes e no sorriso resplandecia aquela estranha e encantadora expressão própria das pessoas marcadas pelo talento e pela fatalidade. Raymond, pálido e exausto, agitado por diferentes sentimentos que refletiam-se claramente em seu rosto, perdia de longe para o templário e Eliza desviou dele o seu olhar frio e hostil.

Toda essa cena durou apenas alguns segundos, mas Volfram acompanhou tudo e um peso premeu o seu coração. Já Ervin não prestou qualquer atenção à cena, cujos protagonistas, aliás, estavam parcialmente ocultos pela figura do amigo. Viu somente que sua filha e o jovem Conde beijaram-se, o que era um bom sinal. O Barão entrou rapidamente no quarto e apresentou os rapazes um ao outro. Estes trocaram apertos de mão de modo frio e oficial. Ervin cumprimentou a filha e pediu-lhe que providenciasse o mais rápido possível o jantar, pois eles estavam muito cansados e famintos.

Quinze minutos mais tarde, todos sentaram-se à mesa. Somente então, Eliza ficou sabendo da misteriosa morte de Greta e do desejo do pai de levá-la ao funeral da infeliz moça.

Eliza concordou imediatamente; ficou muito emocionada e toda a sua raiva contra Greta desapareceu. Diante da sepultura acabam todas as contas humanas e a sombra sangrenta que pairava sobre o fim de Greta Raments era um castigo terrível demais pelos maus sentimentos que a falecida tinha por Eliza.

Durante o jantar, a conversa girou exclusivamente em torno do trágico acontecimento.

Após o jantar, Gil retirou-se discretamente. Ele entendia que a família precisava ficar a sós. Além disso, os sentimentos agitados, que mal conseguia conter, incitavam-no a procurar o isolamento. Eliza, por sua vez, não tinha o menor desejo de dar explicações imediatas. Ela também ansiava ficar sozinha para colocar em ordem o caos de pensamentos e sentimentos que enchiam-lhe a mente e o coração.

A chegada de Raymond, a morte de Greta, a descoberta de que Gil sentia ciúmes dela e, conseqüentemente, a amava; tudo isso caiu inesperadamente sobre a delicada jovem, conturbando seus nervos impressionáveis e enchendo a sua alma com um sentimento misto de tristeza e felicidade, acabando com a sua paz de espírito.

Por causa disso, Eliza apressou-se em dizer que precisava retirar-se e providenciar os preparativos para o dia seguinte e o traje de luto.

Ervin e Volfram não contestaram, mas Raymond ficou muito vermelho.

— Você está com pressa demais para nos deixar — disse ele, aproximando-se da moça. — Espero, entretanto, que nos conceda antes mais quinze minutos. Temos muito que conversar e muitas questões a acertar.

— Oh... não! Considero absolutamente supérflua essa conversa a sós que exige de mim. Pela pouca pressa que revelou para retornar de Jerusalém seria ridículo agora passar a noite numa conversa que pode muito bem ser adiada para amanhã, ainda mais depois de esperar tantos meses por isso — contestou severamente Eliza. — Aliás, sei até o que vai me dizer: as mesmas inúteis mentiras sem propósito e sobre a obrigação que pesa sobre nós como correntes escravizadoras. Os laços estão quebrados. É impossível juntar aquilo que jamais esteve ligado. Portanto, chegou o momento de livrar-se desses laços!

Raymond ficou muito pálido, mas depois um forte rubor cobriu-lhe o rosto. Contendo-se visivelmente, respondeu com voz desolada:

— Você se engana ao achar que os laços que nos unem são frágeis. As correntes impostas pela Igreja não são fáceis de quebrar e, como estas não me pesam nada, você precisa ser sensata o suficiente para tratar com sentimentos mais cristãos e maior respeito as exigências de seu marido.

Foi a vez de Eliza ficar vermelha de raiva. Medindo o esposo com um olhar de orgulho e desprezo, respondeu num tom irônico:

— Sua sinceridade me comove! Acredito plenamente que essas correntes não lhe pesam nada. Isso porque você as tira assim que estas o impedem de divertir-se com alguma beldade, seja ela filha de taberneiro ou uma judia. Qualquer uma delas fá-lo esquecer-se e afastar-se de mim, até o momento em que volta à sua cabeça a fantasia de que sou sua esposa, suficientemente bela para servir-lhe de passatempo até algum novo escândalo. Saiba, então, que cansei dessa humilhante situação; cansei de ver você aparecer como um pesadelo na minha vida! Eu quero, você me entende?..., eu quero a minha liberdade e exijo o divórcio!

— Eu não quero dá-lo a você!

— Quais são os seus motivos? Não estamos ligados por nenhuma obrigação. Não temos filhos e eu não desejo ser sua esposa. Está claro?

Raymond ficou calado por instantes. Esta última conclusão confundiu-o. Mas, logo ele dominou-se e riu com rouquidão.

— Pelo sangue de Cristo! Seria um milagre se você tivesse filhos. Em todo caso, posso jurar ao santo padre que você os terá! Quanto à clareza de suas palavras, estas não deixam nada a desejar. De minha parte, não quero ficar atrás e também declaro que nunca, você me entende?..., nunca lhe darei o divórcio! Você é a Condessa Reifenstein e continuará sendo enquanto eu viver. Amanhã mesmo vou levá-la para o meu castelo. Fica a seu critério se vai voluntariamente ou à força, mas não suportarei deixá-la aqui mais um dia para que aquele maldito macaco, o templário, faça-a perder completamente o juízo com o seu canto — concluiu Raymond completamente fora de si.

Toda a ira que retinha até aquele momento explodiu. A idéia de perder Eliza levava-o ao desespero. Nunca antes a moça foi para ele tão cara como naquele instante.

A paciência de Eliza e o seu autocontrole também se esgotaram. Seu rosto ficou vermelho, os olhos faiscavam. Ela deu um passo na direção de Raymond e exclamou com voz intermitente:

— Se ousar usar de violência comigo, jogo-me pela janela! Acha que sou como sua judia a quem pode tratar com grosseria? Posso provar-lhe que tenho vontade própria! Pensa que a sua atitude grosseira diante do cavaleiro Basemon vai incutir-me respeito por você?

Pálido de fúria, Raymond quis contestar, mas o pai impediu-o. Até então, Volfram e Ervin ouviam calados a discussão entre os jovens, mas depois acharam necessário interferir.

— Raymond, que vergonha falar nesse tom com Eliza! Não é com violência que se consegue conquistar o coração de uma mulher! — exclamou o Conde, pondo a mão no ombro do filho. — Volte a si!

— Minha filha, você também está errada tratando tão severamente a pessoa cujo nome usa e a quem deveria tratar com respeito, por maiores que fossem os erros dele em relação a você — acrescentou Ervin, abraçando a filha e tentando acalmá-la.

— Não quero nem o seu nome e nem as suas ordens! Para completar a minha humilhação só me falta obedecê-lo!

Na voz de Eliza sentiam-se lágrimas. Finalmente, seus

nervos não agüentaram mais e ela caiu em prantos.

A visão daquelas lágrimas acalmaram Raymond mais rapidamente do que as palavras do pai. Ele sentiu vergonha e raiva da própria grossura, pois a consciência soprava-lhe que ele merecia a ira de Eliza. Mas não queria perdê-la por nada no mundo.

— Perdoe a minha explosão, Eliza! Não quis ofendê-la, pois desejo sinceramente me reconciliar com você. Mas, suas palavras ofensivas me irritaram — disse ele baixinho.

— Por que devemos nos reconciliar? Você não me ama, vai me trair novamente na primeira oportunidade e eu não estou disposta a sofrer e a perdoar eternamente os seus erros — afirmou Eliza com voz embargada.

— Não, eu a amo de todo coração! Não nego que sou profundamente culpado perto de você, mas anseio sinceramente redimir a minha culpa. Além disso, tenho direito a um tratamento mais cristão e indulgente de sua parte ao meu arrependimento. Nosso Senhor Jesus Cristo ensinou-nos a perdoar o pecador, mesmo que ele seja o seu marido. Jamais lhe darei o divórcio!

— Você não tem nenhum direito sobre os meus direitos que, aliás, pretende ignorar — exclamou a moça, tremendo de indignação.

Naquele instante, Volfram entrou na conversa.

— Meus filhos, por hoje chega de brigas! Essas questões importantes não se decidem sob a influência da raiva — explicou ele num tom amigável e conciliador. — Proponho, e espero que Ervin concorde comigo, em adiar as conversações sobre esse assunto para depois dos funerais de Greta. Então, marcaremos um dia e nos reuniremos aqui ou em Reifenstein e se ambos, Raymond e Eliza, estiverem calmos, decidiremos definitivamente essa questão. Eu respondo pelo meu filho. Ele é suficientemente cavaleiro para ficar se insinuando a uma mulher que o despreza. Mas, se for preciso a separação, porque se separarem como inimigos?

Ouvindo as palavras do pai, que parecia prometer a sua anuência ao divórcio, Raymond abriu a boca para contestar, mas o olhar do Conde, obrigou-o a permanecer calado.

Continuando a falar para a nora, Volfram disse:

— Então, minha querida, enxugue as lágrimas e conte com o nosso amor. Só queremos o seu bem. Não nego que ficaria muito amargurado se você não se tornasse a minha nora. Em todo caso, quero continuar a ser o seu amigo de sempre.

— É verdade, tio Volfram! Sempre foi bom comigo; gosto muito de você — afirmou Eliza, jogando um olhar de reconhecimento ao Conde. — Se seu filho fosse parecido com você, tudo seria diferente!

— Minha querida, o problema é que ele é por demais parecido comigo. Na minha juventude, fui um terrível pecador. Só que você não sabe disso.

Eliza riu alto.

— Você faz tudo parecer tão engraçado que é impossível ficar com raiva.

— O que? Você só está sendo indulgente comigo porque não sou seu marido?! — perguntou Volfram, beijando a moça em ambas as faces. — Agora, devemos nos separar! Dêem-se as mãos, corajosos oponentes, e façam as pazes por hoje! — acrescentou ele num tom alegre.

Eliza deu a mão a Raymond, que levou-a aos lábios.

— Perfeito! Foi assinada uma trégua de paz — exclamou Volfram com um sorriso.

Capítulo 9

Quando pai e filho ficaram a sós no quarto que lhes fora reservado, Raymond, que até então estava calado com ar insatisfeito, exclamou irritado:

— O que você foi fazer, pai? Prometeu a Eliza que eu lhe daria o divórcio se ela insistisse! Não quero nada disso!

— O que eu fiz, seu garoto bobo? Estou tentando consertar os seus erros e tornar as coisas menos graves. Gostaria muito de saber o que vai fazer se Eliza definitivamente não o quiser como marido. Você foi idiota e não soube aproveitar as boas relações que tinha em Veneza para consumar o casamento e criar para si direitos efetivos.

Raymond parou de andar, ficou vermelho e jogou sobre o pai um olhar insatisfeito.

— Não tive tempo para isso. Eliza é muito virtuosa e temerosa. Além disso, aquela bruxa Beatrice ofendeu-a — murmurou ele.

Notando o sorriso irônico do pai, Raymond apressou-se em acrescentar:

— Você tem razão! Cometi bobagens. Mas, eu tinha tanta certeza quanto a Eliza! Naquele tempo, sua alma pura parecia afeiçoar-se a mim e, se eu não ocupava o primeiro lugar em seu coração, nele não havia nenhum outro.

— Suas conclusões, meu filho, não valem nada. Não se deve deixar o lugar vago no coração de uma mulher. É preciso ocupá-lo antes que apareça algum outro e o faça.

— Então, você acha que aquele templário pode ser esse outro? Você acha que aquela cara pálida pode triunfar sobre mim? Eu o matarei como a um cão! — exclamou Raymond, tremendo de raiva e de ciúmes. — Ah! Não! Eliza é honesta, pura e inocente até o mais profundo da alma. Ela não me trairá e não manchará o nome que usa — acrescentou ele, tentando dominar-se.

— Tem razão! Eliza é incapaz de uma distração vulgar ou de uma suja intriga amorosa, mas pode-se ganhar a sua alma. Você não soube conquistá-la, utilizando a estratégia que mais encanta as mulheres: sentir-se a única amada. Agora, não tem poder sobre Eliza. Você ficou desarmado num momento perigoso. Não vou negar que Gil Basemon é um grande perigo para a sua felicidade. Embora seja um homem sombrio e demoníaco está armado com um maravilhoso talento. Como verdadeiro templário, tem experiência na arte da sedução. Parece ter sido criado para agradar a uma criança impressionável que foi ofendida e rejeitada pela pessoa que deveria ser para ela a mais próxima e o seu maior apoio. Raymond, a sua ausência e as suas loucuras são os maiores trunfos daquele cavaleiro que está apaixonado por aquela encantadora moça, o que, aliás, é totalmente natural!

Raymond ficou pálido.

— Vou exigir de Finsterbach que se livre daquele homem! Se ele é tão cego a ponto de não perceber o criminoso amor daquele cavaleiro por sua filha, então, pelo menos, será obrigado diante de minha pessoa a não deixar Eliza sob o mesmo teto com aquele homem suspeito.

— Evite exigir isso depois de ter, descuidadamente, acusado o templário de ter roubado o coração de Eliza. Você só fê-la ficar mais alerta. Sua agressão sem motivo a Basemon pode simplesmente indignar Eliza e até empurrá-la para os braços do cavaleiro. Você conhece tão pouco o coração feminino a ponto de não saber que este é um abismo cheio de estranhas contradições e das mais inesperadas reações sob a influência do momento. Tanto quanto a paixão, a ira, a indignação e a raiva já foram motivos de queda de muitas mulheres. Portanto, evite irritar sua esposa e, assim, não dar motivos para ela lhe provar a própria independência.

Um terrível desespero refletiu-se no expressivo rosto de Raymond.

— Nesse caso, pai, o que preciso fazer? Só me resta dar a causa como perdida. Minha culpa diante de Eliza é indiscutível; tenho um forte rival e, além disso, todos os meios que eu poderia usar para conservar os meus direitos são perigosos e só podem me prejudicar! Então, você acha que devo me afastar, ficar calado e observar tranqüilamente como um maldito monge rouba o amor de minha esposa bem debaixo do meu nariz?

Num ímpeto de fúria, Raymond bateu o pé e exclamou:

— Em todo caso, resta para mim o direito de recusar o divórcio e vou usá-lo! Juro pelo sangue de Cristo que ela não receberá a liberdade!

Volfram olhava-o, mordendo os bigodes. Em seus grandes olhos escuros brilhavam compaixão e zombaria.

— Ah! Meu garoto! Não tenho mais dúvidas que falta-lhe aquele fogo interior que acende a faísca no coração de uma mulher e provoca um incêndio que consome o seu orgulho e a sua timidez e a entrega ao nosso poder. Raymond, você é sem dúvida bonito, mas a aparência externa não é suficiente. Se eu pudesse, de bom grado, lhe ensinaria a difícil arte de atrair mulheres, mas como fazê-lo? Apesar de aplicá-la freqüentemente, não conheço as leis que usa aquela capacidade instintiva que me ajudou a conquistar as mais reticentes mulheres. Estou convencido que, se estivesse em seu lugar e tendo dez vezes mais pecados conjugais, conseguiria conquistar Eliza, abrandá-la e obter dela o completo perdão. Mais ainda: aposto até que ela iria ter compaixão de mim e me consolaria. Mas, essas coisas não se ensinam. É preciso nascer com esse talento ou desenvolvê-lo sozinho.

Raymond parou diante do pai e olhou-o cheio de inveja

e admiração infantil. Em seguida, agarrou a sua mão e beijou-a.

— Jamais sonhei em rivalizar com você, querido pai. Sei que me faltam aqueles poderosos e estranhos encantos que o destacaram entre os homens e que lhe deram o apelido de "Rei Reifenstein". Mas, alguma coisa de você deve ter passado para mim. Talvez os seus conselhos e a sua experiência me ajudem a desenvolver essa chama hereditária que deveria ter passado para mim.

— Seu bajulador! — exclamou Volfram, rindo. — Se dentro de você vive alguma partícula de mim, então o instinto vai-lhe dizer como agir nessa luta persistente e contínua que, por um capricho do destino, acontece entre o homem e a mulher. Por mais divino que seja o amor, este, antes de tudo, é egoísta, não suporta igualdade e tem por objetivo final o domínio da outra metade. O mais forte e esperto vence observando o oponente, aquecendo o de natureza fria e excitando o impetuoso com fria insistência. Resumindo: agindo conforme as circunstâncias. Quanto ao seu caso particular, só posso aconselhá-lo a ser mais comedido e cuidadoso. O direito e o poder estão em suas mãos. Convença-se disso, mas jamais fale sobre isso. Pessoas como Eliza nunca se submetem à violência. No caso dela, é preciso agir sobre o coração e sobre o senso do dever e da honra. O arrependimento, o amor e a paciência serão seus melhores auxiliares, pois a confiança e o coração da esposa você só obterá passo a passo.

— Obrigado, pai! Vou aproveitar os seus conselhos, pois quero ter Eliza para mim. Eu a amo demais. O contato com este ser puro, devoto e amoroso me ajudará a levantar do abismo no qual caí por descuido. Estou convencido que somente Eliza pode me dar a felicidade, mas será que isso ainda é possível? Se o templário já conquistou o coração dela, será difícil retomá-lo.

— Infelizmente! O seu azar foi que voltou tarde demais. Em todo caso, não devemos esquecer que Basemon é um monge. Além disso, fiquei sabendo que ele e Finsterbach logo viajarão a Paris. Quando ele estiver longe, pensaremos como agir. Mas agora, boa noite! Precisamos descansar.

Apesar dos conselhos do pai, Raymond dormiu mal à noite. Eliza também demorou a pegar no sono. Os acontecimentos da tarde abalaram seus nervos. A lembrança de Raymond levantava um caos de sentimentos em seu espírito; mas, quando seus pensamentos passavam para Gil, seu coração enchia-se de alegria misturada com dor de consciência. Ela já não tinha dúvidas que o amava. A lembrança daquela chama de paixão e de ciúmes, que acendeu-se nos olhos de Gil quando Raymond abraçou-a, fez o coração da moça bater mais forte e ela foi dominada por um sentimento nunca antes experimentado, de alegria e de orgulho por ter conquistado o espírito daquele homem genial e estranhamente simpático.

Mas, no mesmo instante, veio-lhe à mente a última conversa que tivera com Fúlvio e as palavras sábias e cuidadosas do amigo, prevenindo-a contra o sentimento que a razão e o dever deviam combater. Sob a palavra "dever" subentendia-se seu marido. Teria este algum direito moral sobre ela? Não! Ele a traía, a ignorava e a esquecia ao encontrar qualquer outra moça pela frente. Em sua vida, ele desempenhava apenas o papel de um grilhão que a sufocava! Dentro dela reclamavam com veemência o orgulho ferido, a raiva e o sentimento que tinha por Gil e que temia confessar a si mesma.

E aquele Raymond ainda ousava ameaçá-la com o seu direito e insultar Basemon! Ah! Não! Ela iria lhe mostrar o que significam para ela as ordens dele e ensiná-lo a não desafiar o pobre templário, pavoneando-se diante deste com o seu grosseiro direito de beijá-la! Ele que tentasse fazê-lo novamente! Ela iria colocar as ações dele sob a verdadeira luz, e se Gil estivesse presente seria melhor ainda! Por fim, vencida pelo cansaço, Eliza adormeceu profundamente.

Quando a moça despertou no dia seguinte, sentia-se bem mais calma. Em sonho, ela viu Fúlvio e achou isso como bom sinal. Entretanto, Eliza apareceu no refeitório com o espírito preparado. Estava decidida a opor uma forte resistência a Raymond se ele ousasse novamente provocar ciúmes de Basemon e gabar-se de seus direitos.

Mas, não teve de colocar em ação suas intenções. Primeiro porque Gil nem compareceu ao desjejum e Raymond limitou-se a beijar-lhe a mão. O jovem Conde parecia triste, sério e pouco sociável.

Imediatamente após o desjejum, todos montaram a cavalo e dirigiram-se a Finsterbach. A estrada era muito estreita e Volfram propôs ao filho e à nora ir na frente, enquanto ele próprio e Ervin seguiam atrás a uma certa distância.

Os jovens obedeceram. No início, seguiram em silêncio e depois passaram a falar de Greta. Eliza lembrou alguns episódios de sua infância. Ela sentia pena sincera da amiga de infância, falecida tão prematuramente na flor da idade.

— Sim, mas existe um terrível mistério sobre a sua morte! Eu a perdôo por tudo que, involuntariamente, fez de ruim para mim — disse Raymond com um suspiro.

— O que Greta poderia ter feito de ruim para você? — perguntou Eliza, surpresa. — Ela era muito apaixonada por você e tenho certeza que isso lhe agradava. Portanto, o que está perdoando-lhe?

— Graças à raiva, às insinuações e às intrigas que fazia, ela foi o principal motivo das nossas desavenças e de sua partida de Reifenstein, levando a essa triste situação em que nos encontramos no presente momento — disse Raymond com amargura.

— Não! A causa de minha partida foi sua mãe e, pela situação atual, você deve culpar somente a si próprio. Ninguém teve culpa de seu imperdoável comportamento em Jerusalém, de suas aventuras amorosas com aquela judia, de seu jogo infernal numa casa suspeita, de seus misteriosos desaparecimentos e de sua longa permanência na Terra Santa sem motivo aparente.

— Você soube desses detalhes através de Arnulf? — perguntou o jovem Conde, cerrando o sobrolho.

— Sim! Mas, você sentir-se-ia menos culpado se eu não soubesse disso?

— Não, não penso em diminuir a minha culpa. Sou profundamente culpado diante de você e mereço inteiramente a sua ira. Mas, Eliza, não imagina como é fácil cair em tentação! Sua alma pura e virginal não faz idéia das paixões que obscurecem o coração e o espírito de um rapaz facilmente impressionável, quando este fica entregue a si próprio. Não estou dizendo isso para me justificar: o meu dever era me resguardar das criminosas diversões. Perdoe-me, Eliza, a explosão de ontem! Prometo que isso jamais se repetirá. Eu, naturalmente, desejo muito reaver o seu coração e a sua confiança, pois, apesar do meu comportamento criminoso, amo-a demais, mas não quero torná-la minha à força.

Eliza olhou Raymond com surpresa. Por sua bondade inata, ela ficou desarmada com aquelas palavras conciliadoras e respondeu num tom mais amigável:

— Se você é tão sensato, então será fácil acertarmos o nosso futuro sem gritos nem escândalos. De minha parte, prometo pensar seriamente e testar-me antes de tomar a decisão final.

Raymond agradeceu a moça. Ele estava muito satisfeito com os resultados de sua nova política. Se Eliza lhe desse tempo suficiente para reconquistar o seu coração, então o caso estava ganho, pensava ele com a sua costumeira leviandade.

Sob a influência dessas agradáveis esperanças, Raymond imediatamente tornou-se mais alegre, conversador e conseguiu distrair Eliza tão bem que, quando chegaram a Finsterbach, entre eles havia-se estabelecido uma certa camaradagem.

O castelo estava apinhado de gente. Reuniram-se os nobres das propriedades vizinhas com suas famílias para dar o último adeus à falecida e também para satisfazer a própria curiosidade.

Os recém-chegados passaram com dificuldade pela multidão compacta que enchia a capela. A missa fúnebre já tinha começado. A segunda missa seria realizada no mosteiro antes do sepultamento.

Após a missa, o cortejo fúnebre dirigiu-se à abadia.

A igreja do mosteiro era bem ampla. Raymond, que não era muito devoto, estava ocupado com outros pensamentos e passou a observar os presentes. Ainda não tinha visto nenhum dos vizinhos e tentava encontrar alguns mais conhecidos, irritando-se com a idéia de que suas estranhas relações com a esposa poderiam ser notadas e comentadas de uma forma nada agradável.

De repente, Raymond estremeceu e ficou pálido. Seu olhar fixou-se no homem e na mulher parados perto da porta que pareciam absortos numa oração. O homem era alto e magro, de olhos escuros, cabelos ruivos e usava um rico traje preto. A mulher era muito bonita e destacava-se pelo tipo levemente oriental. Ela trajava um luxuoso vestido de luto. O longo véu de crepe combinava extraordinariamente com ela. Parecia concentrada e seus olhos inchados indicavam claramente a sua tristeza.

Um tremor passou pelo corpo de Raymond e o sangue estancou nas veias. Se aquilo não era uma absolutamente improvável coincidência, aqueles dois vestidos em trajes cristãos eram Uriel e Maakha, o grão-sacerdote de Lúcifer e a terrível Rainha do "sabat",[1] os desonrados parceiros de sua queda moral e perigosos cúmplices, dos quais ele imaginava ter-se livrado em definitivo. Mas, por que e com que objetivo eles estavam ali disfarçados naqueles trajes?

Em sua cabeça, com a rapidez de um raio, surgiu a suspeita de que a morte de Arnulf e de Greta poderia ter alguma ligação com a presença daqueles malfeitores. Mas, como descobrir tal mistério? Como agir? Denunciá-los às autoridades e prendê-los imediatamente, ou ficar calado e fazer algumas investigações? Por fim, decidiu pela última opção. Antes de tudo era preciso certificar-se de que não estava errado e, depois, aconselhar-se com o pai quanto à forma de agir.

Raymond reprimiu corajosamente a própria emoção e <u>passou a vigiar</u> atentamente os dois suspeitos. Suas dúvidas

---

[1] "Sabat" - O leitor deve estar lembrado da orgia infernal que acontecia na noite do "sabat" entre os luciferianos no capítulo 13 do primeiro livro (*Os Servidores do Mal*) desta bilogia.

dissiparam-se prontamente, pois ele logo encontrou o olhar flamejante e sinistro da judia e os olhos escuros de Uriel, que jogavam-lhe faíscas ameaçadoras através das sobrancelhas semicerradas.

Durante o retorno dos convidados ao castelo para o almoço, Raymond não viu mais os judeus. Eles perderam-se na multidão. Em compensação, soube de um jovem vizinho os motivos pelos quais aqueles monstros aproveitavam, há muitas semanas, a hospitalidade de Ortruda sob o nome de Barão Melquior Laverdac e sua irmã Madalena.

Raymond retornou ao castelo como num pesadelo e, durante a espera do almoço, isolou-se na baia de uma janela. De repente, ouviu atrás de si o farfalhar da cortina e, no mesmo instante, uma voz bem conhecida sussurrou-lhe:

— Se preza a vida, seja discreto, cuidadoso e não revele o seu passado! Não tente nos prejudicar!

— O que estão fazendo aqui? O que significa essa comédia ridícula? — perguntou Raymond com voz rouca.

— Isso, senhor Conde, não é da sua conta. Você só precisa saber que tanto aqui como em qualquer outro lugar você está sob o poder da Irmandade e será severamente castigado se recusar-se a comparecer a alguma reunião.

— Nunca mais irei às suas horríveis reuniões! Fiquem satisfeitos com o fato de não denunciá-los e fujam daqui! Vocês estão arriscando as próprias cabeças.

— Não tema por nós, senhor! Aliás, se existem mártires em nome de Cristo, por que não existiriam mártires em nome de Lúcifer? Por enquanto, não ouse desobedecer quando exigirem a sua presença — murmurou Maakha com uma indescritível expressão gozadora.

Em seguida, a judia desapareceu como uma sombra e Raymond, sem forças, sentou-se no chão.

O jovem Conde tinha a sensação de que um laço mortal estava sendo apertado em seu pescoço. A escravidão vergonhosa, da qual parecia ter-se livrado ao sair de Jerusalém, apoderou-se dele novamente. Também ali ela era tão severa e humilhante e obrigava o orgulhoso cavaleiro a rebaixar-se ante a vontade do asqueroso e desprezível judeu, que mantinha-o sob eterna ameaça de desonra e de assassinato.

Entretanto, o próprio perigo ajudou o jovem Conde a recuperar a calma externa e apenas uma grande palidez traía a tempestade que se desencadeava em seu espírito quando saiu da baia da janela e, junto com os outros, dirigiu-se ao refeitório.

Raymond ocupou um lugar ao lado de Eliza.

Em frente deles, sentou-se Uriel e passou a conversar a meia voz com um velho cavaleiro. Os olhos do jovem Conde fixavam-se freqüentemente no judeu e tudo nele se revoltava com a idéia de que aquele criminoso e desprezível homem, que seria expulso a chibatadas do seu castelo, estava sentado naquela mesa como um igual entre os maiores senhores do país.

Um inesperado acontecimento deu uma direção completamente diferente aos seus pensamentos. A outra vizinha do Conde era uma velha e devota dama, que passou a inquirir Raymond sobre a sua peregrinação a Jerusalém. Sendo obrigado a responder-lhe, Raymond esqueceu, por instantes, os pensamentos que o preocupavam quando, de repente, voltando-se para tomar um gole de vinho, captou o olhar malévolo de Uriel dirigido a Eliza. Os olhos do judeu brilhavam com uma paixão tão selvagem que o Conde praticamente emudeceu de ira e horror. Tudo isso aconteceu num piscar de olhos, mas foi suficiente para revelar ao Conde um perigo ainda maior que o amor de Basemon. Ele conhecia bem demais Uriel, aquele malfeitor, armado de obscuros poderes negros e que jamais recuava diante de nada para satisfazer seus criminosos desejos.

Um olhar lançado para Eliza convenceu-o de que ela nada notara. Mas, como preveni-la do perigo sem revelar a si próprio? Milhares de pensamentos contraditórios misturaram-se na cabeça do rapaz. Suas respostas à velha dama passaram a ser tão atrapalhadas e sem sentido que ela, no início, olhou-o surpresa e depois perguntou se ele sentia-se bem. Tal pergunta fez Raymond voltar a si. Ele alegou realmente estar com forte dor de cabeça, mas mesmo assim manteve a conversação até o final do almoço.

Volfram também notou a aparência desolada do filho e, aproximando-se dele, perguntou o que estava acontecendo.

— Estou me sentindo muito mal e gostaria de retornar o mais rápido possível a Reifenstein — respondeu Raymond.

Depois, acrescentou baixinho:

— Preciso muito falar com o senhor sobre um assunto muito importante.

— Vou agora mesmo saber se Ervin vem conosco e depois iremos nos despedir de Ortruda — respondeu o Conde sem contestar.

Raymond, que parecia ter o solo queimando-lhe os pés, deu ordens imediatas para aprontarem os cavalos. Quando retornou, o pai informou-lhe que Ervin, atendendo a insistentes pedidos da madrasta, concordou em passar mais três dias junto com a filha no castelo para ajudá-la no cumprimento de algumas formalidades jurídicas referentes à morte de Greta.

Raymond ficou constrangido. A idéia de deixar Eliza sob o mesmo teto que Uriel fez aparecer um frio suor em sua testa. Mas, como não podia falar sobre o assunto naquele lugar, apenas murmurou:

— Mas, o que vão pensar se eu partir e minha esposa ficar aqui?

— Acalme-se! Eu já previa isso e disse a todos que você precisa partir para fazer o juramento de vassalo como herdeiro de Arnulf. Sua esposa ficará com o pai, pois Ervin não quer separar-se dela até a ida dele a Paris.

— Fico-lhe grato, pai! Nesse caso, vou agora mesmo despedir-me de Eliza e de Ortruda.

Eliza estava conversando com algumas damas, quando o marido aproximou-se e pediu que lhe concedesse alguns minutos. A moça levantou-se imediatamente. Ela não se achava no direito de recusar ao marido algo tão simples, especialmente diante de pessoas estranhas. Ficou muito surpresa quando Raymond levou-a até um canto distante e olhou cuidadosamente em volta para ver se não estava sendo vigiado.

— Você quer me contar algum segredo? — perguntou Eliza com certo sarcasmo.

— Pode guardar um segredo se eu revelá-lo a você? — respondeu Raymond baixinho, com nova pergunta.

O tom de sua voz era tão sério que Eliza olhou para o marido com preocupação. A grande palidez e o ar sombrio e preocupado de Raymond convenceu-a imediatamente que ele, realmente, queria falar algo importante.

— Pode contar inteiramente com a minha discrição e cuidado — respondeu ela num tom decidido.

— Obrigado! Confio em você. Portanto, o caso é o seguinte: estou indo embora agora e, conforme fiquei sabendo, você ficará aqui uns três dias mais. Por isso, é meu dever preveni-la que descobri sinais de uma perigosa e criminosa intriga, cujo protagonista é o hóspede de Ortruda, o cavaleiro Laverdac.

— Oh! Aquele homem asqueroso!

— Sim, asqueroso no sentido exato da palavra. Eliza, cuidado com ele e com sua irmã! Evite-os o quanto puder!

— Está bem! Seguirei o seu conselho. Mas, seja sincero Raymond! Diga-me o que devo temer dessas pessoas? Não se preocupe! Juro pelo nome de Cristo que jamais revelarei o seu segredo! — acrescentou Eliza, notando que o Conde vacilava.

— Está bem! Acredito em você, mas saiba que o menor descuido de sua parte pode-me custar a vida — disse Raymond tão baixinho, que o ouvido apurado de Eliza mal conseguiu captar as suas palavras. — Acho que aquele suposto cavaleiro é um terrível feiticeiro e malfeitor que conheci na Palestina. Não sei porque ele está aqui sob nome falso, mas tentarei descobrir. Enquanto não tomar medidas sérias contra ele, acho melhor permanecer calado. O perigo que a ameaça é que você agrada àquele homem perigoso, capaz de qualquer crime.

Vendo que Eliza ficou muito pálida, Raymond acrescentou:

— Será que subestimei as suas forças?

— Não, estou calma e conseguirei fingir por alguns dias e, depois disso, acredito que não precisarei mais temê-lo.

— Esperemos que sim! Em todo caso, quando sair daqui, não volte mais ao castelo Finsterbach enquanto ele estiver por aqui. E agora, um último pedido.

Ele contou o que Volfram disse a Ortruda com referência à separação deles e acrescentou:

— Espero que confirme isso! Enquanto o nosso futuro não está definitivamente decidido, não há necessidade de ficar espalhando o nosso assunto a terceiros e dificultar ainda mais a situação em que me encontro.

— Deus me livre de causar-lhe mais problemas, especialmente após o conselho tão amigável que acabou de me dar — respondeu Eliza, apertando-lhe fraternalmente a mão. — Venha! Vamos nos despedir como bons amigos.

Meia hora mais tarde, o jovem casal despediu-se na presença de numerosas testemunhas. Ervin ficou extremamente surpreso com aquele acordo amigável, pois Eliza não só ofereceu os rosados lábios ao marido para o beijo de despedida como ainda disse com um sorriso coquete:

— Mande notícias e não fique muito tempo na Corte do nosso soberano!

Algum tempo depois, quando os dois condes já estavam a caminho, Volfram olhou intrigado para o rosto desolado e preocupado do filho e perguntou:

— Afinal, diga-me que mosca o mordeu? O que fê-lo sair tão rapidamente e por que está com esse ar preocupado? O seu assunto com a esposa estava indo tão bem que essa fuga para mim foi um mistério.

— Vamos nos adiantar, pai, e deixemos a comitiva um pouco atrás para que não possam nos ouvir. Vamos agora sair num local aberto; lá ninguém poderá nos ouvir e lhe contarei tudo.

Ao atingirem o local indicado, Raymond contou ao pai tudo o que aconteceu naquele dia, sem omitir a conversa com Maakha e a ameaça da judia.

— E agora, pai? O que devo fazer? Estou tão desesperado por cair novamente nas garras daquele bando maldito que nem consigo pensar direito.

Depois de ouvir o relato do filho, Volfram ficou muito pálido e persignou-se. A presença de dois servidores de Satanás, Uriel e Maakha, enchiam seu coração de temor pelo filho. Além disso, a insolência com que eles ousaram misturar-se na sociedade dos cavaleiros cristãos, insultava-o e indignava-o.

— Não posso responder agora e dar-lhe algum conselho — disse, após um breve silêncio. — O assunto é extremamente grave e precisa ser tratado com grande cuidado. Não é difícil denunciar e até mesmo prender aqueles dois, mas isso não o livrará definitivamente deles. É preciso agarrar todo o bando para exterminar essa praga do país, a fim de que sirva de exemplo e tire dos comparsas da maldita seita a vontade de aparecer no Tirol. Entretanto, para fazer isso, é preciso saber onde e quando eles se reúnem. Como o avisaram que será convocado, então, naturalmente, saberá de todos os detalhes que deverá imediatamente me comunicar.

— Assim farei, pai! Se você não conseguir me salvar, então, pelo menos irá vingar a minha morte!

— Não aconselharia a eles atentar contra a sua vida depois que profanaram a sua alma! — murmurou Volfram num tom de surda ameaça.

Em seguida, após um curto silêncio, acrescentou:

— Aliás, já suspeito de um lugar onde realizam-se essas reuniões. Há muito tempo correm boatos sobre Ortruda e seu castelo. Realmente, aquele castelo seria o lugar ideal para servir de abrigo seguro a essa obscura sociedade. Dizem que embaixo de Finsterbach existem amplos subterrâneos que serviram outrora como local de reunião de "juízes livres". Vou investigar esses boatos, aos quais, até então, não prestei qualquer atenção. Quanto a você, quando chegarmos em casa, deve preparar-se oficialmente para a viagem à Corte. Mas, alegando problemas de saúde, pode ficar no castelo o tempo que achar necessário.

Capítulo 10

Deixemos, por enquanto, os condes Reifenstein e retornemos a Eliza, que ficou no castelo Finsterbach. Não será demais acrescentar que a insistência de Ortruda em manter Ervin no castelo foi imposta por Uriel, que ansiava deliciar-se com a companhia de Eliza. Esses seus anseios, todavia, encontraram certas dificuldades.

Depois das informações que recebera, Eliza decidiu evitar ao máximo o encontro com os dois malfeitores que, desde a primeira vista, pareceram-lhe muito antipáticos. Por isso, assim que Volfram e Raymond saíram, a moça alegou estar muito cansada e pediu que a levassem aos aposentos reservados a ela. Como o quarto ainda não estava pronto, teve de ficar e aguardar mais de meia hora.

Uriel, que não tirava os olhos de Eliza, ao ver que ela sentou-se ao lado de uma dama de idade, que ele conhecia e de quem ganhou as boas graças com seus contos interessantes, aproveitou a oportunidade e foi imediatamente até lá. Quando ele se aproximou, pareceu a Eliza que dele soprava um vento gélido. Tal sensação foi tão forte que um tremor passou por todo o corpo da moça e seu coração encheu-se de horror e asco, como se tivesse encostado em algum réptil.

Apesar da desagradável sensação, Eliza provou, naquele instante, o quanto tinha de sangue-frio e capacidade de autocontrole. Exceto uma leve palidez, seu rostinho encantador não revelou qualquer sentimento. Respondeu com reservada amabilidade à profunda reverência do falso Barão. Na conversa animada, que imediatamente se entabulou, a moça pouco participou, mas concedia suficiente atenção e interesse para não despertar suspeitas no judeu. Entretanto, assim que informaram que o seu quarto estava pronto, ela despediu-se e deixou a sala.

Passando pelo longo corredor, Eliza encontrou um anão que trajava as cores de Finsterbach, tinha um chapéu de bobo na cabeça e que lhe fez uma profunda reverência. A moça parou e ficou examinando curiosa aquele ser pequeno e corcunda que lhe pareceu muito familiar. De repente, lembrou-se que tinha visto o anão no castelo Reifenstein, onde ele servia de bobo[1] da Condessa Anna e de brinquedo para Raymond e Greta. Ele apanhava pelos erros das crianças e qualquer um podia insultá-lo impunemente. Eliza se lembrou que, já naquele tempo, tinha muita pena daquele pobre ser e que guardava para ele parte das guloseimas que Volfram lhe trazia e freqüentemente brincava com ele.

Todas aquelas lembranças e milhares de cenas de sua primeira infância passaram como um raio em sua memória e a moça exclamou:

— Khinko, é você? Como veio parar aqui?

Nos olhos do anão acendeu-se uma expressão de alegria.

— A senhora me reconheceu, nobre dama? A senhora lembrou do pobre Khinko? — perguntou o anão, beijando a barra do vestido da moça.

Eliza sorriu-lhe amigavelmente.

— Venha, Khinko! Enquanto Loretta me penteia para a noite, você vai me contar por que deixou Reifenstein.

O anão seguiu-a obedientemente. Quando Eliza ajeitou-se na poltrona e Loretta começou a pentear os seus magníficos cabelos negros, a moça disse alegremente:

— Senta aqui no banquinho, Khinko, e conte-me o que

---

[1] Bobo - Criado real, geralmente anão ou defeituoso, muito ativo nas Cortes européias medievais. Sua função era fazer a nobreza rir e divertir-se durante os banquetes. Contava piadas, fazia mímicas, imitações, tudo para entreter o nobre público. Daí vem a expressão: "o bobo da Corte".

fez todos esses anos? Onde foi que perdeu o olho? Se bem me lembro você não era vesgo quando nós brincávamos juntos.

Um tremor convulsivo passou pelos membros do anão e em seu rosto apareceu uma expressão indescritível. Após um momento de silêncio, ele respondeu com voz baixa e rouca:

— Certa vez, tive a infelicidade de desagradar à minha nobre senhora, ela me bateu com o chicote e acertou o meu olho. Fiquei de cama alguns meses e vesgo pelo resto da vida.

O rosto expressivo da moça alternava de vermelho para pálido ao ouvir o relato daquele ato cruel. Em sua voz soou claramente o que sentia, quando perguntou a Khinko:

— Foi a Condessa Anna que o castigou?

— Não, fui castigado pela nobre Baronesa Finsterbach que me recebeu de presente da Condessa Anna, um ano após a sua partida de Reifenstein — respondeu baixinho o anão.

Cheia de compaixão e indignação, Eliza conversou longamente com o anão. Depois, dispensando-o e dando-lhe a mão para beijar, inclinou-se para ele e sussurrou:

— Coragem, Khinko! Não vou lhe prometer nada, mas, na primeira oportunidade, tentarei fazer com que Ortruda ceda você para mim. Daí, então, ninguém mais ousará judiar de você!

Uma expressão de infinito reconhecimento iluminou o rosto pálido e enrugado do anão.

— Que Deus a abençoe e a recompense por essa magnânima idéia! A senhora, naquela época, já era um pequeno anjo e agora ficou um anjo grande. Mesmo que o destino não permita a grande felicidade de viver junto à senhora, esse pobre anão rezará pela nobre dama até o último alento!

Emocionado e feliz, Khinko, ao sair do quarto de Eliza, foi direto para a sua toca. Fechando a porta no trinco, encolheu-se no seu leito grosseiro e mergulhou em sombrios e profundos pensamentos.

Nesse ponto, achamos importante recordar a vida pregressa de Khinko, o que irá explicar o seu futuro papel neste relato.

O leitor, sem dúvida, lembra que era exatamente Khinko quem vigiava Volfram e descobriu o esconderijo de Giovanna. O que fez o anão seguir o Conde não foi a raiva; ele, pelo contrário, gostava de Volfram. Mas, as freqüentes escapadas deste último colocavam todos os criados sob o completo domínio de maldosa dona do castelo e quem mais apanhava era o pobre defeituoso, filho de uma ex-criada, o qual o Conde abrigou por compaixão.

A Condessa achou que o esperto e ágil Khinko era mais capaz de vigiar o Conde do que os outros criados, ainda mais porque a mãe do anão vivia na aldeia e o Conde permitia-lhe visitá-la. Assim, as freqüentes saídas e ausências do corcunda não chamavam tanta atenção. Além disso, Khinko não tinha um cargo definido; era o bobo e ajudante de jardineiro, mas o seu papel principal era ser o bode expiatório de Raymond e Greta e pagava com as costas todos os pecados daqueles dois.

Khinko, evidentemente, preferia vigiar Volfram fora do castelo em vez de levar surras dentro dele. A promessa de um generoso presente à sua velha mãe, que ele adorava, fazia o anão, que na época tinha vinte e dois anos, esforçar-se ainda mais.

Como já sabemos, Khinko conseguiu descobrir o esconderijo do Conde e entregou à Condessa o paradeiro do amor secreto de Volfram, o que deveria valer-lhe o reconhecimento de sua ama. Mas, contrariando todas as expectativas, exatamente isso fez a Condessa odiá-lo, pois o resultado de sua descoberta não corresponderam às expectativas dela. Realmente, as conseqüências daquele caso foram extremamente graves para a Condessa Anna. Sua tentativa de recuperar o coração do marido, através de um elixir do amor, e o atentado contra Eliza resultaram no desprezo total e no ódio declarado de Volfram que, a partir daquele dia, cortou com ela quaisquer relações íntimas, mantendo somente as oficiais.

Como toda criatura má e vulgar, ao invés de culpar-se pelos próprios atos inescrupulosos, a Condessa Anna passou a odiar Khinko como a causa maior de todas as suas desgraças. "Se o miserável do Khinko não tivesse descoberto o esconderijo de Giovanna, não teriam acontecido tantas desgraças", pensava ela.

O resultado dessa estranha lógica foi que Khinko tornou-se odioso à Condessa. Quando Ortruda, numa de suas visitas ao castelo, queixou-se de ter perdido o seu anão-bobo e que não conseguia encontrar um substituto, a Condessa propôs-lhe que levasse Khinko, o que a Baronesa aceitou de bom grado.

O pobre anão, naturalmente, nem foi consultado sobre a proposta. Completamente abatido, teve de seguir a sua nova senhora para novos sofrimentos e até foi privado do consolo de ver a mãe, de vez em quando, e chorar ao seu lado.

A cruel e explosiva Ortruda era severa com todos que tinham a infelicidade de serem seus subordinados. Os costumes da época permitiam grande abuso de poder e a Baronesa Finsterbach aproveitava essa liberdade. Em seu orgulho grosseiro, desprezava profundamente os subordinados e, aos seus olhos, um deficiente como Khinko nem era um ser humano. Ela considerava-o muito abaixo dos cavalos, dos cães de caça e da própria caça.

Certa vez, ao retornar de mau humor de uma caçada, a Baronesa irritou-se com Khinko por ter este pisado na pata do seu cãozinho de estimação e deu-lhe uma furiosa chicotada que lhe arrancou um olho. O anão ficou doente durante meses e sobreviveu graças aos cuidados do bondoso velho capelão.

Naquelas longas semanas de solidão e de sofrimento, amadureceu o ódio que há muito tempo ocultava-se no coração do pobre corcunda. Um ódio selvagem e impiedoso e uma ânsia de vingança. Ortruda nem suspeitava do perigoso inimigo que morava sob o seu teto, vigiando cada ato seu e aguardando pacientemente uma oportunidade para descontar nela todos os sofrimentos suportados.

Khinko foi o único dos habitantes do castelo que descobriu as reuniões secretas nos subterrâneos e até presenciou uma das orgias, escondido num canto escuro. Mais ainda:

era o único a saber das estranhas relações que existiam entre a Baronesa e Misael e de quem realmente era Uriel.

Com paciência e faro de um cão de caça, Khinko examinou os subterrâneos e conhecia melhor que Ortruda todas as entradas e saídas, inclusive a que saía no quarto de Margarita. Por isso, era o único que poderia dar aos juízes indicações inesperadas e valiosas, mas conteve-se, pois achou que ainda não chegara o momento de denunciar. Ele soube que se preparava uma grande reunião, na qual, sem dúvida, estaria presente Ortruda com os dois malfeitores que ela ousara hospedar na própria casa e introduzir na sociedade dos senhores cristãos.

Era a oportunidade que Khinko esperava para denunciar todo o bando, se conseguisse fugir para Bricsen e chegar até o juiz ou o bispo.

Era sobre isso que o anão pensava no dia em que conversou com Eliza sob a tutela da qual resolveu entregar-se assim que realizasse a sua vingança.

Os dias que se seguiram foram para Eliza uma terrível provação na arte de fingimento e autocontrole. Uriel continuou a perseguindo com suas amabilidades: a paixão dele era evidente. Nem a frieza, nem o desprezo da moça faziam-no desistir. Ortruda brincava amavelmente sobre aquela brilhante conquista de Eliza, repetindo sempre que "até encontrá-la, o cavaleiro Laverdac permanecia insensível aos encantos das mais belas damas do país".

Eliza sentia-se sobre brasas e aguardava ansiosamente o retorno do pai, que fora a Bricsen tratar dos negócios da madrasta. Ela decidiu partir assim que ele retornasse. Não era só o desprezo e o nojo que sentia por Uriel que motivavam a sua vontade de partir, mas também a lembrança de Gil. Eliza não via o jovem templário desde a cena provocada por Raymond, quando o olhar de Gil revelou o seu ciúme.

Como ele devia estar se sentindo infeliz e sozinho em Zapnenstein!

Finalmente, Ervin retornou e a partida para Zapnenstein foi marcada para a manhã seguinte. Após o almoço, Ervin retirou-se com a madrasta para o gabinete para acertar os negócios. Ao sair, Ortruda pediu a Eliza para substituí-la durante a sua ausência. A moça não teve como recusar à Baronesa em algo tão simples. Além disso, temia trair-se com uma recusa e, por isso, ficou na companhia dos dois judeus. Logo Maakha também saiu, alegando um motivo qualquer, e Eliza ficou a sós com o horrível homem que lhe incutia tanto nojo.

Reunindo toda a coragem, Eliza pegou as agulhas de tricô de Greta com um cachecol semi-acabado e recomeçou o trabalho. Uma sensação doentia a incomodava. A moça sentia sobre si o olhar do falso Barão. Quando levantou a cabeça para pegar um fio de seda, encontrou o olhar ardente de Uriel aceso com uma paixão tão agitada e animal, que um tremor de horror e asco passou por todo o seu corpo. Esquecendo qualquer cuidado, Eliza jogou de lado as agulhas e levantou-se para fugir. Ao olhar para o rosto ágil e expressivo da moça, o judeu não tinha mais dúvidas quanto aos sentimentos que provocava em Eliza. Isso, entretanto, além de não retê-lo, avivou ainda mais os sentimentos demoníacos que apoderaram-se de sua alma negra.

O caos de maus sentimentos que agitava-se dentro dele, fê-lo esquecer também a própria reserva e o costumeiro cuidado.

— Fique, nobre dama! Diga, por que me trata com tanta hostilidade, foge e me despreza? A senhora já percebeu que eu a amo. Será que é crime amá-la?

O fogo que jorrou dos negros olhos do judeu pareceu pregar Eliza ao chão. Por um instante, a moça perdeu a presença de espírito; mas ela era forte. Dominando energicamente a própria fraqueza, respondeu com voz baixa, mas bem nítida:

— Tenho direito de evitar o seu amor e as suas palavras

despropositadas. Todos sabem que sou casada. As leis, tanto divinas como terrenas, me prescrevem amar o meu marido e ser fiel a ele.

— Imagino que o seu marido não merece essa fidelidade!

— Como pode saber disso? O senhor jamais viu o Conde antes — contestou Eliza, medindo o judeu com um olhar de desprezo.

Uriel deu-se conta de ter cometido um descuido, mas a paixão deixava-o cego demais para que pudesse parar.

— Aliás — disse ele — não é da minha conta o quanto vale o Conde! Para mim não é segredo que a senhora não o ama e anseia separar-se dele. Portanto, já que a senhora vai ficar livre, por que não entregar-me a sua mão e recompensar-me com um amor nobre e infinito, o amor que tenho pela senhora? Serei seu escravo, seu cão fiel! Seus desejos serão uma lei para mim. Vou cercá-la de luxo e farei de sua vida um sonho encantador. Sou paciente e ficarei aguardando; só me diga uma palavra de incentivo e não me deixe sem esperanças.

Uriel inclinou-se tão próximo, que o seu hálito quente tocou a face da moça. Incentivado ainda mais pelo silêncio de Eliza, o judeu agarrou-a pela cintura e tentou puxá-la para perto de si. Fervendo de ira e de indignação, ela empurrou energicamente Uriel. Suas faces ardiam. Medindo o judeu com um olhar cheio de nojo e desprezo, ela exclamou com voz intermitente:

— O senhor está louco! Como ousa tratar tão grosseiramente uma nobre dama casada? O senhor exige uma resposta à sua insolente proposta. Então, saiba que jamais trocarei o Conde Reifenstein por algum aventureiro estranho que só me provoca nojo.

Sem mesmo olhar para Uriel, Eliza voltou-se, saiu correndo da sala e trancou-se em seu quarto.

Duas horas mais tarde, chegou Ortruda. A Baronesa estava visivelmente constrangida e preocupada.

— Eliza! O que você fez com o Barão Laverdac? Ele está com um terrível mau humor e parece profundamente ofendido.

— Se alguém tem o direito de considerar-se ofendida, sou eu. Nem com atos e nem com palavras dei motivos àquele homem para ofender-me com confissões de amor e propostas vergonhosas para uma mulher casada. Eu o coloquei no lugar dele, e mais nada.

Ortruda balançou a cabeça.

— Eliza, não devia ter feito isso! Amar não é pecado. Como correm boatos sobre suas desavenças com Raymond, então, naquele rapaz jovem e fogoso poderiam facilmente nascer esperanças.

— Se amo Raymond ou não, é problema unicamente meu — respondeu Eliza com ira. — E não será esse homem suspeito, que mal conheço, quem vai interferir em meus assuntos particulares!

— Tomara Deus que você jamais lamente essa sua atitude! — murmurou Ortruda, saindo.

Capítulo 11

No dia seguinte, ao amanhecer, Eliza e o pai foram embora do castelo Finsterbach. Ainda na noite anterior, a moça pediu ao pai que apressasse a partida, sem contar nada do que tinha acontecido. Ortruda despediu-se sozinha de Ervin e de Eliza.

Oculto atrás da cortina, Uriel viu a moça montar o cavalo. Uma expressão puramente diabólica apareceu no rosto pálido do judeu quando ele murmurou, acompanhando Eliza com os olhos:

— Você pagará caro pelo seu desprezo e pela sua repulsa! Vou pisotear a sua honra e o seu orgulho na lama.

Grande parte do caminho, Finsterbach e Eliza percorreram em silêncio. O cavaleiro estava ocupado com seus próprios pensamentos e Eliza estava extremamente cansada e perturbada. Ela quase não tinha dormido à noite e levantou-se muito antes do amanhecer. O acontecimento do dia anterior, em função do estranho aviso de Raymond, deixaram-na muito perturbada.

À medida que se aproximavam de Zapnenstein, os pensamentos da moça imperceptivelmente tomaram outra direção e concentraram-se em Gil. A idéia de rever o rapaz fez o coração de Eliza disparar. Ela agora sabia que Gil a amava e um misto de alegria, curiosidade e medo embaraçoso enchia a sua alma, quando imaginava seu reencontro com ele.

Eliza supunha que Basemon, ardendo de impaciência em revê-la, iria recebê-la na escadaria, mas o cavaleiro não apareceu e uma hora mais tarde, a moça, irritada, saiu para o jantar.

Gil estava à mesa e cumprimentou-a com uma reverência fria e contida, mas Eliza logo notou que ele tinha emagrecido e mudado bastante; seu rosto adquiriu uma expressão severa e amarga e nos olhos brilhava algo que ela jamais vira antes.

Eliza sentia-se embaraçada e intimidada. Tal sensação doentia aumentou mais ainda quando captou o olhar penetrante e atento de Gil, como se este quisesse ler nas profundezas de sua alma.

Provavelmente ele estava com raiva dela, pois retirou-se para o quarto logo após o jantar, sem nem mesmo perguntar como ela tinha passado todo aquele tempo.

Eliza ficou muito confusa. Não conseguia entender o comportamento de Gil. Ele não tinha motivo algum para ter raiva dela. Ou talvez tivesse acontecido alguma desgraça com ele sem ela saber? Mas, não! No olhar atento e desconfiado do cavaleiro ardia a mesma chama de ciúmes como na noite da chegada de Raymond. Só que a esta misturou-se uma expressão que ela jamais notara antes.

Incomodada por uma obscura preocupação, Eliza demorou para conseguir dormir e só depois que o velho relógio do castelo bateu meia-noite um pesado e agitado sono fechou-lhe as pálpebras.

Basemon também não dormia. Naqueles cinco dias, desde a chegada de Raymond, em seu espírito aconteceu uma verdadeira reviravolta. A visão do homem, cujo nome Eliza usava, rompeu a paz de espírito do jovem templário. O beijo de provocação, dado por Raymond na esposa, atingiu em cheio o alvo: provocou no espírito do rival uma tempestade de ciúmes, desespero e ódio. Na noite que se seguiu àquela cena, Gil não conseguiu fechar os olhos. Ele examinou a própria alma e descobriu, horrorizado, que nela penetrara traiçoeiramente uma profunda paixão, que dominava todo o seu ser e subjugava-o definitivamente com um poder que jamais suportara antes. Suas passageiras intrigas amorosas e as diversões demoníacas mais pareciam fogo de palha comparadas àquele novo sentimento.

O primeiro resultado daquela descoberta foi tão forte que Gil, abatido física e moralmente, não teve forças para sair para o desjejum e ficou observando, escondido da janela, a partida da cavalgada. Quando viu o jovem casal seguindo na frente, seu coração apertou-se tanto de ciúmes que ele quase sufocou. Quando chegou o quarto dia e nem Eliza e nem seu pai retornavam, aquela primeira sensação atingiu o ápice e transformou-se em estado doentio. Passou-lhe pela cabeça que o motivo daquela longa ausência poderia ser uma reconciliação da moça com Raymond e que estaria sendo festejada, naquele instante, em Reifenstein.

Os acessos de fúria impotente, louco ciúme e indescritível desespero provocados por aquele pensamento esgotavam a tal ponto o jovem templário que ele decidiu apelar para um método oriental de meditação que usava, às vezes, para evitar pensamentos ruins. Imerso em pesado torpor, ele não ouviu quando tocou o corno anunciando a chegada da jovem Condessa.

Ervin encontrou-o neste estado. Ele acordou Gil e ficou assustado com a sua aparência desolada, mas evitou fazer-lhe perguntas sem nem mesmo suspeitar que sua filha pudesse ser o motivo do estado doentio do seu amigo. Ele já tinha visto Gil em situações parecidas, sofrendo de remorsos.

No primeiro momento, à notícia da chegada de Eliza deu forças ao templário. Mas, durante o jantar a moça pareceu-lhe tão suspeita, constrangida, nervosa e preocupada que ele voltou a ficar desconfiado. Sua irritação com Eliza era tão grande que nem quis conversar com ela, retirando-se para o seu quarto após o jantar. Imaginando que o amigo estava num de seus momentos ruins, Ervin nem tentou segurá-lo.

Eliza despertou cedo. Estava triste, nervosa e sentia uma obscura preocupação. No começo, a moça tentou rezar em seu oratório, mas percebendo que não conseguia se concentrar, decidiu ir à capela. Lá havia uma linda imagem de Nossa Senhora que a sua finada mãe trouxera da Itália e à qual Eliza, desde que chegou ao castelo, tinha uma grande devoção. Aos pés e sob o olhar santificado e misericordioso da Virgem Santa, ela, naturalmente, não seria perturbada por pensamentos frívolos.

A capela do castelo Zapnenstein era bem pequena. Através das estreitas janelas com vidros coloridos passava uma meia-luz pálida que, junto com o revestimento de carvalho trabalhado, dava ao pequeno santuário um ar meio sombrio. Só a imagem de mármore branco destacava-se sobremaneira naquele fundo, como uma visão clara e divina.

Para grande surpresa de Eliza, a porta da capela estava entreaberta e de dentro chegou aos seus ouvidos um profundo e doentio suspiro. A moça, embaraçada e vacilante, atravessou a soleira e imediatamente viu Gil. Ele estava ajoelhado, tapando o rosto com as mãos, e parecia imerso em tristes pensamentos, pois novamente um suspiro pesado e rouco, como um lamento, escapou-lhe dos lábios.

Uma grande compaixão encheu o coração da moça, fazendo-a esquecer suas dúvidas, a raiva e o bom senso mundano. Todo o seu amor inconsciente por Gil concentrou-se no forte desejo de ajudá-lo e aliviar seus males com uma palavra de carinho. Cedendo ao poderoso desejo, Eliza aproximou-se rapidamente do jovem templário e colocou a mão em seu ombro. Ele, então, estremeceu e levantou a cabeça, mas reconhecendo Eliza pôs-se rapidamente de pé. Um forte rubor cobriu o seu rosto.

— Tenho o azar de sempre atrapalhar seus momentos de oração, Condessa! Peço-lhe que me perdoe! Já estou me retirando! — disse ele rispidamente.

Num outro momento, talvez Eliza tivesse ficado ofendida, mas naquela hora em sua alma falavam mais alto a indulgência e a tenra compaixão. Por isso, ela respondeu amigavelmente:

— O senhor não está atrapalhando nada! Por que não oramos juntos aos pés de Nossa Senhora, a Divina Consoladora de todos os amargurados? Fui eu quem, tão desastradamente, interrompi suas preces, mas...

Eliza ficou vermelha e confusa.

— Pareceu-me que o senhor estava sofrendo. Apesar de não saber o motivo de seu sofrimento gostaria de consolá-lo, na medida do possível.

Nos olhos do cavaleiro acendeu uma expressão mista de alegria e de tristeza. Aproximando-se rapidamente de Eliza, ele pegou suas mãos e as levou aos lábios.

— Fico-lhe muito grato! Mesmo que sua alma infantil nem suspeite dos motivos do meu sofrimento, a senhora pode me proporcionar um enorme bem se responder sinceramente, sem nada ocultar, a uma pergunta que me tortura há muito tempo.

— O que quer saber? — perguntou Eliza.

— A senhora promete dizer a verdade?

— Direi a verdade ou nada direi, pois detesto mentiras.

— Então, diga-me se ama o seu marido com aquele sentimento completo que domina completamente o espírito do ser humano, sem deixar lugar a outras imagens e perdoa todas as ofensas, apesar da ira momentânea?

Gil inclinou-se e dirigiu aos olhos claros de Eliza um olhar imperioso e, ao mesmo tempo, suplicante. A moça ficou vermelha, mas, apesar do embaraço, respondeu sem a menor hesitação:

— Não, não tenho esse sentimento por Raymond. Ele também não me ama, pois me ignora e me trai. Estou muito zangada com ele, mas estamos ligados por sagrados laços e devo cumprir as obrigações que estes me impõem.

Gil riu e exclamou num tom de alegria e triunfo:

— Esses laços são pura formalidade! O seu coração está livre, Eliza, e deve pertencer-me, pois eu a amo com aquele amor que só termina com a vida. Não fique pálida, Eliza, e não tema as palavras que escaparam do meu coração! Não agüento mais guardar esse segredo!

O poderoso sentimento que enchia a alma do rapaz resplandecia em seu olhar e soava em sua voz, conquistando o coração palpitante da moça. Esquecendo de tudo, Eliza levantou os olhos úmidos para o templário. Nas suas pupilas azuis, lia-se tão claramente o seu amor que Gil, tremendo de felicidade e de orgulho, abraçou-a e, apaixonadamente, puxou-a para perto de si.

Esse contato fez Eliza estremecer e livrar-se rapidamente dos seus braços. Seu olhar pareceu fixar-se na cruz púrpura no peito do cavaleiro.

— Por que fala assim comigo, senhor Gil, sabendo que estamos cometendo um pecado duplo? — perguntou ela.

— Pecado? Mas o verdadeiro amor jamais pode ser um pecado. Esse sentimento divino é santo por si mesmo. Não me rejeite, Eliza, não afaste o justo sentimento que sente por mim e que o homem, cujo nome usa, não soube incutir-lhe. Eu, deserdado pela vida, anseio pelo seu amor como uma planta anseia pelo Sol ou um prisioneiro pela liberdade! O seu amor irá erguer-me, enobrecer-me e devolver-me a paz de espírito! — exclamou Gil com fervor.

A moça ficou ainda mais pálida e apertou ambas as mãos ao peito.

— Não, apenas um sentimento irrepreensível pode trazer felicidade e o senhor não tem o direito de me amar. Essa cruz em seu peito é um símbolo de voluntária renegação do mundo e da família. Não posso ser nada para o senhor, mesmo que me separe de Raymond. Um abismo nos separa! Entre nós estão os seus votos monásticos e não o Conde!

Uma palidez mortal espalhou-se pelo rosto do cavaleiro e nele apareceu uma expressão de tanta ferocidade e desespero que Eliza até recuou. Mas, Basemon nem notou isso em sua louca excitação. Assim que se chocou contra o obstáculo fatídico de sua vida, despertou nele toda a impetuosidade própria de sua natureza e toda a força de suas paixões desenfreadas.

Seus olhos ardiam. Sufocando, deu um passo à frente e exclamou com voz roufenha:

— Os meus votos monásticos? Eles me foram impostos à força. Jamais o meu espírito pronunciou-os e estes não podem me prender! Não, não são estes falsos votos que se interpõem entre nós, mas os preconceitos da consciência infantil! Será que você acha que debaixo desta túnica não bate um coração humano? Que um templário jamais pode ser amado por uma mulher magnânima a ponto de sacrificar seus preconceitos infantis e independente para encontrar na arrebatadora paixão a recompensa pelos preconceitos mundanos? Esse passo você deve dar, Eliza! Deve livrar-se das fraquezas e esquecer os laços fictícios que amarram-na a um homem que não a ama, não a respeita e que impede o seu caminho para a felicidade. Aprenda em meus braços a degustar todas as delícias do amor mútuo e jamais lamentará ter sacrificado uma lei vazia que impõe obrigações somente quando consagra uma união livre de dois corações. Os laços do verdadeiro amor nos unem. Essa união quero marcar com um beijo em seus lábios e não permitirei nem a Deus e nem ao diabo tirar de mim aquilo que me pertence!

Tremendo de paixão e não conseguindo conter-se, Gil aproximou-se da moça, apertou-a em seus braços, mas, quase no mesmo instante, empurrou-a para longe. Respirando pesadamente, recuou um passo e passou a mão pela testa úmida.

— Você precisa fugir, criança descuidada, que nada entende sobre as tempestades de desenfreadas paixões que tudo destroem em seu caminho — murmurou ele com voz entrecortada.

Vendo que Eliza não se movia, acrescentou:

— Seu inocente olhar serviu-lhe de fiel proteção contra o meu criminoso anseio. Você não tem medo de estar aqui a sós comigo? Será que não teme uma violência da parte de um homem que não mede obstáculos para satisfazer seus desejos?

Um leve rubor correu pela face pálida de Eliza. Por instantes, ela realmente assustou-se e também foi arrebatada pela onda de impetuosa paixão; mas esse medo foi momentâneo. No instante em que Gil recuava, a mão dela agarrava o pequeno estilete que trazia pendurado no cinto, conforme moda veneziana. Apesar do amor pelo cavaleiro, Eliza decidira defender-se energicamente, ainda mais porque sentimentos por demais agitados sempre provocavam-lhe uma repulsa instintiva.

Agora, já sentindo-se dona da situação e sem qualquer raiva, respondeu energicamente:

— Não, não tenho medo de você, pois sei que me ama e o verdadeiro amor anseia apenas pela felicidade do ser amado e não por sua vergonha ou desgraça. O fato de você não querer me fazer mal comprova que os seus sentimentos são bons e honestos, apesar da ansiedade com que deixou-se levar pela impetuosidade. Não quero provocar seus maus sentimentos, mas gostaria de trazer paz ao seu espírito irritado pela injustiça.

— Então, depois do que aconteceu agora, você vai me evitar? — perguntou Gil com amarga ironia.

— Por que iria evitá-lo? O destino logo se incumbirá disso — concluiu Eliza com tristeza. — Portanto, continuemos amigos e vamos orar a Deus para que Ele nos dirija e nos ajude no caminho da virtude e do dever, que já indicou a cada um de nós! Até amanhã! Nesse intervalo de tempo, vamos tentar esquecer esse malfadado encontro.

Eliza fez um sinal de despedida com a mão e saiu rapidamente da capela. Gil não se moveu. Depois, sentou-se pesadamente no banco junto à parede, jogou a cabeça para trás e fechou os olhos. Sentia-se todo quebrado. Uma sensação de enorme vazio e tristeza comprimia-lhe o espírito. Mais uma vez, o seu malfadado destino afastava-o dos portões abertos do paraíso, onde ele não conseguia entrar!

Ficou sentado assim por alguns minutos. Depois, levantou-se lentamente, desceu para o paço e mandou selar o cavalo. Apanhando a capa e a boina que o criado lhe trouxe, mandou dizer a Finsterbach que ia ao posto de comando vizinho e que retornaria em alguns dias. Em seguida, deixou rapidamente o castelo. Gil sentia uma premente necessidade de ficar só e de colocar em ordem os sentimentos e as idéias.

Passaram-se cerca de duas semanas depois desses acontecimentos.

Dois homens estavam sentados no quarto de Misael em Bricsen. Era noite. A chama bruxuleante das duas velas de cera amarela em candelabros de prata iluminavam fracamente o rosto ossudo do dono da casa e a pálida e característica cabeça de Uriel. Conversavam a meia voz. Os rostos animados e os ríspidos gestos nervosos indicavam que a conversa tratava de assuntos importantes.

— Não posso aprovar seus planos, Uriel! São por demais arriscados, muito perigosos e só podem levar à destruição de todos nós — observou Misael com visível desaprovação.

As sobrancelhas negras do sumo-sacerdote de Lúcifer cerraram-se e em seus olhos malévolos acendeu-se uma chama de ira.

— Eu poderia simplesmente lhe responder que esta é uma ordem. Mas, como tenho um caráter conciliador, prefiro provar-lhe que o meu plano não é mais perigoso que o assassinato de Arnulf Ried e da moça Raments.

— Pode ser. Entretanto, era preciso eliminar Arnulf, pois a denúncia dele poderia nos trair a todos; a realização do sacrifício de sangue cristão pode ser realizado apenas uma vez a cada dez anos. Mas, qual o objetivo do assassinato de Raymond e de sua esposa?

— Raymond é um perigoso membro da nossa Irmandade que estamos mantendo somente pelo terror. Da parte dele sempre pode-se esperar uma traição. Estou convencido que ele já foi descuidado e algumas palavras suas fizeram Eliza pensar que sou um aventureiro. Ela ia falar algo mais, mas conteve-se a tempo. Talvez Raymond a tenha avisado para tomar cuidado comigo.

— E você quer matá-la por isso?

— Os meus motivos não lhe importam! Só fico surpreso por você se opor. Será que esqueceu a tal ponto a vergonha e a morte de Rebecca que considera excessiva uma vítima que vingue a sua desonra?

Misael ficou muito pálido e seu rosto desfigurou-se por um instante.

— Para vingar Rebecca, a morte da Condessa Reifenstein para mim não é suficiente. Quero a desonra dela e, se possível, na frente do Conde — respondeu o judeu com voz roufenha.

— Se você, em vez de ficar fazendo contestações idiotas, parasse para ouvir todos os detalhes do meu plano, já teria entendido que este lhe dará uma oportunidade de vingança que jamais sonhou.

— Então fale, Uriel! Eu anseio pela vingança com todas as forças do meu ser, mas o seu plano é perigoso e me assusta. Além disso, reconheço que não entendo o motivo que o faz correr um risco tão grande.

— Sobre isso falaremos mais tarde, mas agora voltemos ao meu plano. A nossa grande reunião deverá se realizar daqui a doze dias. Na época, Raymond já terá retornado da Corte. Hoje, pela manhã, um dos nossos comunicou-me que todas as formalidades referentes à herança de Arnulf estão chegando ao fim e que Raymond, muito provavelmente, retornará logo a Reifenstein. Quando chegar, vou enviar-lhe a ordem de comparecer à reunião. Ele, naturalmente, deverá comparecer sozinho diante da Cruz Negra. Lá, lhe vendarão os olhos e ele será conduzido ao subterrâneo, de onde jamais sairá e onde dificilmente acharão os seus ossos — acrescentou Uriel com um riso sardônico.

Misael balançou a cabeça.

— Um dos principais senhores do país não pode desaparecer sem deixar pistas. Volfram irá revirar céus e terras para encontrar o seu único filho. É difícil predizer que descobertas poderá fazer então.

— Se formos pensar assim, jamais poderemos empreender algum plano. Existe a possibilidade de encontrar o cadáver do filho que, naturalmente, revelará tanto quanto a morte de Margarita. Raymond não me preocupa! A captura de Eliza é mais complicada.

— Sim, para não dizer que é totalmente impossível — observou Misael. — Não conhecemos nenhuma passagem secreta para penetrar no castelo Zapnenstein. Eliza jamais sai sozinha e os dois templários são uma guarda segura do castelo.

— E você me acha tão imbecil a ponto de tentar raptar Eliza do castelo? Antes de estruturar um plano com todas as chances de sucesso, levantei as mais detalhadas informações e, graças à ajuda de nossos irmãos, soube tudo que precisava. Em primeiro lugar, tenho motivos para supor que essa semana os dois templários partirão de Zapnenstein. Depois, será necessário forçar a Condessa a partir também. Isso é possível do seguinte modo: como sabe, Eliza foi educada pelo velho Vart...

— Um terrível mago! — interrompeu-o Misael.

— Sei disso! Vi o talismã que ele deu a Raymond. O objeto tinha uma força extraordinária, mas consegui vencê-lo. Entretanto, isso não vem ao caso. Vart morou em Veneza na casa de seu sobrinho, Fúlvio Faleri, que tem por Eliza uma amizade muito estranha, tão parecida com amor como a semelhança entre duas gotas d'água. Não suportando a separação com sua preferida, o digníssimo nobre, junto com o velho patife Vart, está se dirigindo ao castelo deste último e, no presente momento, já deve estar no Tirol; isso, se o senhor Fúlvio não se atrasou por um motivo qualquer. Sei desses detalhes através de um membro da nossa Irmandade que mora em Veneza.

A camareira de Eliza tagarelava em Finsterbach, dizendo que a Condessa recebeu uma carta comunicando a intenção do patrício de ir para o castelo de Vart. Agora Eliza está aguardando a chegada de notícias e, ao recebê-las, provavelmente também partirá para o castelo de Vart. O meu plano está baseado nessas circunstâncias. Assim que os templários partirem, Eliza receberá uma carta do senhor Faleri pedindo-lhe para ir ao castelo de Vart com a maior urgência, pois a doença do velho impede-os de ir visitá-la pessoalmente. A carta trará a sugestão para ela levar uma escolta de apenas quatro soldados, que serão suficientes para protegê-la até o local onde estarão esperando-a os seus amigos.

— Mas a Condessa vai ver que a carta é falsa.

— Não vai ver nada! Recebi de Veneza um documento escrito e assinado por Faleri. Falsificar a sua caligrafia e a sua assinatura será facílimo. Enquanto isso, Raymond, em sua ignorância, forneceu-me tantas valiosas indicações sobre a relação entre o patrício e Eliza que, na carta, poderei tranqüilamente desempenhar o papel de Fúlvio.

— Mas que vantagem existe em Eliza viajar ao castelo de Vart acompanhada de quatro soldados? — perguntou Misael com certa zombaria. — Suponho que não está pensando em entrar em combate com eles!

Uriel estava tão absorto no seu plano que não notou isso.

— Para quê? Faremos tudo sem luta. Alegando peregrinação, estudei detalhadamente o caminho que Eliza seguirá para o castelo de Vart — disse Uriel, sorrindo. — Ela só poderá chegar à noite no local do encontro marcado. Por isso, precisará parar em alguma hospedaria para dar descanso aos cavalos. No trajeto, existe apenas uma hospedaria onde tenho um cúmplice, que colocará na ração dos cavalos um remédio que os deixará muito fracos em poucas horas. Isso fará com que dois soldados tenham de ficar lá junto com o pajem, se ela levá-lo consigo. Eliza, sem dúvida, quererá continuar o caminho para rever logo os amigos. Quando ela passar pelo local, onde a trilha fica tão estreita que é preciso seguir em fila indiana, será atacada por salteadores. Durante essa confusão, Eliza será raptada. Os outros detalhes não posso prever, pois será preciso agir conforme as circunstâncias. O resultado final deve ser o seguinte: o cavalo de Eliza irá assustar-se e cair no precipício. Deixe que a procurem lá! Na realidade, nós a traremos para o subterrâneo de Finsterbach, onde a trancaremos até o dia de nossa reunião. Se ela algum dia sair dali, será para me acompanhar a Jerusalém. Eliza me agrada e quero fazer dela minha amante. Quando chegarmos a Palestina, saberei obrigá-la a submeter-se às regras da nossa santa religião, pois subentende-se que não suportarei em minha casa ritos ímpios cristãos.

As últimas palavras de Uriel fizeram acender nos olhos de Misael uma expressão mista de sombria zombaria e desprezo; mas sua voz em nada revelou seus sentimentos quando ele disse:

— Compreendo! A pequena Condessa lhe agrada e para os filhos do nosso povo é duplamente interessante obrigar essa orgulhosa filha dos nossos repressores a desempenhar o papel de Agar.[1] Também percebo que você é uma pessoa que é inútil tentar convencer do contrário, quando deseja ganhar um brinquedo como Eliza. Todavia, devo preveni-lo do seguinte: as previsões secretas, tão favoráveis no caso de Margarita, nesse caso estão contra nós.

O rosto de Uriel ficou sisudo.

— Você recebeu previsões ruins?

— Sim, muito ruins: ameaças de morte e desgraças. Não posso indicar nem o tempo nem o teor dessas ameaças, mas nesse perigoso empreendimento existem possibilidades muito maiores dessas previsões acontecerem.

— A metade do perigo conhecido já foi descartado. Tomarei medidas ocultistas que nos protegerão. Não será a primeira vez que obrigarei o destino a mudar de rumo — respondeu Uriel num tom decidido, após um prolongado silêncio.

Por instantes, as palavras de Misael quase fizeram-no vacilar. Mas a selvagem paixão por Eliza cegou o seu temor e a sua precaução. Além disso, aquele terrível feiticeiro, armado de todo o poder do mal, considerava-se invulnerável e achava que numa próxima conversa conseguiria transmitir ao seu interlocutor parte de sua orgulhosa confiança.

Quando, duas horas depois, os comparsas se separaram, entre eles estavam definitivamente combinadas e decididas as mortes de Eliza e de Raymond.

---

[1] Agar - Escrava egípcia de Sara, esposa do patriarca Abraão, que lhe deu o filho Ismael, segundo o livro de Gênesis.

Capítulo 12

A inesperada partida de Gil surpreendeu um pouco Ervin Finsterbach, mas ele estava ocupado demais com os assuntos da Ordem para preocupar-se com o jovem, ainda mais que Eliza nada lhe contara sobre a conversa que teve com o templário na capela.

A aparência triste e abatida da filha, o cavaleiro atribuiu ao enfado e à vida isolada no velho castelo, à qual ela não estava acostumada. Além disso, poderia estar sentindo o problema da indefinição do seu destino.

Na realidade, desde a última conversa com Gil, Eliza sentia-se como num pesadelo. Ela não conseguia colocar ordem no caos de sentimentos novos e agitados que a perturbavam; só reconhecia que gostava de Gil de um modo diferente do sentimento que tinha por Raymond. A mínima lembrança de Gil fazia seu coração disparar e desaparecia qualquer ira. Ela perdoava-lhe tudo. Sentia por ele uma enorme compaixão e uma ardente vontade de consolá-lo e de ajudá-lo. Parecia ainda ouvir a voz dele, soando com paixão, e sentir seu olhar cheio de amor. Em tais momentos, sentia que seria a maior felicidade jogar-se em seus braços, entregar-se aos seus beijos e sentir-se protegida pelo poderosíssimo sentimento que se concentrava dentro dela.

Nessas horas, Eliza sempre lembrava da sua conversa com Fúlvio e de seus sábios, mas inúteis, conselhos, pois acabara deixando penetrar em seu coração um amor sem esperanças, que tornaria ainda mais dura a sua provação se o destino a obrigasse a permanecer como esposa do Conde.

Como de hábito, Eliza procurava consolo na oração e sua profunda fé na ajuda Divina trazia-lhe a paz. Ela decidiu confessar tudo a Fúlvio e a Vart e pedir-lhes ajuda na obtenção do divórcio. Depois, continuaria vivendo com seus amigos e jamais se casaria.

Essa decisão acalmou-a definitivamente. Quando, cinco dias mais tarde, Gil retornou, um leve rubor revelou a emoção da moça ao rever o jovem templário. O rapaz estava ainda mais sombrio e concentrado. A palidez de seu rosto e a severa e amarga dobra da boca indicavam a terrível tempestade que se desencadeava em sua alma.

Pela primeira vez naqueles longos anos, Gil lutou contra suas paixões e consigo mesmo e saiu-se vencedor. A pureza, a inocência e a retidão de Eliza provocaram uma reação redentora no espírito doentio do templário. Ele teve vergonha de abusar do amor crédulo daquela criança e de destruí-la, pois o seu destino fatídico impedia-o de possuí-la legalmente. Além do mais, seria ele digno dela? Diante dele ergueram-se como fantasmas ameaçadores todos os horrores ímpios e sacrílegos com que maculou seu corpo e sua alma e que o faziam condenar-se ainda mais impiedosamente.

Apesar da própria abnegação, a visão do rubor que surgiu nas faces de Eliza à sua chegada fez o seu coração disparar e encheu sua alma de alegria e de amargura. Ele, entretanto, trancou-se na leve e fria discrição da época em que se conheceram.

Alguns dias mais tarde, Gil partiu numa missão secreta para um posto de comando distante onde, naquele momento, encontrava-se o prior regional.

No dia seguinte, após a partida de Basemon, chegou um mensageiro trazendo a Finsterbach uma ordem para ele viajar imediatamente a Paris para entregar ao grão-mestre o relatório sobre a missão de que fora incumbido.

Ervin ficou muito desgostoso com a necessidade de

partir tão de repente. Ele esperava ficar em Zapnenstein até a chegada de Volfram com o filho e contava resolver em definitivo a questão do divórcio da filha ou sua reconciliação com o marido. A idéia de deixar Eliza sozinha naquela situação periclitante deixava-o desesperado. Ele já pensava em escrever a Vart e trazê-lo para ficar com a filha, quando Eliza informou-o da chegada dos amigos que era aguardada a qualquer momento. Ela não deu a notícia antes ao pai pretendendo fazer-lhe uma surpresa.

Os últimos dias antes da separação entre o pai e a filha, cuja duração era difícil prever, passaram-se muito tristemente. Ervin estava sombrio e nervoso. Mais do que nunca repreendia-se pelo capricho egoísta que fê-lo vestir o uniforme da Ordem em vez de dedicar a vida à sua única filha. O destino de Eliza teria sido completamente diferente e jamais aconteceria o seu infeliz e prematuro casamento. As lágrimas que ela derramava desde que ele comunicou-lhe sua partida caíam em seu coração como gotas de chumbo derretido.

Ervin só não sabia que Eliza estava desesperada pela dupla separação. Sua preocupação inicial do possível amor entre Gil e sua filha já tinha-se dissipado há muito tempo. As relações fraternais e amigáveis que reinavam entre os jovens, deixavam-no mais alegre pelo seu amigo, cuja alma, doente e solitária, talvez encontrasse paz e consolo na amizade daquela pura e inocente criança.

O estado de espírito de Eliza era terrível. A idéia de nunca mais rever Gil e, talvez, separar-se dele para sempre, enchia o seu coração de tristeza e de um desespero que jamais sentira antes. Esse sentimento era tão forte que ofuscava a dor de consciência e o orgulho, deixando-lhe somente o fel da separação.

Na parte da tarde, Ervin dedicou-se a escrever cartas a Vart, a Fúlvio e a Volfram, enquanto Eliza ficava junto à janela, aguardando o retorno de Gil, o que não aconteceu naquele dia e nem na manhã seguinte.

Finsterbach aguardou-o até o meio-dia e depois decidiu partir. Deixou no castelo alguns soldados da Ordem e uma ordem para Gil alcançá-lo imediatamente no local indicado. Ervin entregou à filha as cartas que tinha feito para os amigos e combinou que ela iria ao castelo de Vart, onde prosseguiriam as conversações com os condes Reifenstein.

Enfim, chegou o momento da partida. Pai e filha, em lágrimas, despediram-se a sós, pois os estatutos da Ordem proibiam ao templário qualquer manifestação de carinho para uma mulher, mesmo que esta fosse sua mãe.

Quando Eliza saiu com o pai para o paço, Ervin aparentava calma. Ele montou o cavalo e estendeu a mão à filha, que esta beijou.

Cinco minutos depois, Finsterbach deixou o castelo.

Triste e com o coração pesado, Eliza entrou no castelo e trancou-se em seu quarto. Queria orar a Deus para pedir-Lhe força e coragem.

Tarde da noite, o som do corno anunciou a chegada de um visitante. Era Gil, retornando de uma longa jornada. Ao apear do cavalo, soube da partida de Finsterbach e das ordens de alcançá-lo o mais depressa possível.

A escuridão ocultou dos cavalariços a palidez que cobriu seu rosto ao receber aquela notícia. Acostumado a dominar-se, Gil providenciou imediatamente que tudo estivesse pronto para a sua partida na manhã seguinte e depois subiu ao seu quarto, onde Eliza mandou servir o jantar, pois temia e tinha vergonha de recebê-lo numa hora tão tardia.

Um pouco mais tarde, Loretta comunicou à moça que o escudeiro de Basemon perguntava se ela estaria disposta a receber o seu amo que desejava agradecer-lhe e despedir-se, pois partiria às seis horas da manhã seguinte.

Por instantes, o rosto de Eliza mudou de pálido para vermelho, mas depois ela respondeu:

— Loretta, diga-lhe que estou convidando o cavaleiro para o desjejum em minha companhia antes de sua partida. Para não atrasá-lo, o desjejum será servido às cinco horas da manhã. As leis da hospitalidade do castelo Zapnenstein não permitem deixar o hóspede partir faminto.

Naquela noite, nem Gil e nem Eliza conseguiram dormir. O amanhecer mal despontava e eles já estavam de pé. Quando o relógio bateu cinco horas, ambos entraram ao mesmo tempo no refeitório, onde já estava servido o desjejum para duas pessoas.

Gil estava completamente paramentado. Ele colocou o capacete na cadeira e beijou a mão de Eliza que, muito pálida, nem ocultava sua tristeza e sua emoção.

A refeição passou-se em profundo silêncio. Não conseguiriam manter uma conversa vazia e não ficava bem trocar palavras vindas direto do coração na presença dos criados.

Finalmente, a refeição terminou. Apesar do autocontrole, os lábios do templário tremiam quando aproximou-se de Eliza para despedir-se. Ela sentia que não teria forças para despedir-se sem dizer uma palavra sincera e sem trocar um amigável aperto de mão. Com a esperteza feminina, ela encontrou um argumento simples e bem natural para ficar a sós com o cavaleiro.

— Senhor Gil! Pode me acompanhar ao meu quarto por um instante? Meu pai me incumbiu de lhe entregar uma carta e uma ordem verbal que somente o senhor pode ouvir — disse ela, ficando muito vermelha.

— Estou às suas ordens, Condessa — respondeu Gil com uma mesura e colocando o capacete de volta na cadeira.

Uma expressão de apaixonado reconhecimento, que acendeu-se em seus olhos, deu a entender a Eliza que ele tinha percebido sua intenção.

— Ordene aos homens para irem até os cavalos e me aguardarem junto à ponte levadiça. Estarei lá dentro de alguns minutos — disse Gil ao escudeiro.

O cavaleiro seguiu atrás de Eliza que, passando rapidamente por dois quartos contíguos, entrou na pequena sala de visitas que não tinha outra saída. Quando viu que o cavaleiro trancou a porta e com os braços estendidos, começou a aproximar-se dela, sua coragem abandonou-a e ela deixou-se cair na cadeira sem forças.

Gil já estava ao seu lado e ajoelhou-se.

— Nada tema, Eliza! Deus a abençoe por sua bondade

e por esse último momento de felicidade com que está me presenteando. Partirei daqui completamente diferente do modo como cheguei. Juro-lhe, nesse grave momento, que permanecerei digno de você pelo resto da vida!

— Será que iremos nos ver novamente? Mas quando? — murmurou a moça estendendo-lhe ambas as mãos.

— Não, Eliza! Estou me despedindo de você para sempre. Para que vai-lhe servir um renegado que não tem direito à felicidade nem a uma família? Como ouso ficar em seu caminho constrangendo-lhe o inocente coração? — abordou ele com voz tensa. — Não tenho coragem de dizer-lhe: esqueça-me! Portanto, lembre-se de mim como de um falecido, cuja lembrança não indispõe ninguém.

A emoção impedia-o de falar. Então, ele apertou o rosto no colo de Eliza.

Triste e desesperada, ela passou os braços em seu pescoço e molhou os cabelos e o rosto dele com suas lágrimas. Gil estremeceu e endireitou-se. Embriagado de felicidade, apertou Eliza ao próprio peito e seus lábios uniram-se num longo beijo.

Naquele beijo e no abraço ardente concentraram-se todos os sentimentos e todo o amor que enchiam suas almas. Para Eliza, naquele momento de embriaguês, desapareceram o passado e o futuro. Somente um pensamento passava-lhe pela mente: queria morrer daquele jeito, apertada ao peito do homem amado, sentindo o toque de seus lábios quentes, sem jamais acordar daquele sonho encantador, em que a sua alma experimentava a suprema bem-aventurança do mais puro amor.

Todavia, a felicidade humana é tão passageira que quando a pessoa mal consegue experimentá-la, ela já começa a pertencer ao passado.

Gil recuperou-se primeiro e disse baixinho:

— Estou indo embora rico e feliz, minha amada! Eliza, levo comigo suas lágrimas como o maior dos tesouros, no qual buscarei forças nas horas de desespero e de amargura. A lembrança desse momento vai servir-me de escudo contra todas as más tentações. Agora, adeus, minha adorada! Seja feliz e ore por mim! Sua oração pura chegará mais facilmente ao trono do Eterno do que a minha voz criminosa. Quanto ao resto, que seja como Deus quiser!

Ele voltou-se e quis sair, mas Eliza deteve-o junto à porta e exclamou com tristeza:

— Gil!

O cavaleiro parou, pegou-a novamente nos braços e beijou-a pela última vez. Depois, fê-la sentar-se na cadeira mais próxima e saiu quase correndo do quarto.

Eliza ficou, por instantes, sentada imóvel apertando a cabeça com ambas as mãos. Depois, levantou-se de supetão e correu para a janela aberta. Viu como Gil montou o cavalo e cavalgou pelo paço. O cavaleiro sentiu o seu olhar, voltou-se e acenou-lhe em despedida.

Da altura onde estava, Eliza pôde acompanhar a cavalgada com os olhos até esta descer para o vale. Ela não tirava o olhar febril do cavaleiro, que seguia vagarosamente à frente dos outros, cabisbaixo. O vento agitava a sua capa branca, sobre a qual, como uma mancha vermelha, via-se a cruz púrpura. Seu capacete, sua armadura e as esporas de aço ardiam como fogo sob o Sol. De repente, a moça teve a impressão de que do chão irrompia uma enorme nuvem de fumaça negra, mesclada de chamas. Por um momento, o turbilhão de fogo e fumaça ocultou o cavaleiro de sua visão. Em seguida, Gil apareceu novamente no meio das chamas que tomaram a forma de uma fogueira. No ar pairava um ruído surdo e obscuro, misturado com gritos de pessoas e canto sinistro.

Eliza ficou paralisada e com os olhos esbugalhados agarrou-se ao peitoril da janela. No mesmo instante, a visão desapareceu e pelo serpenteante ziguezague da trilha o grupo de cavaleiros continuava a descer até desaparecer numa de suas curvas.

Cambaleando como bêbada, Eliza arrastou-se até o seu quarto e caiu de joelhos diante do crucifixo. À sua grande tristeza da separação juntou-se ainda o terror provocado pela terrível visão. Mas, o que poderia significar aquilo? Ela não conseguia encontrar explicação. Só tinha certeza que aquela visão prenunciava alguma desgraça. Cobrindo-se de lágrimas, a moça tapou o rosto com as mãos. Não conseguia nem orar.

Passaram-se três dias. Eliza continuava imersa em profunda apatia. Suas lágrimas esgotaram-se e ela só tinha um pensamento: deixar o quanto antes Zapnenstein onde tudo lembrava-lhe Gil e o pai. O vazio e o silêncio que a cercavam assustavam-na e ela perguntava-se com tristeza por que Fúlvio não chegava. Conforme a carta, ele e Vart já deviam ter voltado há muito tempo.

No terceiro dia, após o almoço, Eliza estava sentada, sombria e pensativa, diante da enorme lareira onde ardia um fogo alto. Apesar de ainda ser fim de outubro, o ar dentro das espessas paredes do velho castelo era frio e úmido. Tristes pensamentos incomodavam a moça. À medida que recuperava uma relativa tranqüilidade, retornava-lhe também a lembrança de Raymond, de quem tinha-se esquecido completamente durante a tempestade emocional que suportara. Ele, naturalmente, não deve tê-la esquecido e não deixaria de apresentar os direitos que lhe concedia a lei. Mesmo que Raymond tenha prometido devolver-lhe a liberdade, se ela assim o exigisse, ele era tão inconstante que não podia-se confiar em seus ímpetos de magnanimidade. Entretanto, mais do que nunca tornou-se-lhe odiosa a idéia de pertencer a qualquer um que não fosse Gil. Seu único desejo era ficar livre e viver com seus tutores Vart e Fúlvio.

O som do corno informando a chegada de um visitante arrancou Eliza de seus tristes pensamentos. A moça estremeceu. Quem poderia ser? Seria Raymond? Muito pálida, ela correu até a janela, mas o paço estava escuro e não conseguiu enxergar nada. Então, apurou o ouvido, temerosa. De repente, a porta se abriu com ruído e no quarto irrompeu o pajem Lorencino, esbaforido e feliz.

— Chegou um mensageiro do senhor Fúlvio, trazendo uma carta! — informou ele, entregando a mensagem.

Eliza arrancou o lacre de seda e leu rapidamente a missiva. A mensagem era curta, mas tinha um tom carinhoso e amigável. Fúlvio informava que a sua chegada fora atrasada pela doença de Vart e que, para poupar as forças do convalescente, ele estava levando o Barão diretamente ao castelo deste último. No caminho, faria uma parada de um dia num local que indicava e pedia a Eliza para ir até lá imediatamente. Aconselhava Eliza a pedir um comboio ao pai, se este ainda estivesse no castelo. Caso ele já tivesse partido, usasse os homens que ele, Fúlvio, havia contratado e que, na opinião dele, eram inteiramente suficientes para a sua proteção naqueles tempos de paz.

— Quem trouxe a carta? Você conhece o mensageiro? — perguntou Eliza.

Ela queria pessoalmente inquirir o mensageiro para ver se ele realmente pertencia ao grupo de pessoas que serviam na casa de Faleri.

— Só o conheço pelo nome. Ele é Abbudio, irmão do gondoleiro Baptista que, conforme ouvi falar, queria entrar para o serviço do monsenhor. Ele diz que o velho Barão já está melhor, mas que ainda sente-se fraco — respondeu Lorencino.

— Está bem! Chame imediatamente Loretta e o velho Michel. Preciso dar as ordens necessárias, pois amanhã ao amanhecer deixaremos o castelo Zapnenstein para encontrar o senhor Fúlvio.

No dia seguinte, uma pequena cavalgada subiu a trote pela estreita e pedregosa trilha que serpenteava pela encosta de uma montanha bastante alta. Era Eliza viajando na companhia de Loretta, quatro soldados e o velho servo, nativo da região, que servia de guia. A jovem Condessa estava com um ar preocupado. Naquele dia, acontecera-lhe um pequeno acidente. Na hospedaria, onde descansava de dia, roubaram-lhe parte da bagagem e as infrutíferas buscas tomaram uma parte do seu precioso tempo. Outro acidente desagradável aconteceu pelo caminho. Sem motivo aparente os cavalos de dois soldados e de Lorencino adoeceram. Ficaram com as patas inchadas e mal podiam cavalgar.

O chefe da escolta sugeriu que retornassem à hospedaria e arranjassem por lá cavalos descansados para o dia seguinte, mas Eliza rejeitou energicamente a proposta e disse que precisava naquele mesmo dia encontrar com seus amigos, ainda mais porque já tinham percorrido três quartos do caminho. Ordenou aos soldados que retornassem à hospedaria e mais tarde se juntassem a ela no castelo de Vart; Lorencino iria na garupa de uma das montarias.

Vendo o comboio dela muito reduzido e o dia já findando, a moça ordenou que se apressassem, mas o mau estado das estradas naquele país montanhoso impedia isso. Além do mais, o ar de preocupação do guia indicava que o caminho naquele local estava longe de ser seguro.

Começava a escurecer. O guia aconselhou os viajantes a seguirem em fila indiana, pois a trilha passava por um desfiladeiro à beira do abismo.

— Irei a pé e conduzirei pelos arreios o cavalo da nobre dama. Os outros devem seguir cuidadosamente atrás de mim. Quando contornarmos o rochedo e sairmos na esplanada, a trilha ficará mais confortável e, em quinze minutos, chegaremos ao local marcado — disse o velho montanhês, apeando do cavalo. — Pajem, pode usar o meu cavalo por enquanto — acrescentou.

Todos moveram-se em silêncio e com cuidado por um lado pela trilha estreita, da qual elevava-se um íngreme rochedo e, do outro, escancarava-se um profundo abismo. A escuridão aumentava a cada minuto.

— Graças a Deus! Já estamos na esplanada! Ei, vocês! Mais cuidado na curva! — exclamou o guia, suspirando de alívio.

Mas quando ele e Eliza atingiram o meio do platô, da escuridão apareceram alguns homens. Uma terrível pancada na cabeça fez o guia desabar. No mesmo instante, um dos assaltantes agarrou os arreios do cavalo de Eliza e o outro arrancou a Condessa da sela.

Um dos soldados do comboio, com um grito selvagem,

arremeteu para acudir a sua senhora mas, atacado por vários inimigos, foi obrigado a defender-se.

O que aconteceu depois é difícil de descrever. O segundo soldado e Loretta chegaram ao platô no auge da confusão e ao barulho geral misturaram-se os gritos desesperados da criada e do pajem.

A vitória ficou com os atacantes.

Dez minutos mais tarde, o platô deserto tinha uma aparência sinistra e terrível. Em poças de sangue estavam caídos os corpos dos dois soldados e de Loretta. Perto deles, agonizava o cavalo de carga abatido com uma faca. A bagagem tinha desaparecido. Na beira do abismo, o vento agitava o longo e branco véu de Eliza que se prendeu num arbusto.

Capítulo 13

No dia seguinte aos sangrentos acontecimentos, os dois condes Reifenstein viajavam em silêncio na companhia de um numeroso cortejo pela estrada que levava ao seu castelo. Ambos estavam tristes e tinham um ar preocupado. A idéia do constante perigo que pairava sobre a cabeça do filho torturava Volfram. Após pensar sensatamente, o Conde decidiu ir ver o bispo de Bricsen, relatar-lhe tudo o que acontecia no castelo de Ortruda, sem comprometer Raymond, e pedir-lhe ajuda para prender os malfeitores, assim que surgisse uma oportunidade.

Volfram sabia perfeitamente do perigo que poderia provocar a interferência do bispo, mas seria muito difícil agir sozinho, sem a ajuda dos poderes eclesiásticos. Além disso, o Conde contava com a velha amizade que tinha com o bispo, homem bondoso e ilustrado, que havia batizado e realizado o casamento de Raymond e que sempre o tratou com carinho paternal.

O jovem Conde também estava muito preocupado. Ele sofria demais com a idéia de que, a qualquer momento, poderiam exigir sua participação numa daquelas sacrílegas orgias, que lhe provocavam indescritível horror. Além disso, ficava muito indignado pelo fato de ele, um orgulhoso e poderoso senhor, ser obrigado a obedecer a um mísero e desprezível homem sobre quem ele deveria soltar os cães e expulsar do castelo.

Também preocupavam-no os assuntos conjugais. Graças à sua própria estupidez, ele teve de partir deixando a mulher amada na companhia de seu rival. O perigoso templário, naturalmente, não deixaria de aproveitar a oportunidade e com suas canções e palavras amorosas tentaria conquistar o coração de Eliza.

Decidiu, então, ir no dia seguinte a Zapnenstein para saber o que acontecia por lá.

A voz do pai interrompeu os seus pensamentos. Fazendo um sinal para a escolta ficar um pouco mais para trás, Volfram informou a meia voz ao filho sobre a decisão que tomara e disse que no dia seguinte iria a Bricsen para combinar com o bispo sobre como informá-lo o mais rapidamente possível quando soubesse de alguma reunião secreta marcada no castelo Finsterbach.

Raymond ficou pálido.

— Mas, pai, se me agarrarem junto com aquelas horríveis pessoas, irão me tratar como cúmplice deles!

— Se possível, nada direi sobre a reunião e delatarei apenas Uriel. Em suma: vou agir conforme as circunstâncias. Escolherei o momento de avisar o bispo; mas precisamos garantir a ajuda dele.

Raymond suspirou e abaixou a cabeça.

Chegando ao castelo Reifenstein, Volfram deu imediatamente as ordens necessárias para a viagem do dia seguinte a Bricsen.

Ao término do jantar, após uma curta conversa com a Condessa Anna, os condes foram cada um para o seu quarto.

Ao despir-se, Raymond notou na mesinha de cabeceira, um fino rolo de pergaminho lacrado.

— O que é isso? Quem trouxe isso? — perguntou ele.

— Trouxeram este pergaminho hoje de Zapnenstein. A pessoa que o trouxe disse que a jovem Condessa enviava-o ao senhor. Ao ser informado que o Conde ainda não tinha chegado, o mensageiro foi embora incumbindo-me de entregar a carta assim que estivesse sozinho.

Extremamente surpreso, Raymond abriu o rolo e aproximou-o da chama da vela para ler o que Eliza havia-lhe escrito. Ao olhar o teor da missiva, Raymond empalideceu mortalmente. Felizmente, o escudeiro estava ocupado dobrando sua roupa e não percebeu a estranha reação.

No pergaminho, em sinais combinados que Uriel dizia ser o idioma sagrado dos iniciados, estava escrito o seguinte: "Amanhã (estava indicada a data e o dia da semana) você deve comparecer sozinho à clareira da Cruz Negra, onde encontrará um guia que o conduzirá à reunião dos irmãos. Não ouse não atender esta convocação e, para o seu próprio bem, destrua este documento".

Dominando com terrível esforço a tempestade que se desencadeou em seu espírito, Raymond voltou-se para o escudeiro.

— Vá dormir, Hedelberg! Não vou mais precisar de você. Deitarei mais tarde, pois preciso agora ver meu pai e transmitir-lhe o que escreveu a minha esposa.

Assim que o escudeiro saiu, Raymond guardou o pergaminho no bolso e foi ver o pai. Volfram estava sozinho e rezava em seu oratório.

Raymond entrou direto lá.

— Pai, perdoe-me por interromper a sua oração, mas não pude esperar para comunicar-lhe que aconteceu o que mais temia. Veja o que recebi como se fosse carta de Eliza! — murmurou ele com voz abatida.

— O que são estas garatujas? — perguntou o Conde, não conseguindo ler a escrita.

Quando Raymond leu o teor da misteriosa missiva, Volfram empalideceu e franziu a testa.

Instantes depois, o Conde queimou cuidadosamente na chama da vela o perigoso documento. Depois, voltando-se para o filho, disse com a sua habitual fria firmeza:

— Chegou o momento de agirmos! É preciso enfrentar com coragem e sangue-frio o perigo que você tão levianamente atraiu para si. Agora não é hora de repreendê-lo. Precisamos combinar como iremos agir. Foi muito oportuno eu ter marcado a viagem para amanhã antes de você ter recebido essa mensagem pois, se estiverem nos vigiando, isso não levantará suspeitas.

Depois de longas deliberações, ficou acertado que Raymond iria à hora marcada para o local indicado, mas tentaria ocultar-se nos subterrâneos assim que soasse o alarma. No caso de os soldados do Conde e do bispo serem obrigados a cercarem o castelo por não conhecerem as entradas secretas, Volfram decidiu colocar uma guarda especial ao redor da clareira da Cruz Negra, pois evidentemente naquele local devia haver uma saída dos subterrâneos.

No dia seguinte, o Conde saiu ao amanhecer, levando consigo quinze homens a mais do que previu no dia anterior. Raymond deveria, após o almoço, deixar o castelo sem ser visto e ir à clareira da Cruz Negra.

Volfram dirigiu-se a Bricsen num trote acelerado. Era preciso apressar-se se quisesse chegar a tempo no castelo Finsterbach, pois a conversa com o bispo e o descanso dos soldados tomariam muito tempo. Felizmente, o castelo de Ortruda ficava perto da residência do bispo e eram suficientes duas horas de boa corrida para chegar lá.

Era cerca de meio-dia quando Volfram com seu destacamento atingiu o ponto onde a estrada de Reifenstein juntava-se à estrada principal que, passando por Finsterbach, levava a Bricsen.

Absorto nos próprios pensamentos, com o coração pesado e torturado desde a manhã por uma enorme tristeza, Volfram seguia uns vinte passos adiante de sua comitiva. De repente, um grito próximo obrigou o Conde a estremecer e levantar a cabeça.

Para sua grande surpresa, viu à beira da estrada um estranho ser humano enrolado numa capa escura. Este ser agitava os braços e gritava com voz entrecortada:

— Pare, Conde!... Pare!... O próprio Deus enviou-o para cá!

Aquele chamado impressionou muito o Conde, bondoso, compadecido por natureza, e supersticioso como todas as pessoas daquela época. Ele aproximou-se e logo reconheceu Khinko.

O anão estava com uma aparência muito debilitada. Ele mal mantinha-se sobre as pernas trêmulas, o suor misturado à poeira cobria-lhe o rosto e do seu peito resfolegado mal escapavam as palavras.

— Monsenhor! Pelo amor de Deus ouça-me agora! Preciso revelar-lhe uma coisa importante. Trata-se da vida do senhor Raymond! — murmurou ele.

Os olhos escuros de Volfram acenderam-se. Não estaria o próprio Senhor enviando-lhe uma inesperada ajuda?

— De onde você vem? Para onde vai? Para quê? — perguntou o Conde ao anão, que agarrou-se ao estribo.

Naquele instante, aproximou-se a comitiva.

Decidindo-se rapidamente, o Conde ordenou a Khinko que subisse no seu cavalo. Vendo que o anão estava fraco demais para cumprir a ordem, Volfram ordenou a um dos soldados que o ajudasse.

— Monsenhor! Posso pôr o anão no meu cavalo. Assim, ele não irá incomodá-lo — observou o soldado respeitosamente.

— Faça o que lhe mandam, Rupert! Ajude o anão e depois fique com os outros mais atrás.

Assim que ficou a uma certa distância da escolta para que ninguém pudesse ouvi-los, o Conde perguntou a meia voz:

— De onde você vem? Para onde ia e do que se trata? Fale!

— Estou indo de Finsterbach para Bricsen. Eu queria tentar ver o bispo e revelar-lhe sobre os sacrílegos horrores que se preparam nos nossos subterrâneos. Queria implorar-lhe que impeça a realização de crimes e assassinatos esta noite. Mas perdi as forças e já estava me desesperando quando Deus me enviou o senhor, Conde.

— Vou levá-lo direto ao palácio episcopal e prometo-lhe que o bispo irá ouvi-lo. Mas, conte-me tudo o que sabe, sem nada omitir. De que assassinatos está falando?

— Do assassinato do senhor Raymond e de sua esposa, a senhora Elizabeth.

Volfram quase deu um sobressalto na sela.

— Você endoidou? Como podem matar Eliza se ela está no castelo Zapnenstein sob a guarda de dois cavaleiros templários?

— Já faz cinco ou seis dias que ambos os cavaleiros partiram e a Condessa Eliza está presa nos subterrâneos, onde eu mesmo conversei com ela ontem à noite. Foi isso que me fez correr para Bricsen! Mas, meu monsenhor, ouça como tudo aconteceu.

Khinko, sem mais delongas, contou ao Conde tudo o que sabia, o que Eliza lhe transmitira e suas suspeitas sobre o assassinato de Greta.

Grandes gotas de suor apareceram na testa de Volfram à medida que, diante dele, revelavam-se todas as peripécias dos crimes diabólicos e dos horrores. Depois, o Conde persignou-se com devoção. Provavelmente Deus tinha aceitado o arrependimento de Raymond e se compadecido dele e do velho nome imaculado que portava, pois enviava-lhe a pessoa que não apenas livrava-o da necessidade de fornecer indicações indiretas, mas, graças ao seu conhecimento do local, facilitaria o resgate de Eliza e de Raymond e a captura dos perigosos criminosos.

Uma hora mais tarde, pálido de horror e de medo, o bispo ouvia o incrível depoimento do anão.

— Mas, por que você ficou calado tanto tempo? Por que não contou nada durante o inquérito do assassinato da moça Raments? — perguntou o bispo, quando Khinko se calou.

— Vossa Eminência! Como um ser fraco e indefeso como eu poderia acusar uma dama tão nobre e poderosa sem ter certeza de que podia provar as acusações? Agora, chegou o momento de agir. Sem me incomodar com os riscos, decidi falar e salvar as inocentes criaturas que os desprezíveis adoradores de Satã pretendem destruir, e pôr um fim aos ímpios insultos sobre o nosso misericordioso Salvador.

— Você diz que uma suja paixão incitou Uriel a raptar a jovem Condessa; mas por que acha que ele persegue Raymond? — perguntou o bispo após um curto silêncio.

— Vossa Eminência, eu ouvi quando Misael e Uriel lembravam numa conversa que se vingariam do senhor Raymond, por ele, não sei em que circunstâncias, ter insultado Misael e sua esposa Rebecca. Parece que o jovem Conde estuprou essa mulher.

Volfram, que ficou preocupado com a última pergunta do prelado, suspirou de alívio. As últimas palavras de Khinko tiravam para sempre a culpa de Raymond, mesmo que depois os judeus quisessem acusá-lo de cumplicidade.

Satisfeito, o bispo abençoou Khinko, elogiou sua honorabilidade e mandou-o descansar enquanto ele próprio, com uma energia juvenil, ocupou-se da organização da expedição noturna. Apesar da idade, o bispo decidiu ir pessoalmente ao castelo Finsterbach para comandar as prisões. O secretário do bispo fez um protocolo do depoimento de Khinko e ficou incumbido de providenciar tudo para a viagem do bispo.

Nesse ínterim, Volfram não se separava do bispo. Depois do almoço, ele deu ao Conde um medalhão com uma santa relíquia.

— Coloque isso no pescoço, meu filho! Estamos nos preparando para invadir a morada do próprio Satanás e precisamos da ajuda Divina — observou o velho bispo, colocando no próprio peito um pequeno porta-relíquia que beijou com devoção.

Com a chegada da noite, um forte destacamento composto de soldados do bispo, arqueiros da cidade e guerreiros de Volfram, deixou silenciosa e discretamente Bricsen; silenciosamente no sentido literal da palavra, pois ao deixar os muros da cidade, cobriram os cascos dos cavalos com palha. Encabeçando o pequeno exército, seguiam o bispo e o Conde; logo atrás deles ia Khinko.

O coração do anão estava cheio de ódio satisfeito. Finalmente, ele iria dar o devido troco por todo o sofrimento e humilhação que havia suportado por longos anos! Tal vingança seria ao mesmo tempo um ato piedoso. Ele salvaria pessoas inocentes e colocaria um fim aos sacrilégios cuja lembrança fazia-o estremecer.

Capítulo 14

Quando mãos grosseiras arrancaram Eliza da sela, ela gritou alto, mas foi imediatamente amordaçada. Depois, perdeu os sentidos. Ao abrir os olhos, imaginou que tinha sonhado com tudo aquilo; mas aquela ilusão pouco durou, pois a moça viu, com surpresa e horror, o lúgubre lugar onde se encontrava.

Era um pequeno e abobadado quarto de teto baixo, aparentemente, um subterrâneo, que não tinha janelas e onde o ar era úmido e pesado. A luz da pequena lâmpada presa no teto iluminava as paredes nuas cobertas de musgo, as grandes lajotas de pedra e o monte de almofadas de seda sobre as quais ela estava deitada. Em frente ao leito, havia uma pequena e estreita porta, sem trinco e nem orifício para chave.

Levantando de supetão das almofadas, Eliza correu para a porta tentando abri-la, mas as fortes tábuas de carvalho suportariam pancadas muito mais fortes do que as que desferiram as pequenas mãos da moça.

Instantes depois, Eliza, como embriagada, caiu novamente nas almofadas e apertou a cabeça com as mãos. Tentou estudar friamente a sua situação. Uma coisa era certa: ela estava numa prisão! Mas, onde? Em poder de quem? Com que objetivo raptaram-na? Ela fora atacada por assaltantes ou talvez por um daqueles cavaleiros que sobrevivia de assaltos. Talvez, ao saber de sua nobre origem, ele a tivesse raptado para exigir resgate por sua liberdade. Oh! Nesse caso, tudo iria acabar bem! Raymond e Fúlvio pagariam qualquer quantia que lhes fosse exigida.

Mas, não! Não poderia ser isso. Um pessoa de origem nobre, mesmo que fosse assaltante, reservaria para ela um quarto mais decente numa das torres do castelo e não aquele buraco subterrâneo. Além disso, quanto mais pensava sobre o ataque noturno, mais parecia que aquilo fora uma tocaia bem planejada, pois o local escolhido era muito perigoso e o cuidado com que lhe amarraram a boca não parecia costume dos assaltantes de estradas.

Repentinamente, lembrou-se do estranho acontecimento que reduziu a sua escolta à metade. Sim, sem dúvida ela fora vítima de um ousado complô. Mas quem? Quem ousaria fazer aquilo?

O ruído do trinco se abrindo tirou a moça dos agitados pensamentos. Eliza levantou-se involuntariamente. Ao ver na soleira da porta a alta figura do pseudo-barão Laverdac, ela deu um grito surdo e recuou para a parede, procurando com a mão o estilete que sempre trazia na cintura. Somente então notou que a corrente, onde ficava pendurado o estilete, estava rompida. A jovem mulher ficou paralisada de terror e, por instantes, fechou os olhos.

Um sorriso zombeteiro e de desprezo passou pelos lábios de Uriel. Fechando a porta atrás de si, ele deu alguns passos na direção de sua vítima e disse num tom severo:

— Não se deve deixar brinquedos perigosos nas mãos de crianças insensatas. Mas, acalme-se, minha bela Eliza! Não vim para estuprá-la; pelo contrário, quero conversar pacificamente com você e, pela última vez, permitir-lhe escolher o seu destino!

— O senhor? Desde quando tornou-se responsável pelo meu destino? Quem é o senhor para ousar assumir tal papel? — perguntou Eliza com raiva e desprezo.

Levada por exagerado orgulho, a moça esqueceu-se de qualquer cuidado.

Uriel, entretanto, não parecia nada preocupado.

— Quem sou não lhe diz respeito. Para a senhora é suficiente saber que sou um homem que lhe tem paixão e que destrói quaisquer obstáculos, a qualquer preço, para atingir seus objetivos. O fato de a senhora estar aqui é prova suficiente do que acabei de dizer. Já percebeu que, no presente momento, encontra-se em meu poder? Além disso, saiba que para os outros, está morta. Nem vão procurá-la. De boa vontade ou à força, irá pertencer-me!

Seus olhos ardiam de paixão. O olhar que lançou para a moça, causou a ela o efeito de uma bofetada.

Dominando rapidamente a louca paixão que agitava-se dentro de si, Uriel deu um passo para trás e prosseguiu:

— Você sempre me tratou com ódio e desprezo, mas eu a amo e gostaria de livrá-la da sina que a aguarda. Por isso, vim aqui para propor que escolha o seu destino por livre e espontânea vontade. Se entregar-se a mim e jurar ser minha amorosa e dedicada esposa, vou levá-la daqui e a cercarei de luxo imperial. Irá morar comigo num país distante, onde ninguém saberá nada sobre a falecida Condessa Reifenstein. Mas, se recusar, vou transformá-la em minha refém e escrava. Mas antes, vou pisoteá-la na lama até afogar para sempre a sua honra e o seu orgulho!

Durante alguns momentos, reinou no subterrâneo um silêncio mortal. Eliza sentia vertigens e parecia que ia enlouquecer. A moça estava parada calada, apertando ambas as mãos ao seu coração palpitante. Uriel provocava-lhe tanto horror e asco, que tal sentimento até obscurecia o medo e a consciência da própria impotência.

— Seu desonrado e nojento! Faça o que quiser comigo. É mil vezes melhor morrer do que pertencer-lhe voluntariamente! Tenho fé em Deus e em Nossa Senhora. Eles, os protetores dos inocentes, me defenderão!

Eliza caiu de joelhos e, elevando as mãos, exclamou num ímpeto de devoção:

— Meu Senhor Jesus e Santa Maria! Salvem-me e cubram-me com Vossa proteção!

Aquele apelo ao Salvador, vindo das profundezas da

alma, provocou convulsões horríveis no rosto do judeu. Sua alta figura dobrou-se e as mãos esticadas como se quisesse afastar algo invisível, envergaram-se como garras.

Naquele instante, o olhar ainda em êxtase de Eliza caiu sobre o judeu. Os olhos da moça esbugalharam-se e de seus lábios escapou um grito de horror:

— Satanás!... É o próprio Satanás!... exclamou ela, cobrindo o rosto com as mãos.

Mas, Uriel já tinha-se endireitado. Estava trêmulo de ira e espumava pela boca.

— Você fez a sua escolha, sua louca! Então, até o encontro num lugar onde duvido que seu Deus possa protegê-la, pois lá eu sou mais forte do que Ele! — exclamou com voz sibilante.

Uriel saiu correndo, batendo a porta com força.

Eliza, estarrecida, permaneceu de joelhos. Tremia dos pés à cabeça. Quem era aquele que lhe tinha aparecido? O próprio espírito das trevas ou um de seus representantes? Ela viu claramente quando o rosto do seu interlocutor enegreceu e na testa despontaram dois chifres de fogo.

Juntando as mãos, Eliza começou a orar fervorosamente. Aos poucos, readquiriu a calma e sentou-se novamente nas almofadas. Mas, junto com a calma, recuperou também a consciência da sua terrível situação. O medo e o desespero encheram seu coração. Por fim, lágrimas jorraram de seus olhos e ela caiu em pranto convulsivo.

Eliza não saberia dizer quanto tempo durou aquele ataque de desespero. Quando as lágrimas esgotaram-se e os gemidos pararam, ela ouviu umas leves batidas na porta. Depois, a voz de alguém, cheio de compaixão, perguntou:

— Quem é você, infeliz? De quem são as lágrimas que ouço? Diga-me seu nome. Está aqui há muito tempo? Se quizer, posso ajudá-lo!

Eliza correu para a porta como se estivesse eletrizada.

— Sou Elizabeth, a Condessa Reifenstein! Um homem desprezível, que se autodenomina Barão Laverdac, está me mantendo presa aqui! — exclamou ela.

Um grito contido interrompeu-a.

— Condessa Eliza? Como isso é possível? Conte-me depressa como isso aconteceu! Eu sou Khinko. Pode falar sem receio!

— Khinko, meu caro e bom Khinko! Foi um milagre de Deus que o trouxe aqui! — disse a moça, persignando-se.

E, em poucas palavras, Eliza contou-lhe tudo o que sabia sobre o seu rapto. Depois, perguntou onde estava e implorou-lhe que a soltasse.

— Não posso fazer isso, pois a porta está trancada a cadeado. A senhora encontra-se nos subterrâneos do castelo Finsterbach. O Barão Laverdac é um judeu de Jerusalém que Ortruda hospedou no castelo junto com todo o seu bando de assaltantes. Mas, chegou a hora da minha vingança, pois eles ousaram tocar na senhora e esgotaram a paciência de Deus. Agora não tenho muito tempo para conversar com a senhora. Devo me apressar para livrá-la o mais rápido possível. Portanto, até logo, Condessa! Ore a Deus para que Ele ajude-me a salvá-la e dê-me forças para superar o longo caminho que tenho pela frente.

— Vá com Deus, meu bom Khinko! Vou orar por mim e por você. Se o Senhor me salvar do perigo que me ameaça, juro Khinko que comprarei você, mesmo que tenha de pagar o seu peso em ouro. Você irá morar comigo não como servo, mas como amigo.

— Fico-lhe grato, Condessa! Que Deus a abençoe e a salve! Quanto a Ortruda — o anão soltou uma risada maldosa —, não acredito que ela vá se opor à minha partida.

Novamente um profundo silêncio reinou em volta da prisão de Eliza, mas a moça já sentia-se um pouco melhor. A esperança sorriu-lhe e em seu coração renasceu novamente a fé e a confiança. Deus, que milagrosamente enviou-lhe Khinko, iria ajudá-la. Alguém iria saber onde ela estava e a libertaria. Seria uma bem-aventurança encontrar abrigo, mesmo que fosse nos braços de Raymond, em comparação com o insolente amor daquele desprezível judeu!

Em seguida, seus pensamentos passaram para Fúlvio e

Vart. Ela invocava com todas as forças aqueles sábios, cujo poder poderia vencer Satanás.

Abatida com todas aquelas emoções, a moça nem percebeu quando suas pálpebras fecharam-se e ela adormeceu um sono profundo como a morte.

Uma mão que a sacudia grosseiramente despertou Eliza. Ela, então, levantou-se de supetão e dirigiu um olhar assustado para Maakha e outras três mulheres que juntaram-se à sua volta. Seus estranhos trajes, que mal cobriam a nudez do corpo, espantariam a qualquer um, principalmente por causa do ar frio e úmido do subterrâneo.

— Levante, linda Condessa! É hora de vestir-se para a festa — disse Maakha com um sorriso zombeteiro.

Antes que a moça pudesse fazer qualquer movimento, duas mulheres agarraram-na e ficaram segurando-a firmemente, enquanto a judia e sua amiga arrancavam suas roupas, cortando com estilete os tecidos que demorariam muito a desamarrar.

Vendo a desesperada resistência da vítima e ouvindo seus gritos estridentes, que o eco espalhava longe pelos subterrâneos, Maakha tirou do cinto um frasco, abriu-o rapidamente e levou-o ao nariz de Eliza.

A moça cambaleou e sua resistência acabou quase imediatamente. Ela não perdeu os sentidos, mas ficou num estado letárgico. As megeras aproveitaram aquela fraqueza momentânea para despir Eliza completamente e soltar os seus longos cabelos. Colocaram-lhe braceletes e um colar com pingentes. Uma delas correu para o subterrâneo vizinho e trouxe de lá um enorme bode preto, que algumas mulheres desgrenhadas mal conseguiam conter. Fizeram Eliza montar o bode e amarraram-na firmemente, pois a letargia começava a passar e no seu olhar imóvel surgiam sinais de consciência.

Segurando o bode pelos chifres, as megeras conduziram-no correndo pelo longo corredor. Então, levantaram um pesado cortinado e o vergonhoso cortejo adentrou numa ampla sala subterrânea, onde certa vez aconteceu a pseudoiniciação de Greta.

Só que agora no altar elevava-se a imagem de Lúcifer sob a forma de um bode. Em volta do horroroso ídolo aglomeravam-se cerca de sessenta homens e mulheres. Diante do altar, de ambos os lados, no qual queimavam velas negras em altos candelabros, postava-se Uriel. O sumo-sacerdote de Lúcifer usava uma capa vermelha; uma tiara reluzindo de pedras preciosas enfeitava-lhe a cabeça; no peito desnudo estava pendurada uma pesada corrente de ouro com um medalhão negro enfeitado de sinais cabalísticos feitos com esmalte púrpura. Numerosas tochas presas às paredes iluminavam com sinistra luz vermelha a assembléia, que saudava com furiosos gritos a chegada do bode preto.

A luz das tochas e os gritos que ribombavam à sua volta rapidamente tiraram Eliza do estado letárgico. Ela olhou aquela reunião com olhos cheios de pavor e só então compreendeu todo o horror de sua situação.

Eliza pensou que enlouqueceria de vergonha e de desespero. De seus lábios escapou um grito lamentoso. Em resposta, ouviu a exclamação de uma voz muito conhecida e só então notou a grande cruz colocada do lado direito do altar sacrílego e na qual estava amarrado Raymond.

Lia-se claramente a ira e o desespero no rosto do infeliz rapaz. Seus olhos estavam injetados de sangue e no corpo formaram-se cicatrizes sangrentas por causa das tentativas sobre-humanas de romper as cordas que o prendiam.

Cheio de ódio, Uriel, com ar zombeteiro de um demônio, aproximou-se de Eliza, que se debatia como louca, e tirou-a de cima do bode. Maakha amarrou os pés dela. Então, o judeu colocou-a aos pés do ídolo, onde ela perdeu os sentidos e ficou deitada, imóvel.

— Eliza! — exclamou Raymond.

Ele foi tomado de louco desespero quando viu a moça nos braços daquele homem desprezível que certamente iria destruí-la. Um riso alto foi a resposta ao seu grito desesperado. Da multidão saiu um homem que, parando diante da cruz, exclamou com voz trêmula:

— Olho por olho, dente por dente!... Eliza pela Rebecca!...

Aquele era Misael. Ele, provavelmente, teria falado mais se Uriel não o tivesse parado.

— As contas particulares serão acertadas mais tarde! Agora, irmãos e irmãs de Lúcifer, declaro-lhes que esse homem amarrado à cruz é um traidor que estava pronto a revelar os nossos segredos, pretendendo destruir os membros da Irmandade e colocá-los em desgraça. Portanto, decidam o castigo que esse traidor merece! — concluiu Uriel em voz alta.

— A morte!... Que morra!... — berrou a multidão.

— Crucifiquem-no!... Queimem-no vivo!... — ouviram-se algumas vozes separadas.

— A sua justa condenação será cumprida. Então, que o traidor, enquanto aguarda o merecido castigo, presencie o sacrifício a Lúcifer, o verdadeiro senhor da Terra. Depois, vou inventar-lhe uma execução tal que quem a veja, perderá qualquer vontade de nos trair!

Tal discurso foi recebido com gritos entusiasmados. Quando o barulho cessou, Uriel voltou para o altar e o seu olhar abrasador passou pelo delicado e formoso corpo de Eliza, que fez um movimento e gemeu fracamente.

Em seguida, ele agarrou a faca com a lâmina reluzente que estava sobre o altar e matou o bode com todo o cerimonial do rito satânico. Uriel ainda pronunciava um encantamento, quando de uma das entradas laterais da sala entrou correndo um homem, cujo rosto estava terrivelmente pálido e o olhar perdido. Ele gritou com voz entrecortada:

— Fujam!... Fomos traídos!... Os soldados ocuparam os subterrâneos!... Eles vêm atrás de nós!!...

Por um instante, reinou um silêncio mortal. Apenas Raymond soltou um grito de alegria e de esperança, mas na confusão geral ninguém prestou atenção nele.

Uriel era tão medroso em momentos de perigo quanto insolente nas horas boas. Ficou imóvel como paralisado, de olhos esbugalhados, tremendo com todo o corpo, e continuou a apertar convulsivamente a faca de sacrifício enquanto ouvia avidamente o tilintar das armas que chegavam claramente à sala.

De repente, da multidão separou-se uma mulher e, passando como uma flecha pela sala, desapareceu no corredor de onde saiu o bode com o seu cortejo. Era a Baronesa Ortruda, a quem um resto de vergonha e consciência obrigava a esconder-se na multidão enquanto humilhavam e torturavam a sua própria neta.

À primeira notícia do perigo mortal que a ameaçava, a Baronesa tentou fugir. Com a habitual presença de espírito, ela pretendia chegar aos seus aposentos, jogar-se na cama e negar qualquer participação na reunião dos luciferianos. Mas, já era tarde! Graças a Khinko, todas as saídas da sala estavam ocupadas por soldados e logo um grito surdo anunciou que a desprezível dona do castelo fora agarrada.

Na sala reinava um barulho incrível. Loucos de pavor, os luciferianos tentavam fugir, mas em todos lugares topavam com pontas de lanças e espadas, que novamente faziam a multidão berrante recuar para o sacrílego santuário de seu deus.

Naquele instante, um destacamento considerável de soldados penetrou na sala encabeçado por Volfram e pelo bispo, que segurava na mão levantada para o alto um crucifixo.

Examinando com o olhar todo o subterrâneo, o Conde viu imediatamente Raymond amarrado à cruz. Então, correu para o filho com um selvagem grito e ordenou aos soldados que o libertassem imediatamente. Enquanto isso, Khinko correu para o altar e, num piscar de olhos, cortou com um punhal as cordas que amarravam Eliza e cobriu a moça com a sua capa.

Naquele instante, Uriel parecia recuperar a sua costumeira presença de espírito. Ele ainda estava parado num canto escuro, mas os soldados não notaram, enquanto amarravam os outros sectários. Com o olhar flamejante ele examinou a sala, procurando Eliza, e viu alguns monges assistidos pelo bispo transportarem-na para a outra extremidade do subterrâneo e tentarem fazê-la voltar a si.

Um berro de animal selvagem escapou dos lábios do

judeu. De repente, ele jogou-se como um tigre sobre Volfram e cravou-lhe no flanco o punhal que ainda segurava nas mãos.

O Conde deixou cair a espada, estendeu os braços e desabou sem um gemido no chão, mas da cruz, onde ainda se debatia Raymond, ouviu-se um terrível grito.

Instantes depois, o rapaz, finalmente libertado por um soldado, caiu de joelhos diante do Conde em lágrimas e passou a cobrir de beijos o rosto e as mãos do pai.

Uriel foi imediatamente desarmado, amarrado e coberto de pancadas. Os soldados enfurecidos teriam-no feito em pedaços não fosse a interferência do bispo, que aproximou-se correndo e tremendo com todo o corpo.

Ordenando severamente que deixassem o prisioneiro vivo, mas mantendo-o sob rígida vigilância, o bispo ajoelhou-se ao lado do Conde, que naquele minuto abriu os olhos.

— Está tudo acabado! Sinto a aproximação da morte, — murmurou Volfram. — Reze por mim, santo padre, e que Deus perdoe os meus pecados!

— Esse momento, em que o senhor derramou o seu sangue em defesa de Cristo e de seus filhos, redime tudo — disse o bispo, acrescentando em seguida num tom solene: — Meu filho, perdôo-lhe todos os seus pecados voluntários e involuntários! Pela grande misericórdia do Senhor, posso administrar-lhe a suprema consolação: o Puríssimo Corpo de Nosso Senhor Jesus Cristo!

O bispo pegou o porta-relíquias de ouro e retirou de lá uma partícula.

— Vindo para este lugar de perdição e de vergonha, guardei no peito esta hóstia, santificada sobre o Santo Sepulcro. Agora percebo que Aquele que dirige os nossos destinos fez-me trazer esta santa relíquia para aliviar uma alma cristã no terrível e solene momento.

O rosto do moribundo iluminou-se com uma expressão de fé e de esperança. Ele recebeu com veneração a santa hóstia e orou por instantes em silêncio. Em seguida, parecendo recuperar as forças, murmurou:

— Preciso dizer algumas palavras ao meu filho.

Todos recuaram e Raymond, pálido e trêmulo, inclinou-se sobre o pai.

— Jure-me que, a partir deste momento, vai renegar para sempre as suas loucuras criminosas e começará uma vida nova, cumprindo rigorosamente os seus deveres de cristão, de marido e de cavaleiro!

— Juro pelo nosso sangue e pela minha salvação eterna! — respondeu Raymond, levantando a mão.

Em poucas palavras, Volfram contou ao filho o acaso graças ao qual a sua presença entre os luciferianos pôde ser explicada: a vingança dos judeus por ter ele ofendido uma jovem judia chamada Rebecca.

— Assim, não existe nenhuma suspeita sobre você e o nosso nome está livre da vergonha. Mas, onde está Eliza? Chamem-na para mim! — pediu o moribundo com voz enfraquecida.

Graças aos esforços dos monges, Eliza já estava recuperada do desmaio quando Khinko, muito pálido e em lágrimas, comunicou-lhe que Volfram, mortalmente ferido, queria vê-la.

Tremendo com todo o corpo, parecendo mais morta do que viva, a moça tentou levantar-se, mas desabou novamente sem forças e os monges tiveram de transportá-la até o Conde, que continuava deitado no local onde tinha caído, sustentado pelo filho e pelo escudeiro.

Ao ver aquele que sempre fora o seu bondoso e magnânimo protetor, a jovem Condessa caiu de joelhos e, em lágrimas, cobriu de beijos as mãos de Volfram. Este ergueu para ela o seu olhar nebuloso e cheio de amor.

— Eliza! Minha querida! Disseram-me que cheguei a tempo de salvá-la da desonra e fiquei muito feliz por isso. Se puder, não negue o meu último pedido: não abandone Raymond e perdoe-lhe o passado em memória deste momento, que redime muitas faltas. Morrerei mais tranqüilo sabendo que o seu coração e o seu amor puro e desinteressado pertencem a ele, mas repito: se puder perdoar e amá-lo. Não quero sacrifícios!

Os Templários

Naquele momento trágico, o amor e o reconhecimento para com a pessoa que a salvara da mais terrível das desonras, encheu o coração da moça, fazendo-a até esquecer-se de Gil. O sombrio desespero de Raymond, suas roupas rasgadas e as cicatrizes sangrentas que cobriam o seu torso despertaram em Eliza uma profunda compaixão e reavivaram em seu coração a afeição pelo companheiro das brincadeiras infantis, seu parceiro nas desgraças daquela noite terrível.

Inclinando-se para o moribundo, Eliza beijou-o com ternura e murmurou emocionada:

— Se a minha promessa puder acalmá-lo, então morra em paz, tio Volfram! Juro-lhe que não deixarei, Raymond! Perdôo-lhe o passado e, no futuro, tentarei amá-lo e ser sua fiel e dedicada amiga.

Um sorriso de felicidade, aquele sorriso encantador que conquistava corações, iluminou o rosto pálido do Conde.

— Eu lhe agradeço, minha querida filha!

O moribundo, num esforço, juntou as mãos de Eliza e de Raymond.

— Que Deus os abençoe, meus filhos! Sejam felizes! Rezarei por vocês do lugar para onde vou agora, pois os meus assuntos terrenos se findaram.

Após um momento de silêncio, o Conde acrescentou:

— Mandem minhas saudações para Anna e peçam-lhe que perdoe todas as minhas ofensas.

O Conde fechou os olhos e um leve movimento dos lábios indicava que ele estava orando. À sua volta, o bispo, os monges e toda a guarda caiu de joelhos. O bispo começou a recitar em voz alta as orações da extrema-unção.

De repente, Volfram retesou-se como se levasse um choque galvânico. Seus olhos abriram-se e o olhar ficou imóvel.

— Meu Senhor Jesus Cristo! Receba a minha alma pecadora! — exclamou ele com voz rouca.

No mesmo instante, em seus lábios apareceu um espuma sangrenta e pelo corpo passou um tremor convulsivo. Em seguida, seu corpo tombou e esticou-se.

— A alma devota e corajosa do Conde Reifenstein foi

para o Senhor. Feliz daquele que, como ele, derrama seu sangue por Deus e por seus filhos! — disse o bispo num tom solene, fazendo o sinal da cruz sobre o corpo do falecido.

Eliza soltou um grito surdo e cobriu-se de lágrimas. Raymond permaneceu ajoelhado, com a cabeça encostada no ombro do pai. Parecia não ver e nem ouvir nada.

O bispo olhou com profunda comiseração para o rapaz. Depois, colocou a mão em seu ombro e disse baixinho:

— Coragem, meu filho! Por mais justa que seja a sua dor, é preciso pensar nas obrigações que recaem sobre você nesta hora com a morte do seu pai. Além disso, precisa cuidar de sua esposa.

Raymond estremeceu e endireitou-se. Estava muito pálido, mas seus olhos estavam secos e no rosto congelou-se uma expressão estranha, dura e cheia de desespero.

Passando a mão na testa, como para afastar pensamentos incômodos, o jovem Conde aproximou-se do bispo, beijou-lhe a mão e pediu-lhe a bênção. Depois, com voz rouca, mas baixa e tranqüila, disse:

— Primeiramente, vou tirar o corpo do pai deste local de horrores. Depois, se Vossa Eminência nada tiver contra e logo que encontrarmos roupas adequadas para a Condessa, gostaria de levá-la, e o corpo do seu pai também, para o meu castelo.

Quando o bispo informou a Raymond que Khinko conhecia todas as passagens secretas do castelo, o jovem Conde mandou imediatamente chamar o anão e ficou sabendo que o corpo do pai poderia ser levado diretamente ao quarto da falecida Margarita Raments.

Raymond ordenou que lhe dessem uma capa, pegou Eliza nos braços e pôs-se a caminho, acompanhado pelos guerreiros que carregavam o corpo do falecido amo. Atrás do jovem Conde ia o bispo, seguido pelos criminosos amarrados e pela guarda. Todas as saídas do subterrâneo foram fechadas e lacradas com o selo do bispo para que nada fosse tocado até a chegada dos investigadores.

A surpresa e o horror dos habitantes do castelo, que

nada sabiam do que acontecia nos subterrâneos, foi indescritível. Arrancados repentinamente do sono, estavam confusos e trêmulos, não conseguindo entender como, bem no meio do castelo, apareceu um destacamento armado de soldados, monges e prisioneiros em trajes estranhos e desavergonhados. Entre estes últimos estava a sua ama, seminua e amarrada como uma criminosa comum.

Graças às providências enérgicas do bispo e do jovem Conde, no castelo restabeleceu-se uma ordem relativa. O corpo do Conde Volfram foi temporariamente deixado na grande sala. Os quartos ocupados pelo pseudobarão Laverdac e sua irmã foram lacrados. Os objetos da comitiva deste também foram confiscados e lacrados.

Duas horas mais tarde, o castelo Finsterbach esvaziara-se definitivamente. O primeiro a partir foi Raymond. Tanto ele como Eliza encontraram roupas adequadas nos guarda-roupas de Ortruda e de Guntram. Eles seguiam calados, cabisbaixos e acompanhados por Khinko, atrás da padiola com o corpo de Volfram coberto com sua capa.

O jovem casal mal trocou algumas palavras. Eliza sentia-se completamente esgotada, tanto física como moralmente. Sua cabeça estava vazia e não se sentia capaz de pensar em nada. O Conde estava sombrio, concentrado, parecendo imerso em tristes pensamentos.

Pouco depois da partida do Conde Reifenstein, o bispo também deixou o castelo. Ele levou todos os prisioneiros a Bricsen sob a guarda de uma sólida escolta.

Grande parte dos prisioneiros ia a pé. Somente Uriel, Misael, Ortruda e Maakha foram colocados numa carroça e amarrados tão fortemente que não conseguiam mover um dedo sequer.

Ortruda estava com uma aparência de louca. Nos rostos pálidos dos judeus lia-se uma ira insana e o medo ante a Nêmesis[1] que os aguardava.

---

1 Nêmesis - Deusa grega da vingança e da justiça. No texto, refere-se figurativamente à "vingança"; termo particularmente apreciado e utilizado por Rochester em suas obras.

Capítulo 15

No castelo Reifenstein nada ainda se sabia sobre os terríveis acontecimentos noturnos. Por lá, tudo seguia a ordem habitual. Apenas a Condessa Anna sentia uma indisposição nervosa tão forte que não conseguia orar, e as tentativas do capelão não conseguiam acalmá-la.

Na véspera da partida do marido ela teve um pesadelo. Nele, viu um raio cair sobre o castelo e trincar a grande torre, fazendo cair no chão a bandeira do Condado.

Apesar das relações estritamente oficiais que se estabeleceram entre ela e Volfram, a Condessa jamais deixou de amar o marido com todo o seu coração e ansiava reconciliar-se. Mesmo sendo mentalmente limitada e vulgar, ela sentia instintivamente que o marido e o filho tinham um segredo que ela não conhecia e que devia ser muito importante, pois nunca antes o olhar de Volfram fora tão sombrio e vago; e Raymond jamais estivera tão triste e abatido.

O pesadelo levou ao apogeu os maus pressentimentos da Condessa. Vendo que o filho e o marido não retornavam, Anna foi até a janela, de onde se via a estrada, e lá passou a aguardar a volta de qualquer um dos dois.

Esperou bastante tempo, mas finalmente na curva da estrada apareceram homens armados e depois um longo objeto levado nos ombros. Atrás, seguia um senhor e uma dama. Um numeroso grupo de cavaleiros fechava o cortejo que se aproximava lentamente. A Condessa não tirava os olhos da estrada. De repente, seu coração disparou tristemente; ela enxergou nos soldados as cores dos Reifenstein e no longo objeto o corpo de alguém coberto com uma capa. Depois, distinguiu Raymond. Mas, quem seria aquele morto ou ferido? Quem era a dama coberta com um véu?

Toda trêmula, a Condessa Anna quis descer para o térreo para saber logo a verdade, mas quando chegou até a grande escadaria, as forças abandonaram-na, as pernas dobraram e ela caiu desfalecida na cadeira.

Pesados passos pela escadaria fizeram a Condessa sair do torpor. Apareceu a padiola. Atrás dela, entrou Raymond de braço com uma dama. Quando esta levantou o véu, Anna reconheceu imediatamente Eliza.

A Condessa correu para a padiola, afastou a capa, mas ao ver o corpo de Volfram, soltou um grito agudo e caiu sem sentidos sobre as lajotas de pedra.

Enquanto faziam a Condessa voltar a si, o corpo do Conde foi levado aos aposentos dele, onde seria lavado e vestido. Ao mesmo tempo, no salão nobre, começaram às pressas a confecção de um catafalco.

Sombria, mal conseguindo manter-se de pé, Eliza acompanhou o corpo. Quando puseram-no na cama, ela foi ao oratório e pegou de lá um crucifixo de marfim que colocou no peito do Conde, cruzando-lhe previamente os braços. Depois, ajoelhou-se ao seu lado e passou a orar com lágrimas nos olhos.

A visão do quarto, onde brincou tantas vezes quando criança, despertou-lhe inúmeras lembranças. Cada objeto lembrava-lhe a bondade e o amor daquele que não mais existia. Naquela grande poltrona, junto à janela, ele gostava de ficar sentado com ela no colo, contando-lhe histórias; naquela caixa de madeira trabalhada guardava-se o jogo de xadrez que ela tanto gostava de jogar; aquele oratório, onde eles muitas vezes rezaram juntos; naquele mesmo leito, onde agora repousava o corpo do Conde, ela despertou depois da horrível estada trancada na torre do castelo. Naquela ocasião, ela fora confortada pelos carinhosos beijos cheios de amor daqueles lábios que se fecharam para sempre.

Seus tristes pensamentos foram interrompidos pelo barulho da porta se abrindo. No quarto, entrou a Condessa Anna, desgrenhada, e com gritos altos jogou-se sobre o leito de morte do marido. Raymond seguia atrás dela, sombrio e circunspecto.

Vendo que Eliza levantou-se para ceder-lhe o lugar, a Condessa parou. Com a sua habitual natureza inconseqüente e indisciplinada, a tristeza mudou imediatamente para uma raiva insana.

— O que faz aqui, sua desprezível intrigante, ave de mau agouro, que sempre traz a morte ou a desgraça sob o meu teto? Desapareça da minha frente! Só eu tenho o direito de ficar com o falecido. Sinto que você foi o motivo da desgraça que me fez viúva! — gritava a Condessa fora de si, levantando a mão como se tivesse intenção de bater na moça.

Com a rapidez de um raio, Raymond apareceu ao lado de Eliza, que recuou atemorizada. O olhar que ele lançou à Condessa interrompeu imediatamente a torrente de ofensas.

— Nenhuma palavra mais, ou esquecerei que é minha mãe! — exclamou o rapaz com voz roufenha. — Não constranja com suas grosseiras e mentirosas palavras a paz do pobre falecido, pois você foi a única culpada de sua morte, envenenando a sua vida.

A Condessa Anna deu um grito surdo.

— Como ousa falar assim comigo, filho ingrato, cego de indigna paixão por essa filha de uma intrigante italiana?!

— Cale-se! Você já ofendeu o suficiente este inocente ser que usa o meu nome! Eu saberei defendê-la! — bradou o Conde com voz surda, segurando Eliza que sentiu vertigens.

Raymond levou a moça para o quarto dela, colocou-a na cama e murmurou, beijando as suas pequeninas mãos:

— Fique aqui até que eu volte! Vou agora mesmo mandar preparar-lhe os aposentos.

Sem esperar resposta, o Conde saiu e foi às pressas

para o quarto onde estava o corpo do pai. Lá estava tudo vazio. Os criados, enviados para todos os lados com diversas ordens, reuniram-se, então, agora em volta dos soldados e de Khinko. O relato destes últimos sobre os acontecimentos noturnos fê-los esquecer de tudo.

Quando Raymond entrou no quarto do pai, estava ofegante e em seus olhos brilhava uma expressão dura e má.

Durante a viagem noturna, em sua alma despertou um sentimento agudo e próximo do ódio pela mãe. Não fosse a imbecil hostilidade dela para com Eliza, não fosse o seu atentado que resultou na partida de Eliza, ele não teria de ir a Veneza e nem a Jerusalém. O casamento estaria há muito tempo consolidado e não aconteceriam todas aquelas desgraças, começando pela perda do coração de Eliza, sua própria queda e a morte do adorado pai.

A Condessa ainda estava no mesmo lugar onde ele a deixara. Ao ver o filho, correu para ele e exclamou com raiva venenosa:

— Agora, que a sua linda amiga está segura, espero que possa me explicar as ofensivas palavras que ousou me dizer na presença do corpo daquele que sempre me tratou com respeito e que já não pode me defender!

— Oh! Meu pai foi bondoso e magnânimo até o fim. Ele me incumbiu de transmitir-lhe saudações e pediu que perdoasse tudo de que for culpado diante de você! Ah-ah-ah! — Raymond riu com voz rouca e irônica. — Ele, culpado diante de você? Você exige de mim explicações e vim aqui para dá-las.

Em poucas palavras, mas com dura clareza e sem nada omitir, Raymond relatou-lhe todos os acontecimentos do passado e tudo que resultou naquela tragédia. Por fim, sem revelar totalmente o segredo, fez a mãe entender que caíra numa cilada montada pelos judeus-luciferianos por vingança e que o pai havia morrido salvando a ele e a Eliza de uma morte horrível e vergonhosa.

No início, a Condessa começou a protestar, mas à medida que Raymond falava, ela foi ficando cada vez mais pálida. Pela primeira vez na vida enxergava claramente o próprio comportamento e tinha consciência do mal que causara aos dois seres que mais amava.

Com um surdo gemido, ela apertou ambas as mãos ao seu coração palpitante e desabou no chão. Vendo a cena, Raymond correu para acudi-la. Levantou-a e chamou imediatamente as criadas que começaram a tentar reanimar a Condessa.

Quando Anna despertou, pareceu a todos os presentes que com ela ocorrera uma estranha mudança. Desolada e calada, ela arrastou-se até o corpo do marido, caiu de joelhos e parecia imersa em oração. Depois, levantou-se e, com voz baixa e tranquila, deu algumas ordens referentes ao funeral.

Com ajuda apenas de Luciana, ela mesma lavou e vestiu Volfram. Depois, ordenou que o levassem ao salão nobre e o colocassem no catafalco já preparado. Feito isso, o capelão do castelo executou o primeiro rito fúnebre.

Eliza não estava presente nesse rito. Ela estava tão fraca e tinha uma aparência tão doentia que Raymond ficou muito preocupado e achou, com razão, que ela precisava de paz e de repouso. O jovem Conde ordenou que as criadas levassem-na para dormir; cedeu os seus próprios aposentos e decidiu instalar-se temporariamente nos aposentos do pai, que ficavam quase ao lado dos seus. O rapaz estava cansado e abatido física e espiritualmente, mas não tinha tempo para descansar, pois a inesperada morte de Volfram deixou-lhe muitas obrigações.

O dia seguinte passou com dificuldade, como um pesadelo. Os portões do castelo estavam escancarados e grandes grupos de aldeões chegavam silenciosos e circunspectos para despedirem-se de seu senhor.

Magnânimo, justo e humanitário, Volfram era amado por todos os seus vassalos. Naquela hora, todos olhavam-no como um santo, pois espalharam-se boatos que, graças a ele, foram descobertos os horrores que aconteciam no castelo Finsterbach e que fora preso um bando inteiro de adoradores de Satã. Com lágrimas nos olhos, todos diziam que o Conde morrera defendendo Cristo e seus filhos de inauditas maldades que se preparavam para estes.

À tarde, chegaram monges do mosteiro vizinho, onde ficava a cripta familiar dos condes Reifenstein. Eles passaram a noite junto ao corpo e, pela manhã, executaram um rito fúnebre, para o qual convidaram todos os interessados. Também estiveram presentes muitos proprietários de castelos vizinhos.

À noite, chegou um mensageiro do bispo trazendo novidades inesperadas. Tinham chegado a Bricsen dois soldados da escolta de Eliza, cujos cavalos adoeceram pelo caminho. Eles traziam consigo o pajem Lorencino, a camareira Loretta e o seu colega muito ferido.

Inquiridos pelo próprio bispo, contaram que, seguindo ordens da jovem Condessa, arranjaram para si novos cavalos e um guia para alcançar a sua ama o mais rapidamente possível. Pela manhã, chegaram ao platô onde acontecera o confronto noturno. Lá, encontraram Lorencino que, sensatamente, permaneceu escondido na trilha até os bandidos irem embora. Chorando e rezando, a criança esperou o amanhecer e, então, viu Loretta que, por algum milagre, ficara presa a um denso arbusto à beira da rocha e parecia morta. Encontrando o véu de Eliza na beira do abismo, Lorencino supôs que a sua ama tinha morrido.

Com a ajuda de um guia, um jovem e corajoso montanhês, conseguiram puxar Loretta para o platô. Ela estava desmaiada e tinha apenas arranhões e sinais roxos de pancadas; só temiam que ela enlouquecesse. Os cavalos da Condessa e da criada jaziam no fundo do abismo. Como o corpo de Eliza não fora encontrado, pensaram, então, que a correnteza o tinha levado embora.

Mais tarde, nos objetos pertencentes aos homens do pseudobarão Laverdac, foram encontrados o anel, o punhal e a corrente de ouro de Arnulf, o que comprovava claramente que o assassinato do cavaleiro Ried fora realizado pelo mesmo bando de judeus.

Muito amargurada com a desgraça ocorrida com sua fiel camareira, Eliza pediu a Raymond para levá-la a Reifenstein. Ele concordou imediatamente e tomou as devidas providências.

À desgraça e à irritação nervosa que torturavam o rapaz juntou-se ainda a preocupação com a saúde de Eliza, cuja aparência mudou tanto que parecia estar convalescendo de uma grave doença. Pálida como cera, com o olhar apagado ou com um brilho anormal, Eliza andava apática e calada. Entretanto, não admitia estar doente e participou de duas cerimônias fúnebres. Ela e a Condessa Anna ignoravam-se mutuamente, mas cumpriam com assiduidade todas as obrigações mundanas que lhes impunham os costumes.

A Condessa Anna mudou muito mais que a nora. O grosseiro frescor de suas faces alterou-se para uma palidez amarelada e os cabelos embranqueceram. Muitos olhavam surpresos para aquela velha mulher encurvada e coberta de rugas, não reconhecendo nela a orgulhosa e exuberante proprietária de Reifenstein.

Os funerais de Volfram destacaram-se pela grande solenidade. Jamais alguém viu tamanha procissão. Todos os proprietários de castelos vizinhos e uma enorme multidão do povo acompanhou o féretro do Conde a ponto de a igreja do mosteiro mal conseguir acomodar a todos.

O grande desespero de Raymond, ao despedir-se pela última vez do corpo do Conde, provocou a comiseração e a simpatia geral. Ninguém sabia, mas a culpa por ter sido o motivo da morte do pai queimava como ferro em brasa o coração do rapaz, tirando-lhe completamente o autocontrole.

Emocionada e levemente irritada, a multidão começou a dispersar-se comentando os acontecimentos dos últimos dias. Ouviam-se, cada vez mais freqüentemente, ameaças e maldições endereçadas aos judeus. Quando grandes grupos de homens e de mulheres voltavam a Bricsen, eram cercados por passantes que queriam ouvir detalhes sobre os funerais do Conde. A agitação geral assumiu um tamanho ameaçador. A multidão, aos gritos, dirigiu-se ao quarteirão judeu, mas, dessa vez, ninguém tocou nas casas trancadas e fechadas com barricadas. A torrente humana desviou e dirigiu-se à cadeia episcopal. Lá, formou-se uma grande multidão que emitia gritos tão fortes e ameaçadores que acabaram chegando aos ouvidos dos criminosos, presos e acorrentados, fazendo-os tremer dos pés à cabeça.

Ficou evidente para todos que bastava um mínimo motivo para desencadear a fúria humana e um daqueles linchamentos que aconteciam tão assiduamente na Idade Média.[1]

Já caía a noite quando Raymond e ambas as condessas retornaram ao castelo. Anna estava calada; não abriu a boca durante todo o trajeto. Eliza sentia-se muito fraca. Suas pernas tremiam e teve vertigens enquanto subia a escada.

Para eles fora preparada uma refeição, mas ninguém tocou na comida. Só Raymond tomou uma taça de vinho; mas nem ele ousou sentar-se na poltrona de espaldar alto, destinada ao proprietário do castelo, pois parecia-lhe ainda ver sentado lá o falecido pai.

Quando levantaram da mesa, a Condessa Anna rompeu o silêncio e disse, dirigindo-se a Raymond:

— Meu filho, peço a você e à Condessa Reifenstein que me acompanhem até o salão nobre. Que lá se reúnam todos os nossos criados! Quero que todos ouçam o que tenho para dizer.

Sem prestar atenção à surpresa do filho, a Condessa dirigiu-se silenciosamente ao salão, onde ainda pela manhã estava o caixão de Volfram. Dez minutos depois, na ampla sala mal iluminada por algumas tochas, reuniram-se os membros da família e todos os criados.

Então, a Condessa levantou-se e, persignando-se, disse:

---

[1] Idade Média - Período histórico compreendido entre o início do século V e a metade do século X e caracterizado pela formação do feudalismo, época em que prevalecia um sistema de economia fechada, sem mercados externos, cuja produção destinava-se ao consumo, visava à auto-suficiência e bastava para a subsistência. O regime de trabalho era servil: o senhor tinha a posse legal da terra e do poder político e o servo tinha a posse útil da terra e o direito à proteção senhorial. Teoricamente, o poder estava centralizado no Rei, mas a Igreja representou a única força realmente organizada durante a Idade Média e, portanto, consciente do seu valor e da sua froça.

— Meus filhos e meus fiéis servos! Eu os reuni aqui para informá-los da decisão que tomei e que desejo imediatamente colocar em prática. A morte implacável levou o meu amado marido, que era a única razão e alegria de minha vida. Assim que baixou ao túmulo a pessoa mais cara do mundo para mim, decidi consagrar a Deus os dias que me restam na vida. Sob o pacífico teto do mosteiro, longe de todas as preocupações mundanas, ficarei orando e chorando o meu marido falecido tão prematuramente. Meu filho, espero que não se oponha que eu parta depois de amanhã, ao amanhecer, com uma boa escolta e também não se oponha ao meu desejo de doar as terras Felsenek, que me pertencem, ao mosteiro Santa Brígida, para onde pretendo entrar.

— Deus me guarde de contrariar os seus desejos, apesar de ser muito difícil perder ao mesmo tempo o pai e a mãe — respondeu Raymond muito emocionado, beijando a mão de Anna. — A escolta estará pronta para o dia que você indicar. Eu vou acompanhá-la pessoalmente ao mosteiro Santa Brígida. Além disso, permita-me doar também àquela comunidade uma soma em dinheiro digna da doação de uma Condessa Reifenstein...

A emoção impediu o rapaz de falar.

Anna percebeu isso, mas sua gélida rigidez não amainou. Com um gesto, ela chamou uma de suas criadas e pegou o molho de chaves que esta trouxe-lhe sobre uma almofada de seda. Depois, aproximou-se de Eliza e entregou-lhe as chaves.

— Minha filha, junto com estas chaves entrego-lhe todo o poder que eu tinha nesta casa. A partir deste momento, você é a dona do castelo. Agora, meus filhos, permitam que me retire; preciso de algumas horas de descanso para amanhã ter forças e ocupar-me da preparação de minha partida.

Despedindo-se dos presentes com um aceno de cabeça, a Condessa saiu da sala. Os criados, surpresos e confusos, dispersaram-se e o jovem casal ficou a sós.

— É a minha chegada que está expulsando a sua mãe desta casa. Entretanto, só Deus sabe como gostaria de ceder-lhe este lugar — disse Eliza com amargura, jogando com desprezo o molho de chaves sobre a mesa.

Raymond cerrou o sobrolho e mediu a moça com um olhar sombrio.

— Sei que você preferiria ser a dona do castelo de uma outra pessoa, se esta pudesse oferecer-lhe um molho de chaves.

Vendo que um tremor nervoso passou pelo corpo de Eliza e em seus olhos acendeu-se a ira, Raymond deu-se conta do que fizera e disse tristemente:

— Perdoe-me, Eliza, por estas palavras mal pensadas! O que passei nesses três dias me fez perder o autocontrole. Estou esgotado de corpo e alma. Nesse momento de pesada provação, fico sozinho de repente, pois meu pai morreu, minha mãe, como sempre cruel e egoísta, está me deixando e você, a única pessoa mais próxima que me restou, não quer ser nem minha amiga...

A emoção impediu Raymond de prosseguir, mas o que falou impressionou e emocionou Eliza. Realmente, ele ficou só e ela também estava só naquela triste e amarga hora. Na moça, então, despertou aquele sentimento fraternal que sentiu por Raymond em Veneza e ela, entregando-se àquele sentimento, encostou a cabeça no peito do Conde e caiu em prantos. Toda a sua raiva, então, desapareceu.

Raymond abraçou Eliza calado. Em seguida, os jovens sentaram-se no banco revestido de almofadas que seguia ao longo da parede. Encostados um no outro choraram amargamente, pois o estupor provocado pelo desespero e que acorrentava todos os sentimentos do rapaz cedeu repentinamente.

Raymond, entretanto, recuperou rapidamente o seu habitual sangue-frio; enxugou os olhos úmidos e endireitou-se.

— Você se lembra, Eliza? Certa vez, quando éramos ainda crianças, a mãe nos deixou sem almoço e nós, sentados neste mesmo banco, choramos e depois dividimos fraternalmente a torrada que você arranjou de algum lugar?

Um fraco sorriso iluminou o rosto pálido de Eliza.

— Oh! Claro que me lembro! Naquele dia, Greta nos

acusou de alguma coisa à Condessa.

Não, não estou doente, mas sinto-me muito cansada. As minhas veias parecem cheias de chumbo e, de tempos em tempos, passa pelas minhas costas um desagradável tremor. Talvez tenha apanhado um resfriado naquele horrível subterrâneo.

Eliza calou-se e fechou os olhos. Nisso, em suas faces apareceu um rubor febril.

— Sim, é isso mesmo! Você se resfriou. Deve agora mesmo ir se deitar e tentar provocar um suadouro. Então, tudo vai passar. Venha! Vou acompanhá-la ao seu quarto. Depois, vou mandar chamar o castelão com quem preciso discutir alguns detalhes referentes à inesperada partida de minha mãe.

Capítulo 16

No dia seguinte, Eliza sentia-se mais calma e melhor, apesar de estar muito fraca e com uma aparência muito debilitada. Ela queria descansar e, sozinha, colocar em ordem o caos de pensamentos que a perturbavam. Mas, o dia começou cheio de diversas preocupações.

Perto do meio-dia chegaram de Bricsen Lorencino e a pobre Loretta, que foram trazidos pelo capelão do bispo e estavam acompanhados por um funcionário incumbido de tomar o depoimento do Conde e da Condessa sobre o atentado de que foram vítimas. Além disso, eles trouxeram a notícia de que a Baronesa Ortruda enforcara-se na prisão.

A necessidade de falar novamente sobre aquela terrível história perturbou muito Eliza, ainda mais que depois do seu depoimento ficara claro que ela tinha sido enganada por uma falsa carta ou que algo nebuloso tinha acontecido com os seus amigos, pois nem Vart e nem Fúlvio davam-lhe qualquer notícia. Àquela nova preocupação juntou-se a amargura causada pelo estado de Loretta, que chegou sombria e distraída, mas, ao ver a sua senhora, começou a soltar terríveis gritos, enfiou-se num canto e, tapando o rosto com as mãos, permanecia surda a tudo.

Raymond ficou desolado e tão preocupado com o depoimento quanto a sua esposa. Obrigado a calar sobre a sua descuidada ligação com a vergonhosa Irmandade, ele contou que pretendia reunir-se ao pai para ir com ele a Zapnenstein buscar a Condessa, de cuja partida nada sabia. Pelo caminho fora inesperadamente atacado por um grupo de pessoas e nem pôde reagir. Jogaram sobre ele um laço com tanta maestria que ele viu-se atado antes que pudesse desembainhar a espada. Em seguida, arrastaram-no para o subterrâneo, cobrindo-lhe a cabeça de forma tal que ele quase sufocara.

Esse depoimento, aliás, estava próximo da verdade exceto pelo fato de ele ter ido lá voluntariamente. Quando entrou no subterrâneo, foi imediatamente amarrado e arrastado para o grande salão.

Entretanto, a idéia de ter ocultado parte da verdade, fato que o salvara da vergonha e da desonra, incomodava muito o orgulho do rapaz. E, tinha mais!... Como poderia ele ter certeza que, durante a investigação, algum fato insignificante não acabasse, de repente, revelando a sua cumplicidade com os malfeitores?

Com a partida dos enviados do bispo, voltou a reinar um sombrio silêncio no castelo. A Condessa Anna não saía de seus aposentos. Eliza, esgotada com os cuidados com Loretta, adormeceu profundamente, enquanto Raymond foi para o seu quarto dormir algumas horas, pois partiria ao amanhecer para conseguir chegar no mesmo dia ao mosteiro de Santa Brígida.

O Conde, entretanto, não conseguia dormir. Naquele quarto, tudo lembrava-lhe o pai e a amargura apossou-se dele novamente. A idéia de que a sua indigna loucura foi motivo da morte prematura de Volfram, torturava-o. Sim, apenas ele e ninguém mais tinha assassinado o Conde! Esse pensamento fazia o coração de Raymond sentir uma dor quase física e lágrimas quentes jorravam de seus olhos.

Ao amanhecer, todos já estavam de pé. Severa e pálida, usando um longo véu de luto, a Condessa foi ao salão nobre para despedir-se solenemente de todos. Vendo Raymond sombrio e desolado, a couraça de gelo que envolvia o coração da Condessa derreteu e lágrimas amargas jorraram de seus olhos. Ela quase convulsivamente apertou o filho contra o próprio peito.

— Desista dessa idéia de entrar para o mosteiro! Fique conosco e esqueça o passado! — murmurou o jovem Conde com voz trêmula.

— Não, meu filho! Será melhor para todos que eu vá embora. Mas, vocês podem levar meus netos para me visitar, — respondeu a Condessa com firmeza.

O bom sentimento que nasceu dentro da Condessa ainda estava vivo quando ela aproximou-se de Eliza, abraçou-a e sussurrou-lhe ao ouvido:

— Perdoe-me por todo o mal que lhe fiz, Eliza! Viva feliz sob este teto, de onde eu tão injustamente a expulsei!

— Eu a perdôo de todo coração! Vou implorar a Deus que dê paz à sua alma em seu santo abrigo e a console em sua grande dor — sussurrou de volta a moça.

E, surpresa e emocionada, ela correspondeu ao beijo da velha Condessa.

Em seguida, Anna despediu-se de todos os criados. Eles aproximavam-se dela um a um, beijavam-lhe a mão e recebiam de lembrança algum objeto ou moeda. Quando chegou a vez de Khinko, a Condessa beijou-o na testa, agradeceu o enorme favor que prestou à família e exigiu do filho que ele desse ao anão um perpétuo abrigo de honra no castelo.

Abençoando os jovens, que ajoelharam-se à sua frente, a Condessa Anna desceu para o paço e montou o cavalo sob o som do pranto das criadas e dos outros serviçais. Acompanhava-a apenas uma camareira que também decidiu vestir o hábito monástico.

Minutos depois, a cavalgada deixou o castelo.

Eliza voltou para o seu quarto com a cabeça pesada e o coração apertado. Ela ainda ocupava os aposentos de Raymond. Naquele local, onde tudo lembrava o jovem Conde, ela sentiu com doentia clareza os laços que os uniam. Sozinha e relativamente tranqüila, depois das terríveis emoções da última semana, Eliza pensava sobre o futuro e sobre a situação criada por aquelas imprevisíveis circunstâncias.

Prometera a Volfram não deixar Raymond e, desse modo, ela própria desistira da idéia do divórcio. Naquele momento de exaltação, isso pareceu-lhe fácil. Mas agora, entretanto, quando o coral do réquiem[1] calou-se e a fumaça do ládano da cerimônia fúnebre dissipou-se no ar, a realidade da vida começou a reivindicar os seus direitos na solidão daquele quarto vazio; e, diante de seus olhos, ressurgiu a imagem vencedora e encantadora de Gil. Sem dúvida, teria de desistir dele. O próprio cavaleiro dissera que a despedida deles era para toda a vida. Ela queria ter o direito de, pelo menos, lamentar livremente a felicidade perdida e entregar-se às lembranças da pessoa amada, mas agora deveria abrir mão disso também.

Honesta e devota, Eliza não admitia a idéia de entregar-se ao Conde sem consagrar-lhe o seu amor e sem esforçar-se ao máximo para arrancar do próprio coração a imagem de outra pessoa. Como tudo isso era difícil!

Procurando algo para acalmar a própria tristeza, Eliza entrou na capela e, diante daquele mesmo altar onde a uniram para sempre com Raymond, orou e chorou, implorando a Deus que a iluminasse e a apoiasse no sombrio e incerto futuro que a aguardava.

Justamente por causa dessas novas emoções, ou por outro motivo qualquer, à noite o seu estado doentio aumentou e assumiu dimensões que causaram preocupação. O tremor frio que passava por todo o seu corpo alternava-se com terrível calor; a cabeça doía insuportavelmente. Eliza levantou tarde e passou todo o tempo semideitada na poltrona, num sonolento torpor.

Após o almoço, o som do corno anunciou a chegada de um visitante. Só podia ser Raymond, mas este era aguardado para bem mais tarde.

Eliza continuou sentada na poltrona, pois tinha dificuldade não só para se levantar mas também para falar. De repente, Lorencino irrompeu pelo quarto como louco,

---

[1] Coral do réquiem - Prece que a Igreja fazia para os mortos; composição sobre o texto litúrgico da missa dos mortos, cujo intróito começa com as palavras latinas *requiem aeternan* (repouso eterno).

gritando alegremente:

— Dona Eliza! Chegou o senhor Fúlvio!

Eliza pulou da poltrona e esquecendo-se de tudo, correu ao encontro do veneziano. Quando Fúlvio abraçou-a e beijou sua testa, pareceu à moça que mais nenhum mal podia-lhe acontecer porque os braços do seu melhor amigo representavam para ela um porto seguro.

Outrossim, o olhar de Fúlvio vagava horrorizado pela figura de Eliza. Sem revelar a sua preocupação, o rapaz sentou-se perto dela e, sem tirar-lhe os olhos, contou que o motivo do seu atraso foi a repentina morte de um parente que era o podesta[2] de Condia, o que o obrigou a viajar até lá para concluir problemas inadiáveis. Ele trabalhou dia e noite para solucionar tudo o mais rápido possível.

Na viagem para Reifenstein, torturado por um mau pressentimento, Fúlvio deixou Vart para trás e prosseguiu quase sem fazer paradas. Já nas cercanias de Zapnenstein, o veneziano ficou sabendo da morte de Volfram e de todos os tristes acontecimentos.

Eliza, por sua vez, contou como tudo aconteceu. Ela tomou obedientemente as gotas que Fúlvio lhe deu e se sentiu bem melhor. Entretanto, suas faces ainda ardiam e os olhos tinham um brilho anormal enquanto falava com inusitada animação, sem notar, entretanto, a crescente preocupação que obscurecia o rosto do seu interlocutor.

Ao chegar, Raymond encontrou-os no quarto de Loretta que Eliza pediu ao amigo para examinar. A moça recebeu o marido com a mesma febril animação e depois levou os dois homens para jantar. Mas, quando sentavam-se à mesa, ela baqueou, seus olhos fecharam-se e teria caído no chão se Fúlvio, que não lhe tirava os olhos, não a amparasse.

Com a ajuda de Raymond, o veneziano carregou Eliza para o quarto e, examinando-a cuidadosamente, disse ao Conde que a pobre moça estava muito doente e só Deus sabia se ela iria sobreviver.

---

[2] Podesta - Chefe do poder executivo e judiciário em muitas cidades-comunidades italianas entre os séculos XII a XVI.

À noite, o estado febril aumentou e Eliza começou a delirar. Quando Vart chegou, dois dias depois, a jovem já não reconhecia ninguém.

Durante mais de três semanas, a vida dela ficou por um fio. Por várias vezes, acharam impossível vencer a terrível doença provocada pelo resfriado e pela excessiva agitação nervosa. Enfim, a natureza jovem e forte de Eliza triunfou com a ajuda dos dois sábios. Vart disse a Raymond que, se não acontecesse algum imprevisto, ele já podia responder pela vida de Eliza, mas que o organismo dela sofrera um choque tão forte que passariam meses para que ela recuperasse as forças e a saúde.

Até que chegasse esse prazo, Vart proibiu rigorosamente que contassem a Eliza sobre a fatal notícia recebida há duas semanas.

Certa noite, quando a Condessa piorou muito, chegou ao castelo um cavaleiro extremamente exausto montando um cavalo que caía de cansaço. Era o escudeiro de Gil trazendo terríveis notícias sobre a inesperada prisão do grão-mestre Jacques de Molay e também de todos os templários que estavam com ele; entre outros, Basemon e Ervin Finsterbach.

Por um feliz acaso, o escudeiro conseguira escapar, mas teve de livrar-se do uniforme da Ordem, pois todos os templários estavam sendo presos e trancafiados na cadeia. Além disso, em Paris corriam boatos que a Ordem seria colocada em julgamento e podia ser completamente destruída, pois o Rei já tinha ocupado o seu templo principal.

É difícil imaginar o impacto que causou tal notícia sobre os contemporâneos da época. Aquele ataque ousado sobre a mais poderosa e rica corporação do mundo cristão espantou a todos. A destruição da Ordem dos Templários equivalia à destruição de todo um mundo especial; e todos se perguntavam, incrédulos, como era possível o Papa permitir a aniquilação daquela arma insubstituível que deveria servir-lhe como a mais firme base do seu poder.

Os habitantes do castelo Reifenstein também ficaram espantados e emocionados com aquele extraordinário acontecimento. Evidentemente, ocultaram de Eliza o horrível destino de seu pai e do homem amado. O amor de moça pelo templário não era segredo para ninguém, pois, em seus delírios, ela reviveu todos os acontecimentos das últimas semanas e suas palavras, por mais desconexas que fossem, descreveram um quadro quase fidedigno do que acontecera entre ela e Gil.

Quando Eliza proferiu a primeira palavra sobre o assunto, Vart apressou-se em retirar do quarto as outras testemunhas. Apenas Loretta, curada pelo velho sábio, cuidava de sua senhora.

Raymond também cuidava da paciente com dedicação, mas a cada dia foi ficando mais sombrio e calado. Consumido pela ira e pelo ciúme, ele ouvia com avidez as palavras que Eliza trocava com o imaginário Gil. Tais palavras naturalmente provavam ao rapaz que Eliza permanecera honesta e tratara com respeito o nome que usava, embora tivesse ficado claro que a imagem do cavaleiro ausente reinava no coração dela e que seria difícil tirá-lo de lá.

Sua tristeza era maior ainda por reconhecer amargamente que era o único culpado de tudo. Se tivesse desistido honestamente da escandalosa ligação com Beatrice Salviati, Eliza não teria sido ferida; ele nunca teria empreendido a fatídica viagem à Terra Santa e o amor do templário jamais teria tocado o coração da moça; jamais em sua consciência pesaria a morte prematura do pai, a morte de Beatrice e de seu marido e, talvez agora, a morte de Eliza.

Nas longas horas de solidão, quando debruçado sobre a moribunda, sem tirar os olhos de seu rosto mudado, e ouvindo avidamente suas frases desconexas, Raymond condenava-se com impiedade ainda maior que o mais severo juiz terreno. Aquela enorme luta interior eliminou para sempre a leviandade juvenil, o desleixo e a sede de diversões, transformando Raymond num homem sério e maduro que ansiava com todas as forças de sua alma corrigir os erros que cometera.

Durante a longa recuperação de Eliza, desencadeou-se a última etapa do processo dos luciferianos que era realizado com a impiedosa crueldade própria daquela época.

Submetidos às mais horríveis torturas, Uriel e Misael demonstraram grande estoicismo. Movido por selvagem ciúme, Uriel tentava acusar Raymond, mas tais tentativas foram consideradas como calúnias e custaram-lhe ainda mais sofrimentos. Nenhum dos outros acusados jamais viu o jovem Conde nas reuniões ímpias, exceto na que pretendiam crucificá-lo. Por outro lado, a aventura de Raymond com Rebecca foi confirmada por outros jovens senhores, companheiros do Conde nas caçadas, justificando inteiramente o motivo do ódio e da vingança dos judeus.

Nesse mesmo tempo, um fato inesperado chamou a atenção geral. Quando fizeram uma busca na casa de Misael, descobriram o estranho santuário onde Greta tinha sido sacrificada. As buscas seguintes levaram à descoberta do corredor subterrâneo que saía fora da cidade e que fora usado para a fuga de muitas famílias judias. Durante a busca pelo subterrâneo, encontraram uma luva feminina coberta de manchas e que tinha o brasão da família Raments. Este acontecimento jogou uma nova luz sobre o misterioso assassinato de Margarita Raments e, através da tortura, conseguiu-se saber quase toda a verdade.

Quando todos os detalhes desse novo crime foram divulgados, a ira do povo atingiu o apogeu. A multidão enfurecida atirou-se sobre o quarteirão judeu e todos os judeus agarrados foram massacrados.

A irritação do povo foi tão grande que o bispo, para dar um paradeiro na situação, achou necessário apressar a execução dos criminosos. E, se a guarda civil não estivesse vigiando os condenados, o povo já os teria feito em pedaços.

Misael foi supliciado na roda. A Uriel deceparam ambas as mãos e rasgaram seu corpo com alicate em brasa. Maakha e outros luciferianos foram queimados vivos.

A selvagem crueldade daqueles longínquos tempos era tão grande, que muitas damas e senhores estavam presentes àquela horrível execução. Entre eles estava Raymond, convidado pelo bispo. Apesar de todo o nojo que sentia por aquilo, o rapaz não ousou recusar-se, receando comprometer-se. Com surpresa e horror, o Conde viu as mudanças que ocorreram na aparência dos condenados. Maakha, então, estava totalmente irreconhecível. Naquela mulher de cabeça raspada, desfigurada e moribunda, não havia nem sinal da demoníaca beleza da ex-rainha do "sabat".

Passaram-se cerca de três meses antes de Eliza sarar. Ela recuperou as forças e a antiga doce beleza, mas continuava triste e preocupada. Chegara o momento de definir de vez sua relação com o marido, mas o Conde permanecia calado e aquele silêncio era um mistério para a jovem Condessa. Raymond era bondoso com ela e a cercava de carinhosos cuidados, sem jamais falar nem do passado nem do futuro.

O Barão Vart e Faleri continuavam a morar em Reifenstein e entre os três parecia haver uma relação muito amigável. Na opinião de todos eles, era necessário comunicar a Eliza sobre o destino do pai dela, triste missão que Vart acabou assumindo. Apesar de todas as precauções, a notícia da nova desgraça emocionou e perturbou a moça a tal ponto que todos temeram a reincidência da doença. Entretanto, nada disso aconteceu.

Após alguns dias de choro e de desespero, Eliza pareceu recuperar o antigo sangue-frio e a decisão. Primeiramente, quis falar com Fúlvio a sós e teve com ele uma longa conversa. Foi completamente sincera, abriu-lhe o coração e pediu-lhe conselho de como proceder com Raymond, ainda mais que desejava muito ir a Paris para tentar salvar o pai, oferecendo-lhe a possibilidade de fugir.

— Só posso repetir-lhe aquilo que já disse certa vez: a felicidade só é encontrada na consciência do dever impecavelmente cumprido — respondeu Fúlvio. — O seu amor pelo infeliz templário é uma pesada provação, mas não um erro, pois ninguém pode dar ordens ao próprio coração. Entretanto, devo dizer que a vontade dos astros separa implacavelmente tanto os destinos de vocês como também as promessas que fizeram um ao outro. Quanto ao futuro, você só poderá decidi-lo junto com o marido. Da mesma forma, apenas você pode julgar se a sua promessa ao Conde falecido foi uma palavra vazia ou um sério juramento. De minha parte, aconselho-a a entender-se com o senhor Raymond. Entretanto, se você for a Paris, posso ajudá-la, pois tenho muitos contatos por lá.

Decidindo-se rapidamente, Eliza foi imediatamente ver Raymond. O Conde estava em seu gabinete entre diversas contas, mas, em vez de ocupar-se delas, pensava profundamente sobre algo com ar preocupado e sombrio.

À entrada de Eliza, o rapaz levantou a cabeça e olhou-a surpreso.

— Raymond, vim para decidir em definitivo a questão sobre a qual você insiste em manter silêncio, o que muito me surpreende. Afinal, preciso saber o que você pensa sobre a nossa união ou o nosso divórcio e qual é a sua decisão sobre isso — disse Eliza com o rosto em fogo. — Talvez você não me queira mais e deseje ficar livre.

Um forte rubor cobriu o rosto do Conde.

— Sua pergunta é uma ofensa para mim! — disse ele cerrando o cenho. — Meus erros contra você tapam-me a boca e não permitem-me retrucar algo que lhe seria muito desagradável. Portanto, vou limitar-me a observar que a decisão desta questão depende inteiramente de você e não de mim. Eu jamais quis a separação. Apesar dos meus erros, eu a amo. De toda a minha vida passada, que teve um fim tão horrível e inesperado, restou-me apenas você, tão cara e querida. Eu, naturalmente, anseio demais por colocar um fim às nossas dúbias relações e começar uma nova vida. Se fiquei calado é porque sou orgulhoso demais para insistir com uma mulher que quer livrar-se de mim. Se a sua promessa ao meu pai foi dada sob a empolgação do momento, então a honra me obriga a libertá-la dela, por mais difícil que isso seja para mim...

A forte emoção obrigou o Conde a parar.

Eliza estendeu-lhe a mão.

— Não, Raymond! A minha promessa ao tio Volfram foi sincera, apesar de não poder negar que dei-a sob a influência daquele terrível momento. Entretanto, parece-me que todos esses estranhos e terríveis acontecimentos comprovam a vontade Divina de nos manter unidos.

— Ficarei feliz demais se você quiser, voluntariamente e sem qualquer desprezo, ficar comigo. Juro-lhe, Eliza, que tudo farei neste mundo para fazê-la feliz e reconquistar o seu coração! — disse o Conde com fervor.

Eliza suspirou.

— Mas, você é tão desleixado, superficial e distraído!

— Já não sou mais o que fui. A terrível lição que recebi curou-me para sempre de todas as loucuras e eu respondo pelo futuro. Deus me permita conseguir remediar da mesma forma o passado, mas isso, infelizmente, é muito difícil! — respondeu Raymond num tom triste e sério.

— Acredito na sua boa vontade e peço-lhe que acredite em mim! Agora, ouça o pedido que vim lhe fazer. Você sabe da nova desgraça que caiu sobre mim. Meu pai foi preso e só Deus sabe o horrível destino que o espera. A idéia de ficar aqui tranqüilamente sentada, enquanto ele sofre sozinho e abandonado por todos, perturba-me e enlouquece-me. Quero ir a Paris e tentar dar-lhe a oportunidade de fugir. O vovô Conrad e Fúlvio prometeram me ajudar. Ambos têm contatos em Paris que podem ajudar na realização do meu plano. Venha comigo, Raymond, ou permita-me ir lá sob a proteção dos meus fiéis amigos! Se eu não tentar salvar o meu pai, não terei mais um minuto de sossego na vida.

Lágrimas soavam na voz da moça e ela, desabando sem forças na poltrona, cobriu o rosto com as mãos.

Raymond empalideceu e dirigiu-lhe um olhar sombrio e perscrutador.

— Foi somente o desejo de salvar o pai que fê-la planejar essa perigosa e arriscada viagem? — perguntou o Conde com repentina frieza.

Eliza levantou a cabeça e o seu olhar claro e orgulhoso enfrentou sem o menor constrangimento o olhar suspeito e desconfiado do Conde.

— Entendi o significado de sua pergunta e vou responder com franqueza. Sim! Resolvi fazer essa tentativa somente pelo meu pai. Mas, se por um feliz acaso for possível salvar o amigo dele, Basemon, eu o farei. Entretanto, isso não deve deixá-lo preocupado. Jamais traí a sua confiança e jamais esqueci que uso o tradicional nome dos Reifenstein! Não será agora, que estou novamente reiterando a minha promessa de fidelidade a você, que faltarei com o meu dever. Se o meu coração esfriou para você, a culpa não é minha! Repito: Venha comigo para que não haja nenhuma suspeita entre nós!

— Tem razão, Eliza! Não tenho nem direito e nem motivos para duvidar de você. Deus me livre de impedi-la cumprir o seu sagrado dever ou dissuadi-la de tentar salvar seu pai, se isso for possível! Vá, minha querida, sob a proteção dos seus fiéis tutores! Vou fornecer-lhe o que for necessário para essa difícil empreitada, mas pessoalmente não irei a Paris.

— Por quê? — perguntou Eliza com certa desconfiança.

Por um instante, Raymond pareceu ficar confuso, mas depois disse com voz decidida:

— As minhas loucuras causaram tantas desgraças que estou passando por terríveis dores de consciência. Já decidi há tempo purificar-me com orações, jejum e meditação antes de iniciar a nossa verdadeira vida conjugal. Com esse objetivo, vou retirar-me por uns seis meses para o mosteiro onde está sepultado meu amado pai para orar junto ao seu túmulo. O espírito dele irá me ensinar e me ajudar nas boas intenções. Os meses que pretendo passar no isolamento serão suficientes para a sua viagem. Com a ajuda Divina vocês resgatarão o senhor Ervin. Ele encontrará um abrigo seguro no castelo do Barão Vart, que fica num local tão deserto e afastado que ninguém irá procurá-lo por lá.

Profundamente comovida, Eliza apertou a mão do marido. Depois, começaram a acertar amigavelmente os detalhes das decisões que tomaram.

O Barão Vart e Fúlvio aprovaram a decisão de Raymond de refugiar-se por seis meses num mosteiro. Isso, aliás, era moda naquele tempo e os mais nobres senhores o praticavam quando seus espíritos corajosos sentiam necessidade de reconciliação com os Céus ou quando eles queriam obter o perdão das pessoas que lhes eram próximas e abrir-lhes o acesso ao paraíso.

Alguns dias depois, o jovem Conde teve uma conversa secreta com o Barão Vart. O velho sábio deu a entender a Raymond que, graças aos conhecimentos ocultos, ele sabia de tudo o que acontecera em Jerusalém. Convencendo o rapaz, assustado e constrangido, de sua absoluta discrição, o Barão indicou-lhe os meios que, conforme as leis da ciência oculta, seriam necessários para purificar-se de todas as más influências com que se manchara com aquelas relações impuras e com a asquerosa seita dos luciferianos.

A partida de Eliza também provocou conversas sérias pois, naquela época, viagens tão longas de uma dama nobre era algo muito difícil, cansativo e até perigoso. O mau estado das estradas, que fervilhavam de ladrões e assaltantes de todos os tipos, tornavam necessário uma grande bagagem e uma sólida escolta. Além disso, era o fim de janeiro, isto é, estavam bem no meio do inverno, o que fazia as estradas praticamente intransitáveis.

Apesar da impaciência de Eliza, que ansiava partir o mais rapidamente possível, os homens decidiram por unanimidade que só seria possível viajar dali a seis semanas, tempo suficiente para os preparativos necessários.

Capítulo 17

Quando Gil Basemon juntou-se ao cavaleiro Finsterbach, estava em péssimo estado de espírito. A separação de Eliza exatamente no momento em que ele deu o primeiro beijo de amor na mulher amada abriu uma grave ferida no coração do templário e esta tornava-se cada vez maior à medida que eles se afastavam do castelo Zapnenstein.

Entretanto, a decisão de nunca mais encontrar Eliza não vacilou nem por um instante. A profunda paixão que sentia pela moça purificou a alma de Gil. Sua natureza simples, honesta, magnânima e ansiosa renasceu e o primeiro resultado dessa reação moral foi a decisão de afastar-se da pura e inocente criança, a quem o seu amor nada daria além da desonra e da vida destroçada.

Com sua habitual energia, Gil resolveu sacrificar-se, mas esse sacrifício foi tão duro para ele que, por momentos, parecia-lhe que não teria forças para agüentar. Sua renúncia era o triunfo de Raymond que, naturalmente, jamais concordaria com o divórcio. Armado dos direitos de marido e de amigo de infância, o Conde, no final das contas, conseguiria fazer a moça esquecer o seu passageiro sonho de amor pelo infeliz monge.

Quando tais pensamentos dominavam Gil, seu espírito começava a ser torturado pelo sombrio desespero e pelo ciúme selvagem e ele tentava procurar o esquecimento em qualquer atividade. Se, pelo menos, pudesse ir combater na Palestina ou em qualquer outro lugar!?... Ele encarava como libertação a possibilidade de jogar-se num enorme combate e, no fervor da luta, esquecer os sentimentos e as idéias que o torturavam. Como seria bom libertar-se! A perspectiva de passar longos anos na monótona vida monástica, entre companheiros — alguns dos quais odiava e outros que lhe eram indiferentes — enchiam a sua alma de verdadeiro horror.

Ervin observava com tristeza e pena o estado de espírito do companheiro, seu nervosismo febril e a sua sombria apatia. Finsterbach, por várias vezes, chamou-o para uma conversa franca, mas Gil enfrentava aquelas tentativas com teimoso silêncio. Ervin, então, achando que ainda não chegara o momento da franqueza, deixava o rapaz entregue a si mesmo.

Recebendo instrução do grão-mestre da Ordem de apressar-se, os dois cavaleiros e seu séquito faziam paradas apenas para o necessário descanso. E em 11 de outubro de 1307 chegaram perto de Paris, mas dirigiram-se diretamente ao castelo da Ordem, sem entrar na cidade. Um dos quarteirões de Paris leva até hoje o nome da Ordem dos Templários (Quartier du Temple), de tão profunda que foi a memória deixada pela suposta Irmandade dos cavaleiros-monges.

Na época a que nos reportamos, Paris ainda era cercada por muros construídos pelo Rei Filipe Augusto.[1] Atrás daqueles muros dentados, atrás dos portões denominados "portões de Barbetta", estendiam-se grandes extensões de terra que pertenciam à Ordem. Antes, lá existia um grande pântano, mas na metade do século XII os templários construíram sobre aquela terra um grande castelo, que tornou-se a principal moradia da Ordem. O grande torreão foi construído em 1218 pelo irmão Hubert. Quando tudo foi cercado por um

---

[1] Rei Filipe Augusto (1165-1223) - Filipe II, Rei da França, filho de Luís VII. Durante o seu reinado, a extensão do domínio francês foi duplicada e seu poder consolidado às custas dos lordes feudais. Em 1190, Filipe e Ricardo I, Rei da Inglaterra, partiram juntos na terceira Cruzada, mas Filipe logo retornou à França após um desentendimento com Ricardo I.

muro enfeitado com vigias e começaram a surgir as primeiras casas, o lugar foi chamado de "nova cidade do Templo" (La ville neuve du Temple) e tornou-se uma grande fortaleza.

A reputação de sua inexpugnabilidade era tão grande que Filipe Augusto, ao partir para a Cruzada, ordenou que depositassem lá todos os seus lucros. Um século depois, Filipe "o Belo" encontrou abrigo naquele castelo, fugindo do povo enfurecido levado ao desespero pela falsificação da moeda e da crueldade da realeza.

Por isso, Jacques de Molay e seus cavaleiros podiam considerar-se inteiramente fora de perigo e os nossos dois templários olhavam com orgulho para o torreão do irmão Hubert que elevava-se a cento e cinqüenta pés de altura[2] e destacava-se de longe pelo seu escuro e sinistro volume.

Gil e Ervin passaram a trote acelerado pelos campos que, na época, tinham o nome de Rua da Horta do Templo. A Rua das Azedeiras (Rue de l'Oseille) e a ponte do Repolho (pont aux Choux), que apareceram mais tarde, guardaram para a posteridade a memória dos legumes que os cavaleiros plantavam.

Já estava anoitecendo, aumentando ainda mais a impressão sombria e triste do enorme prédio, apesar deste estar cheio de vida e movimento.

Nos três paços que atravessaram os recém-chegados, aglomeravam-se e corriam preocupados servos, pajens de cavaleiros e guerreiros da Ordem.

Finsterbach foi imediatamente chamado à presença do grão-mestre. Gil mal teve tempo de limpar-se e trocar de roupa, depois da longa cavalgada, quando soou o sino convocando os cavaleiros ao refeitório para o jantar.

Ervin ocupou o seu lugar à mesa do grão-mestre, entre os comandantes e os outros dignitários da Ordem. Gil sentou-se com os cavaleiros comuns e, por acaso, ao lado de Anselm de-Roshier, o mensageiro de de Molay que lhes trouxera a ordem de ocultar os símbolos, os livros proibidos e os diversos instrumentos que poderiam trair a "Irmandade

---

[2] Cento e cinqüenta pés de altura - Aproximadamente 45 metros.

Secreta dos Iniciados" da Ordem.

Os rapazes deram-se as mãos.

Após a refeição, o irmão Anselm convidou Gil ao seu quarto. Basemon concordou de bom grado. Apesar do cansaço, ele não queria dormir e as longas horas de insônia assustavam-no, pois apareciam-lhe e torturavam-no sem piedade dois terríveis fantasmas: o desespero e o impotente ciúme.

O cavaleiro Roshier levou Gil ao seu quarto, localizado numa das alas do castelo. Lá, eles acomodaram-se confortavelmente com canecos de um bom e velho vinho.

Primeiramente, Anselm perguntou a Basemon sobre os resultados da missão que lhes fora confiada.

— Será que aqui estamos seguros contra ouvidos indiscretos para falar de coisas tão perigosas? — abordou Gil com preocupação, lançando em volta um olhar suspeito.

— Se não estivesse certo disso, não lhe faria tal pergunta. O meu quarto, irmão Gil, localiza-se no canto da ala e o meu único vizinho é o irmão Eli que é, em primeiro lugar, completamente idiota; ora e jejua como um verdadeiro monge; e, em segundo lugar, ele está ausente e retornará só amanhã. Se falarmos baixinho, mesmo que um espião tente ouvir atrás dessa grossa porta de carvalho nada vai conseguir.

Certificando-se mais uma vez, por precaução, que o corredor estava vazio, Gil contou o que fizeram. Depois, por sua vez, perguntou o que acontecia em Paris e se existia ainda o perigo do julgamento da Ordem.

Anselm balançou a cabeça.

— Aparentemente está tudo calmo. Não se comenta mais sobre as acusações de Floyrac e o Rei nos cobre de graças. Assim, ele convidou Jacques de Molay para ser o padrinho do seu filho mais novo e para participar dos funerais de sua cunhada amanhã.

— Esposa de Charles Valois?[3]

— Exatamente! Entre outros importantes dignitários,

---

[3] Charles Valois (1270-1325) - Príncipe francês, filho de Filipe III "o Audaz" e da Princesa Isabel de Aragão, irmão mais novo de Filipe "o Belo". Tornou-se Imperador de Constantinopla em 1301, através de sua segunda esposa, Catarina Valois; teve um terceiro casamento em 1308.

o Rei designou o nosso grão-mestre para carregar o baldaquino. O senhor também, irmão Gil, poderá ir à essa solene cerimônia.

— Irmão Anselm, prefiro dispensar essa honra. Estou esgotado da viagem e, além disso, não confio nessa paz aparente e especialmente nesse esperto rei-traidor. Basta lembrar a história do ano passado com a falsificação da moeda, quando ele aumentou o valor da moeda e reduziu o seu peso, de modo que com duas libras[4] pagava-se oito, e, quando chegava a hora de receber, só aceitava a própria moeda por um terço do seu valor.

Anselm caiu na risada.

— Juro pela minha barba! O que acontecia na época era simplesmente inacreditável. Uma confusão babilônica. Ninguém conseguia entender nada com aquelas moedas que tinham um mesmo número, mas valores diferentes. Por fim, indignaram-se até os nossos infelizes vagabundos, que atiraram-se contra o palácio real e teriam estrangulado Filipe se ele não tivesse conseguido se esconder aqui.

— E tudo acabou por aí?

— Nem tanto! O povo enfurecido perseguiu o Rei e nós talvez tivéssemos que defendê-lo com as armas se a turba imbecil não tivesse parado pelo caminho para saquear a casa de Etien Barbetta que eles culparam pela falsificação da moeda. Acalmados com o saque, os bons parisienses retornaram para suas casas e foram dormir. Com isso terminou o levante.

— E como o Rei se comportou durante esse levante? — perguntou Gil.

— Ele tentava parecer tranqüilo, mas estava muito pálido, mordia os bigodes e bebia vinho sem parar. Em compensação, quando tudo terminou, revelou uma impiedosa crueldade. Centenas de pessoas foram enforcadas em árvores nas redondezas de Paris.

— Dá para confiar num homem tão cruel? Jamais! É exatamente esse excesso de amizade para conosco que me

---
4 Libra - Moeda inglesa.

faz desconfiar dele.

— Evidentemente, ele tem consciência da nossa força e não ousaria atacar a Ordem.

— Queira Deus que assim seja! Mas, diga-me, irmão Anselm, qual foi o motivo de se reunirem aqui todos os nossos comandantes e principais priores?

— Não sei exatamente, mas ouvi dizer que o Rei quis vê-los. Uns dizem que o Rei queria juntar-se à Ordem, mas Jacques de Molay recusou-lhe isso. Outros afirmam que trata-se de um negócio financeiro para o qual é necessária a aprovação de todos os priores.

— Veja bem! Não seria isso uma armadilha à qual atraíram todos os comandantes da nossa Ordem? — perguntou Gil. — Todos os objetos perigosos foram mesmo bem guardados?

— Suponho que sim. Aliás, quem ousaria aparecer aqui para fazer uma busca? O castelo está bem protegido, somos cento e quarenta cavaleiros, sem contar com os simples guerreiros, e podemos facilmente resistir se o castelo for atacado — respondeu Anselm com orgulho.

Gil suspirou e mudou de assunto.

Um pouco mais tarde, foi para o seu quarto, pois sentiu uma terrível dor de cabeça.

O dia seguinte passou tranqüilo. Da janela da torre, Gil viu quando o grão-mestre deixou o castelo acompanhado por um vistoso cortejo para participar dos funerais de Catarina Valois.

Apesar da idade avançada, Jacques de Molay era uma figura imponente e controlava com orgulhosa tranqüilidade o seu fogoso cavalo árabe.

Gil acompanhou com olhar pensativo o refulgente cortejo, pois, apesar da simplicidade oficial, não se permitia aos templários alterar o seu uniforme; os cavaleiros destacavam-se pelas maravilhosas rédeas dos cavalos e pelas armas valiosas tomadas dos sarracenos.

Quando a cavalgada desapareceu ao longe, o rapaz, com um suspiro, afastou-se da janela e retornou ao seu quarto.

Um forte pressentimento de alguma catástrofe perseguia-o insistentemente desde a noite do dia anterior, a ponto de fazê-lo esquecer até a própria desgraça.

O dia seguiu-se terrivelmente longo. Ervin estava ocupado e apareceu só à tarde para conversar com seu jovem amigo, que lhe pareceu um pouco distraído e desolado.

Tentando distrair Gil, Finsterbach combinou que no dia seguinte eles iriam visitar um banqueiro veneziano, seu conhecido, que morava na Rua dos Lombardios. Na casa hospitaleira do rico italiano reunia-se sempre uma numerosa e seleta sociedade. Lá seria o melhor lugar para o seu jovem amigo esquecer os seus negros pensamentos.

Era sexta-feira, 13 de outubro de 1307. Gil acabara de vestir-se e preparava-se para ir à missa. De repente, um ruído surdo e gritos misturados com sons de corno, chamaram a sua atenção.

Extremamente surpreso, o rapaz apurou o ouvido. O ruído aumentava sensivelmente e aproximava-se. De repente, aos ouvidos de Gil chegaram os gritos:

— Traição! Traição!

Mas, tais gritos foram logo encobertos pelo grito de guerra:

— Montjoie Saint Denis![5]

— Ah!... O meu pressentimento!... — murmurou Gil, agarrando a espada e correndo para fora do quarto.

À medida que ele se aproximava do prédio central, os gritos aumentavam. Passando pela janela que saía para o paço principal, o jovem templário parou e olhou para fora.

---
[5] Montjoie Saint Denis - O exército francês utilizava esta expressão como grito de guerra. O significado exato de "montjoie" é desconhecido, mas aparentemente se refere a um monte de pedras utilizadas como marcadores durante as Cruzadas. Posteriormente, a "Oriflamme", uma bandeira francesa especial utilizada durante as principais batalhas, se ligou ao termo. Nos tempos de paz, a bandeira era mantida na Abadia de Saint Denis, local mortuário dos reis franceses que leva o nome do santo padroeiro da França.

Os Templários

O sangue por instantes gelou nas veias, ao ver o que estava acontecendo.

O paço fervilhava de besteiros[6] e outros soldados do Rei. Entre eles, montado no cavalo e em armadura completa mas com a viseira do elmo levantada, estava Filipe IV cercado de cavaleiros e oficiais de justiça. Naquele instante, nos portões do castelo apareceram soldados arrastando amarrados Jacques de Molay, Hugo Penrolt, o grande prior da França, os priores da Normandia[7] e de Aquitânia[8] e alguns outros cavaleiros.

Tal tratamento insultuoso com os principais dignitários da Ordem demonstrava claramente que aquela instituição não era mais temida e seus membros eram considerados criminosos. O tilintar de armas, passos pesados e a exclamação: "Lá está mais um deles!" tiraram Gil do torpor momentâneo. No mesmo instante, viu um destacamento de besteiros do Rei, dirigindo-se correndo para ele. Por um momento, o jovem templário pensou em defender-se, mas o bom senso imediatamente soprou-lhe que qualquer resistência seria inútil e só iria piorar a situação.

Alguns soldados caíram em cima de Gil. Num piscar de olhos ele foi amarrado e arrastado para o paço, onde já estavam reunidos todos os templários encontrados na fortaleza. Em todos os rostos lia-se o horror e a estupefação. Alguns gritos de indignação e protesto foram imediatamente abafados.

Os prisioneiros foram divididos em grupos e, sob a escolta de destacamentos armados, levados a Paris, onde uns foram trancafiados em São Martin-de-Champs e outros no Hotel Savoy. Um pequena parte de cavaleiros foi presa nas masmorras do Templo.

Algumas horas mais tarde, no topo do torreão do irmão

---

6 Besteiro - Soldados cuja arma era a besta.
7 Normandia - Antiga província ao noroeste da França, cuja capital histórica é Ruen. Parte da antiga Gália, a Normandia foi conquistada pelos francos no século V e repetidamente devastada pelos noruegueses; mas em 1204 foi anexada à França depois da invasão e conquista de Filipe II. Henrique V, Rei da Inglaterra, conquistou a região mais uma vez. Em 1450, a Normandia foi permanentemente integrada à França.
8 Aquitânia - Antigo ducado e reino no sudoeste da França.

Hubert desfraldava-se o estandarte do Rei.

Filipe mudou-se com toda a sua família para o Templo. O castelo foi ocupado por um exército de dignitários juízes, convocados pelo Rei para a execução do inventário dos tesouros da Ordem e para a busca de provas de culpa dos templários.

Para grande satisfação de Filipe, ambos os objetivos não só foram atingidos, mas superaram todas as expectativas. O saque dos tesouros tornou o Rei muito mais rico. Durante a busca, foi encontrada uma cabeça humana com barba de prata trazendo o "Número LIII". Aquilo era o suposto "Baphomet" que, conforme a acusação, era adorado pelos templários em suas reuniões.

A notícia da prisão dos cavaleiros templários espalhou-se com a rapidez de um raio por Paris, provocando uma agitação febril entre o povo. O Rei adotou imediatamente todas as medidas para que a irritação popular tomasse a direção que lhe interessava. No mesmo dia do arresto, os cidadãos foram convocados para os jardins reais onde monges com inaudito fervor acusavam os templários de traírem o cristianismo, de inúmeros vícios e do supremo horror de renegar Cristo e profanar a Santa Cruz.

Não satisfeito com tais medidas, o Rei ordenou que fosse divulgada por toda a França a carta que acusava furiosamente os templários.

— É um caso amargo e digno de pena! Um caso sobre o qual é horrível pensar ou ouvir! Um caso infame por ser sacrílego e nojento por ser vergonhoso! — anunciava o arauto do Rei.

Em seguida, enumerando os pontos de acusação, prosseguia:

— Uma alma sensata fica constrangida ao ver uma pessoa ultrapassar os limites naturais da natureza, esquecer a própria dignidade e assemelhar-se a seres irracionais! O que estou dizendo? Ele não se assemelha, mas fica abaixo dos animais...

É fácil imaginar o impacto que causou tal carta. Ela caiu

como um golpe de marreta nas almas simples e devotas.

Diversos comentários, histórias estranhas e inúmeros anexos andavam entre a sociedade e o povo, excitando a sua imaginação. O interesse maior, entretanto, concentrava-se na cabeça com barba de prata, sobre a qual corriam as mais incríveis histórias.

Enquanto tudo isso acontecia, os infelizes templários definhavam nas masmorras na mais terrível expectativa sobre o seu destino.

Gil Basemon, junto com outros cavaleiros, foi trancafiado na abadia de São Martin. Por acaso, ficaram presos com ele o irmão Eli e Anselm de-Roshier. Trancados numa escura e úmida casamata, acorrentados e privados das coisas mais essenciais, os pobres presos suportavam dupla tortura: física e moral. Cada dia parecia-lhes uma eternidade.

Os três companheiros na desgraça revelavam um completo contraste entre si. O irmão Eli era um velho guerreiro, severo, inocente e extremamente devoto, encarava o golpe que caíra sobre a Ordem como castigo pela riqueza e orgulho desta. Ele orava dia e noite, implorando que a Virgem Maria intercedesse diante de seu Divino Filho.

Anselm de-Roshier, filho de família rica, apreciador do luxo e da vida alegre, não conseguia se conformar com todas as amarguras e as privações que era obrigado a suportar. Realmente, com as doze moedas que lhe eram fornecidas, era muito difícil manter-se mesmo com os preços baixos da época, e pagar almoço, jantar, lavagem de roupa, arrendamento de leito, isto é, de punhados de feno, e outras despesas menores.

Mas Gil não se impressionava com nada disso. Vivia em seu mundo interior, no qual desaparecia a amargura do passado e do futuro. O estranho é que este novo e terrível golpe agiu sobre ele como forte reagente. A sua alma de aço recobrou toda a sua força e ele, com fria decisão, preparou-se para o que viesse. Não lamentava a vida e não temia a morte. Fechado em seu sombrio orgulho, aguardava tranqüilamente os próximos acontecimentos.

Parecia que tinham-se esquecido deles. Passaram-se algumas semanas antes que fossem chamados pela primeira vez para o interrogatório, o que, para grande desespero de Anselm, caiu como nova despesa sobre o magro orçamento deles. Era preciso pagar o homem que devia tirar-lhe as correntes e depois acorrentá-los novamente, como também pelo transporte fluvial.

Os primeiros interrogatórios na presença de alguns prelados foram bastante amenos. Limitavam-se somente a perguntas referentes ao cumprimento das regras monásticas pela Ordem, distribuição de esmolas etc. Mas, certa vez, entre os juízes apareceu um monge dominicano — o confessor do Rei e o grande inquisidor da França — e o caso imediatamente assumiu uma posição mais severa. Primeiramente, aos acusados foram lidas as acusações de Floyrac e Nophodey, que se resumiam nos dez pontos seguintes:

1 — Os templários admitidos na Ordem não podiam ter outro objetivo senão servir à Ordem, apesar deste serviço não ser compatível com a justiça e a honra.

2 — Os templários eram aliados secretos dos sarracenos. Ao serem admitidos na Ordem, através de ritos asquerosos, renegavam Cristo e cuspiam na Santa Cruz.

3 — Os templários eram assassinos, ímpios, renegados e heréticos. Matavam a todos que queriam sair da Ordem e destruíam os frutos de suas criminosas relações com mulheres.

4 — Os templários desprezavam a Igreja e a Comunhão. Confessavam-se um ao outro e só externamente agiam de acordo com os mandamentos da religião.

5 — Os templários eram culpados de magia negra e relações com o demônio.

6 — Todos os postos de comando e as fortalezas dos templários serviam de abrigo a inúmeros vícios.

7 — Os templários pretendiam entregar a Terra Santa aos infiéis.

8 — A iniciação do grão-mestre era uma secreta, criminosa e terrível cerimônia.

9 — Todo aquele que entrasse para a Ordem estava

proibido de revelar seus estatutos, pois estes estatutos eram ímpios e anticristãos.

10 — Todos os vícios, crimes e os mais desprezíveis atos não são considerados pecados pelos templários se forem executados para o bem da Ordem.

Após o término da leitura, passava-se para um severo interrogatório, mas os cavaleiros negavam energicamente todas as acusações. Eles afirmavam a uma só voz que sempre cumpriram as regras monásticas, respeitaram a religião cristã e, mais do que qualquer outra pessoa, derramaram seu sangue na proteção da Terra Santa.

— Tudo isso não vale nada sem a fé — respondeu um dos prelados e acrescentou que, para o próximo interrogatório, deveriam preparar tudo que tivessem para dizer em sua própria defesa e em defesa da Ordem.

O novo interrogatório demorou a acontecer. O processo prolongou-se, pois a prisão dos templários provocou um confronto entre o Papa Clemente V e o Rei.

Furioso e surpreso, o Papa, vendo que o Rei perseguia uma ordem clerical que só poderia ser julgada pelo Santo Trono, esqueceu até da própria habitual solicitude em relação a Filipe e com um decreto destituiu do cargo os juízes clericais e até os inquisidores.

No início, o Rei respondeu com severidade, dizendo que em tais casos o uso da delicadeza era criminoso e que ele agia como um lutador e protetor da Igreja. Depois, houve um acordo entre eles e o Rei enviou para o Papa setenta e dois templários de Poitiers. Filipe ordenou também que levassem para lá os chefes da Ordem, os quais o Papa quis julgar pessoalmente. Depois disso, Clemente retirou a excomunhão dos juízes.

O Rei só aguardava aquela decisão para reiniciar energicamente o processo, pois se a Ordem fosse absolvida ele não poderia ficar com as enormes riquezas confiscadas.

Então, um dia, Gil Basemon, seus companheiros de cela e muitos outros templários, entre os quais encontrava-se Ervin Finsterbach, apareceram diante da comissão presidida pelo grande inquisidor da França e confessor do Rei.

As respostas à pergunta do que eles tinham para falar em defesa da Ordem e em sua própria foram diferentes e, por vezes, muito estranhas. Umas, severas e orgulhosas; outras, devotas e tocantes. Assim, o irmão Eli limitou a sua resposta a uma única oração:

— Santa Maria, estrela dos mares! Conduza-nos à enseada da salvação!

Gil, por sua vez, respondeu com orgulho:

— Não posso me defender sozinho contra o Papa e o Rei da França![9]

Mas o Rei precisava de confissões e queria obtê-las de qualquer jeito. Infelizmente, naqueles tempos selvagens e cruéis, os juízes tinham à sua disposição uma terrível ferramenta, a tortura.

As sombrias masmorras da abadia de São Martin encheram-se de gritos e gemidos de infelizes, submetidos às mais terríveis torturas, e as vítimas que eram impiedosamente queimadas e rasgadas confessavam tudo o que os torturadores queriam.

Por fim, chegou a hora de Gil passar pela horrível provação. Ele, então, foi levado à sala de torturas. O espírito do rapaz, entretanto, parecia ter adquirido uma forte têmpera nos longos meses de sofrimento físico e moral. Basemon já tinha visto Anselm e outros retornarem alquebrados, desfigurados e moribundos. Ele tratava-os, trocava os curativos de seus horríveis ferimentos e recebia o último suspiro de alguns deles. Durante esse tempo, preparou-se com inabalável energia para um destino semelhante.

No rosto pálido do rapaz não se notava nenhuma emoção ao pisar naquele local sombrio onde já se derramara tanto sangue. Ele não ficou constrangido nem com o olhar ameaçador e perscrutador que lhe dirigiu Hugo de Cel, o delegado do Rei.

Hugo de Cel e Guillion de Marciliac, dois cavaleiros da

---
[9] Do original russo: Essas duas respostas estão apresentadas literalmente como aparecem no manuscrito sobre o processo. Michelet refere-se a isso no volume III da sua História da França, página 143.

Casa Real, dirigiam por ordem do Rei as torturas dos templários. Seus nomes foram inscritos com sangue nos anais daquele processo graças à impiedosa crueldade com as vítimas e à extraordinária inventividade com que criavam torturas jamais vistas.

Desde o primeiro momento, Gil percebeu que não poderia esperar clemência daqueles homens e nem dos grosseiros e severos carrascos subordinados a eles.

— Irmão Gil Basemon! Você concorda em reconhecer voluntariamente os seus crimes e os crimes da Ordem ímpia à qual pertence, ou deseja que recorramos à tortura? — perguntou Hugo de Cel, após um curto silêncio.

— Por enquanto, nada tenho para confessar e repudio com asco todas as torpezas que atribuem a mim. Mas, pode ser que na tortura não tenha forças e paciência para repetir a verdade e, portanto, confesso que matei com as minhas próprias mãos Nosso Senhor Jesus Cristo — respondeu calmamente Gil.

— Suas insolentes palavras provam que você é teimoso e um grande hipócrita. Felizmente, temos aqui bons meios para soltar línguas tão teimosas como a sua — respondeu o cavaleiro Cel com zombaria.

Em seguida, dirigindo-se aos carrascos, acrescentou:

— Ei, vocês! Dispam este fidalguinho! Para começar façam-no experimentar as lâminas e, se isso não for suficiente, podemos aplicar a água e o fogo. Este pássaro orgulhoso cantará tão rapidamente quanto os outros!

Mas, daquela vez, o terrível carrasco se enganou! Gil permaneceu calado. Apesar das mais horríveis torturas, de seus lábios comprimidos não escapou uma única palavra, nenhum único apelo.

Não vamos descrever os detalhes daquela horrível cena. Basta dizer que quando tiraram de lá o infeliz Gil, seu corpo inteiro era uma grande ferida, e as testemunhas da tortura tiveram de escrever no protocolo as seguintes palavras, significativas e trágicas por sua laconicidade: "Dixit nihil".[10]

---

10 "Dixit nihil" - Expressão latina que significa "não disse nada".

Capítulo 18

Era fim de abril de 1308. Pela estrada poeirenta que levava aos "portões de Barbetta" seguia trotando um grupo de cavaleiros, encabeçado por um velho de barba grisalha e um jovem senhor em rica armadura de Damasco, conforme moda italiana. Entre eles ia também uma dama em trajes negros, cujo rosto estava encoberto por um longo véu. Atrás seguiam a camareira, dois pajens e uns doze homens bem armados escoltando alguns cavalos de carga.

— Chegamos a Paris! Aquele grande castelo é o Templo. Finalmente, chegamos ao objetivo de nossa viagem — observou o cavaleiro mais jovem, indicando as torres que se desenhavam nitidamente no azul escuro do céu.

— Sim, chegamos! Mas, de que forma iremos partir? Será que ainda estão vivos os pobres coitados que queremos salvar? — perguntou a dama com voz baixa e constrita de emoção. — Como eles conseguiram se defender nessa fortaleza inacessível!? — acrescentou ela, olhando trêmula para o enorme e sinistro torreão do irmão Hubert, sobre o qual desfraldava-se o estandarte real azul, enfeitado de lírios.

— Fale mais baixo, Eliza. Não se esqueça que estamos num território perigoso, onde é necessário ser mais cuidadoso com as palavras — observou o cavaleiro jovem, no qual o leitor, sem dúvida, já reconheceu Fúlvio Faleri.

— Cuidado! Preste atenção na estrada! — acrescentou

ele, agarrando o cavalo de Eliza pela rédea, pois este quase caiu numa profunda trincheira que atravessava o caminho.

O grupo seguia em frente em silêncio. Cumprindo as formalidades necessárias junto aos portões, os viajantes entraram em Paris e dirigiram-se direto para a Rua dos Lombardios, onde Fúlvio alugara antecipadamente a casa de um italiano conhecido.

Os moradores atuais da luxuosa e exuberante capital da França jamais conseguiriam ter idéia de como era Paris naquela época. Até os mais antigos quarteirões, tão pouco atraentes ao gosto atual, não dão uma imagem correta das medievais, estreitas, tortuosas e sombrias ruas emolduradas por sujas cabanas ou casas pretas e estreitas com janelas de grades e portas revestidas de ferro. As casas eram freqüentemente enfeitadas por torrezinhas dentadas imitando fortalezas. Por aquelas sujas e estreitas ruas corriam roncando, mugindo, berrando e cacarejando leitões, vacas, ovelhas e galinhas. Os próprios habitantes, com idêntico despudor, ficavam sentados ao ar livre, secando ou consertando suas roupas rasgadas e conversando alto.

Os viajantes não prestaram qualquer atenção àquele espetáculo e preocuparam-se apenas em tomar cuidado para não cair em algum buraco ou atropelar alguma criança que corria pelas ruas ou chafurdava na lama junto com os animais domésticos.

A casa do veneziano Benvenuto Ravelli era bastante grande, bem guardada e luxuosamente mobiliada em seu interior. O amável senhorio deixou à disposição dos hóspedes uma ala inteira da casa que consistia de quatro quartos e onde o grupo de viajantes podia, finalmente, descansar da longa e cansativa viagem.

Entretanto, por mais cansada que Eliza se sentisse, não conseguiu dormir a noite inteira, incomodada por tristes pensamentos. Tanto o passado como o futuro era para ela sombrio e cheio de tristeza.

Nas últimas semanas antes da partida, suas relações com Raymond foram ficando cada vez mais amigáveis. A carinhosa discrição do rapaz e o cuidado que este tomava em todas as medidas para garantir o sucesso de sua perigosa empreitada e fornecer a ela o maior conforto possível comoviam muito a moça. Ela, sem perceber, afeiçoava-se cada vez mais ao marido. Aos poucos, a idéia de pertencer-lhe pelo resto da vida tornava-se cada vez menos pesada. O amor por Gil não tinha apagado, mas assumira uma forma diferente. No espírito honesto, inocente e cheio de fé de Eliza surgiu a idéia de que a morte de Volfram, o horrível episódio no castelo de Ortruda e até a desgraça que recaiu sobre Gil e o pai dela, eram um castigo Divino pelo seu amor criminoso pelo homem que se consagrou a Deus e que, por sua vez, esqueceu os seus votos por causa de um amor terreno.

Por um estranho e fatal acaso, os dois cavaleiros chegaram a Paris exatamente no dia da prisão dos templários pelo Rei. Se a viagem tivesse sofrido um atraso de pelo menos duas semanas, eles estariam a salvo, pois em nenhum lugar da Alemanha houve prisões de templários. Naquele país, quando os templários eram acusados permitiam-lhes que se justificassem pelo sistema de juízes livres de Westfalen,[1] desembainhando a espada, colocando sobre esta dois dedos da mão direita e pronunciando a seguinte fórmula:

— Senhores condes livres! Na parte principal, em tudo que me disseram e de que me acusam não tenho culpa alguma. Que Deus e todos os Santos me ajudem!

Depois disso, o acusado, no caso um templário, pegava uma luva marcada com uma cruz e a jogava como prova ao Conde livre. Em seguida, saía livre e justificado. Mas, Deus não permitiu a Gil nem ao pai de Eliza aproveitar aquela indulgência, talvez vingando-se[2] pelo atentado aos Seus direitos e pela quebra dos dois votos igualmente sagrados. Cada vez que essa idéia passava pela cabeça de Eliza, um pesado constrangimento incomodava-lhe a consciência.

---
[1] Westfalen - Região e antiga província da Prússia, a oeste da Alemanha. É uma das maiores cidades históricas daquele país. Hoje em dia é um estado da Alemanha unificada.
[2] Claro está que essa era uma idéia de Eliza, pois Deus, em Sua infinita bondade, jamais julgaria qualquer um de Seus filhos.

Os Templários

Durante aquela noite em claro, a moça também torturava-se com a lembrança da difícil conversa com Raymond às vésperas de sua partida. Há um certo tempo, Eliza passou a notar que o Conde tornava-se cada vez mais sombrio e preocupado. Toda essa preocupação extravasou naquele último diálogo num grande ataque de ciúmes.

Esquecendo a sensata reserva, Raymond passou a falar com ódio e ciúme ostensivo sobre Gil e exigiu que a Condessa jurasse não conceder a ele nenhum olhar, nenhuma palavra de amor, pois o coração dela pertencia por direito ao marido e não ao maldito monge que ousara levantar os olhos para uma mulher casada.

Tais palavras irritaram e ofenderam Eliza.

— Se você não confia em mim, nada impede que nos separemos. Mesmo que eu estivesse interessada em alguém, você seria a última pessoa que poderia me criticar, pois é o único culpado por isso. Devo ainda acrescentar, Raymond, que é indigno ter ciúmes de um infeliz prisioneiro que talvez esteja suportando os mais horríveis sofrimentos e que uma cruel e injusta lei obrigou a usar as vestes monásticas.

— Ah! Não tente justificá-lo. Não importam os motivos que o levaram a fazer os votos. Ele é obrigado a mantê-los e não a fazer-se de trovador.

— Mas, tem certeza que você também não cometeu algum pecado digno de castigo e do qual o Senhor, em sua misericórdia, o livrou?

Notando que Raymond ficou muito pálido, a moça acrescentou:

— Estou indo a Paris não pelo cavaleiro Basemon, mas pelo meu pai. Quanto ao juramento de comportar-me honestamente e não esquecer a minha dignidade feminina, considero-o um insulto. Jamais esqueci que uso o seu nome, mas você sim esquecia com freqüência que tinha uma esposa. Se alguém precisa de garantia de fidelidade, esse alguém não sou eu!

A discussão teria ficado mais séria não fosse a intervenção de Vart, que estava no quarto vizinho. Raymond desculpou-se e, no dia seguinte, o casal despediu-se fraternalmente.

Agora, em Paris, quando ela sabia que Gil estava próximo, a lembrança dos ciúmes do Conde incomodava Eliza. Como poderia ser ela cruel e fria para com a pessoa que voluntariamente desistira dela e pedia-lhe apenas para lembrar-se dele como um falecido ente querido?

A partir do dia seguinte, Fúlvio e Vart começaram a investigar o destino de Finsterbach e do seu amigo. Primeiramente era preciso saber se eles não estariam entre o grupo de setenta e dois templários enviados a Poitiers. Como era preciso realizar a investigação com cuidado e sem chamar atenção, então passaram-se alguns dias até Vart saber de fonte fidedigna que os dois cavaleiros encontravam-se em Paris e estavam presos na abadia de São Martin.

Fúlvio, por sua vez, entrou em contato com o prelado italiano do Papa, através do senhor Ravelli, que chegara a Paris e que conhecia todos os detalhes do processo dos templários.

Um dia, Fúlvio retornou para casa visivelmente preocupado. Ficando a sós com Vart, o jovem veneziano contou que os dois cavaleiros foram submetidos à tortura; Gil, há três semanas, e Finsterbach, há oito dias, e que se estivessem vivos, encontravam-se na abadia de São Martin.

Mas decidiram não contar a Eliza aquela novidade fatídica até obterem maiores informações, pois a moça já apresentava sinais de febril preocupação, e o olhar cheio de tristeza com que os recebia enchia o coração dos dois homens de pena e comiseração.

Graças ao ouro generosamente distribuído, Vart conseguiu penetrar na abadia e saber do carcereiro que Gil ainda estava vivo, mas encontrava-se em estado desesperador.

Por um feliz acaso, no mesmo dia em que Ervin foi submetido à tortura, um templário preso na mesma cela de Gil morreu e o infeliz Finsterbach ocupou o seu lugar, situação que facilitava bastante uma tentativa de fuga. E se fosse impossível salvar os pobres cavaleiros, podia-se, pelo menos, aliviar um pouco os seus últimos momentos.

Por uma vultosa quantia, o carcereiro que vigiava os presos concordou em deixar Vart entrar na prisão. Ficou acertado entre eles que o Barão, vestido com roupas do povo, iria até o pequeno portão que saía para a horta ao anoitecer. O carcereiro ficaria o aguardando lá e o levaria até os templários.

Satisfeito com o acerto, Vart voltou para casa e achou necessário contar a Eliza pelo menos parte da verdade, a fim de prepará-la para o choque que muito provavelmente a aguardava.

Quando Eliza, como de hábito, correu ao seu encontro e perguntou com voz embargada pelas lágrimas se ele soubera algo de concreto, Vart levou-a ao quarto dela e contou que ambos os cavaleiros estavam doentes, mas felizmente encontram-se na mesma cela. Acrescentou que na noite do dia seguinte iria ver Ervin e depois contaria a ela tudo que soubesse dos próprios prisioneiros.

A palavra "doentes" fez Eliza empalidecer, mas ela absteve-se de qualquer comentário. Só quando Vart calou-se, ela disse com voz suplicante, mas decidida:

— Vovô, me leve junto com você! Eu quero vê-lo!

— Eliza, você não sabe o que está dizendo! O carcereiro não vai concordar com a intervenção de uma mulher numa empreitada tão perigosa, que nada teria a fazer com os templários.

— Por ouro, o carcereiro vai deixar passar tanto você quanto a mim. Posso dizer que sou parente deles. Não agüento mais de ansiedade, pois sinto que vocês ocultam algo de mim e sabem mais do que falam!

Eliza jogou-se no pescoço do velho, implorando-lhe que satisfizesse o seu pedido. Quando, mais tarde, chegou Fúlvio, ela passou a insistir com ele com o mesmo pedido. Comovido e amargurado, o veneziano disse finalmente:

— Precisamos contar-lhe toda a verdade. Só assim vai entender que é impossível atender ao seu pedido.

Faleri, em poucas palavras, contou-lhe que os dois cavaleiros foram submetidos à tortura e que encontravam-se num estado que uma mulher dificilmente iria suportar ver.

A palavra "tortura" fez Eliza cambalear e colocar as mãos na cabeça. Fúlvio amparou-a e fê-la sentar-se na poltrona. Mas, a fraqueza durou só um instante. Mortalmente pálida, mas com os olhos brilhando de energia e decisão, Eliza endireitou-se.

— Já suspeitava disso! Agora, mais do que nunca lhe imploro, vovô, para me levar com você. Como saber se o meu pai vai sobreviver até o dia de amanhã? Rita Ravelli me contou que muitos infelizes submetidos à tortura morriam. Você não sentiria remorsos pelo resto da vida por não deixar que eu me despeça do meu pobre pai?

— Mas, você vai agüentar a horrível visão dos ferimentos? Além disso, seu pai não está sozinho; junto com ele está acamado o cavaleiro Basemon, que é uma pessoa estranha para você — observou Fúlvio, indeciso.

— Se meu pai tem tais ferimentos eu, no mínimo, devo ter coragem de vê-los. Quanto ao senhor Gil, para mim ele não é uma pessoa estranha, pois eu o amo não com o amor terreno que o dever me proíbe e que devo superar, mas com o amor fraternal. Sinto pena e compaixão por ele, pois Deus nos ensinou a nos apiedarmos de todos os infelizes. Isso nem o vô nem você podem me impedir de fazer — respondeu corajosamente a moça.

No final da contas, a insistência de Eliza triunfou sobre a resistência de seus amigos. Quando eles se separaram, Vart prometeu levá-la consigo se o carcereiro concordasse.

No dia seguinte, Vart conversou com o carcereiro e, dobrando a quantia prometida, conseguiu a desejada autorização na condição de que Eliza também estivesse em trajes do povo. Para maior certeza, o carcereiro até entregou ao Barão um traje completo de sua filha que andava livremente por toda a abadia. Assim, se Eliza fosse notada, ninguém lhe prestaria atenção.

O velho carcereiro Tibo era um homem muito prático. Estava contente com o feliz acaso que tão inesperadamente o enriquecia. Como os dois templários já eram considerados moribundos e ninguém mais lhes prestava atenção, Tibo achava que não corria risco algum deixando uns imbecis pagarem tão caro só para ver os malfeitores à beira da morte.

À tarde, Eliza, com o coração palpitante, vestiu a saia grosseira, o corpete preto e o simples adorno de cabeça. Loretta teve de apertar o traje em todos os lugares para acertá-lo à elegante figura de sua senhora. Vart vestiu-se de monge. Sob a larga capa, escondeu uma sacola com instrumentos cirúrgicos, gaze, pomadas e diversos medicamentos. Levou consigo até uma garrafa de vinho velho. Fúlvio, vestindo roupas de soldado e bem armado, resolveu acompanhar seus amigos até a abadia e aguardar lá o seu retorno.

Como era impossível Eliza fazer a pé o longo trajeto pelas ruas da capital, o senhor Benvenuto e sua filha, informados de tudo e condoídos por sua corajosa hóspede, deixaram na viela ao lado do seu jardim uma mula para Vart e um cavalo para Fúlvio, que levaria Eliza na garupa.

O trajeto foi percorrido sem qualquer obstáculo. Indo pela estrada emoldurada por árvores e arbustos, que volteava o alto muro da abadia, os viajantes pararam junto a um pequeno portão. Vart deu três batidas na madeira.

Fúlvio escondeu-se com a mula e o cavalo atrás de um grande arbusto. Ouviu o portão abrir e depois fechar-se cuidadosamente.

O Barão e Eliza, seguindo o carcereiro, atravessaram a horta e por uma portinhola oculta penetraram num corredor sombrio e estreito, mal iluminado pela pequena lanterna acesa por seu guia. O ar do lugar era pesado e úmido; as lajotas de pedra, escorregadias e cobertas de mofo. Para horror de Eliza, enormes ratazanas assustadas com a luz correram pelo corredor, dando encontrões nos pés dos passantes. Mas a moça dominou-se corajosamente e conteve o tremor que sentiu. Chegaram rapidamente até uma porta de ferro bem trancada. O carcereiro abriu-a e eles entraram num corredor mais amplo que terminava numa porta de carvalho enegrecido e chapeada com ferro.

Diante da porta, o carcereiro parou e começou a procurar a chave no molho que trazia pendurado no cinto.

— Hoje pela manhã — disse ele — consegui transferir seus amigos para esta cela isolada a fim de liberar lugar para outros que ainda têm chance de sobreviver. Estes, coitados!..., morrerão a qualquer momento. O chefe da prisão, assim como eu, achou que qualquer lugar serviria para eles esticarem as canelas.

Aquelas palavras grosseiras fizeram o coração de Eliza estancar e ela, por um momento, encostou-se na parede para não cair.

— Coragem, minha filha! — sussurrou Vart.

Em seguida, dirigindo-se ao carcereiro, acrescentou:

— Amigo Tibo, agradeço-lhe por sua atenção. Você, por amor a Nosso Senhor Jesus Cristo, nos deixaria tratar os ferimentos dos enfermos para aliviar-lhes os últimos momentos?

— Hum! Mas, não seria um pecado ajudar malfeitores que cuspiram na cruz? — resmungou o carcereiro.

— Não se preocupe com isso! Lembre-se que o próprio Cristo orou na cruz por seus carrascos e que nos ensinou a amar os nossos inimigos.

— Sim, é verdade! Está bem! Voltarei daqui a meia-hora, pois preciso fazer a ronda e, então, se quiserem, poderei ajudá-los. Aqui está uma grande lanterna. Precisarão acendê-la dentro da cela, pois lá é escuro como num forno.

Com tais palavras, o carcereiro destrancou a porta, acendeu a lanterna e foi embora.

Vart e Eliza entraram num escuro subterrâneo, onde esporadicamente ouviam-se surdos e lúgubres gemidos. Quando seus olhos se acostumaram à penumbra do ambiente, distinguiram no chão dois grosseiros leitos de palha nos quais estavam deitadas figuras humanas. Provavelmente, os pobres coitados não prestaram qualquer atenção à chegada dos visitantes. Um deles virou-se para a parede e o outro continuou deitado imóvel, de braços estendidos ao longo do corpo. Não fosse a respiração intermitente e os roucos gemidos, eles facilmente seriam tomados por mortos.

Vart pôs a lanterna sobre a mesa de pedra e abriu o seu saco. Em seguida, acendeu uma grossa vela que levara consigo, aproximou-se de um dos prisioneiros e iluminou-lhe o rosto.

Aquele era Ervin, envelhecido, terrivelmente mudado e pálido como a morte. A camisa outrora branca estava em farrapos e manchada de sangue. Suas pernas estavam recobertas com trapos ensangüentados. Era ele quem soltava gemidos lamentosos.

Eliza caiu de joelhos e, inclinando-se para o infeliz, murmurou com voz contida:

— Pai! Querido pai! O que aqueles monstros fizeram com você?

O ferido estremeceu e abriu os olhos. Por instantes, seu olhar obscurecido vagou pelos rostos de Eliza e de Vart, provavelmente não os reconhecendo. De repente, em seus olhos acendeu-se uma expressão de carinho e infinita felicidade.

— Minha querida filha!... Tio Conrad!... Oh! Como Deus foi misericordioso por permitir-me vê-los antes de morrer!... Mas, por que milagre?...

A fraqueza impediu Ervin de prosseguir. Ele fechou os olhos e perdeu os sentidos.

— Ele morreu! — exclamou Eliza, fora de si.

— Não, apenas desmaiou — respondeu Vart, examinando o paciente.

Naquele instante, ouviu-se uma voz fraca e rouca:

— Água!... Água, por piedade...

Eliza estremeceu. Era a voz de Gil. A moça agarrou a mão de Vart e apertou-a nervosamente.

— Vou agora mesmo preparar uma bebida para ele — disse Vart. Enquanto você vai dar-lhe de beber, cuidarei de seu pai. Mas, o importante é manter a coragem! Não é hora de fraquejar.

— Sou forte! — respondeu Eliza, passando a mão pela própria testa úmida.

Seus olhos refulgiam como fogo febril e neles brilhava uma exultante energia.

Eliza ajudou Vart a encher uma taça de água, na qual o

ancião acrescentou a metade do conteúdo de um pequeno frasco com tampa dourada. De um outro frasco, o Barão colocou algumas gotas na caneca e tirou do saco uma toalha.

— Com a água da caneca lave o rosto do paciente e faça-o beber o conteúdo da taça. Isso irá aliviá-lo.

Contendo com dificuldade o tremor nervoso, Eliza aproximou-se de Gil e ajoelhou-se ao seu lado. Apesar da penumbra, a jovem notou com dificuldade como ele havia mudado. Naquele rosto moribundo, de barba desgrenhada, pálido, desfigurado e de olhos afundados nas órbitas, dificilmente poderia reconhecer-se o belo cavaleiro e músico genial que conquistara o seu coração.

Uma calorosa compaixão e amarga piedade apertou o coração de Eliza. A moça afastou com cuidado as mechas de cabelos embaraçados que aderiram à testa úmida e enxugou seu rosto com uma tolha molhada.

O toque da água fria e aromática, fez Gil estremecer e abrir os olhos. Seu olhar estranho e febril fixou-se no rostinho encantador e molhado de lágrimas que inclinava-se sobre ele.

— Eliza!... Está aqui?! Ou é a grande libertadora que assumiu as suas queridas feições?

— Sou eu, Gil! Vim aqui com o vovô para tentar salvá-lo e ao meu pai também. Então, tenha coragem e beba esta taça. Isto vai reforçá-lo.

— O Barão Vart está aqui?... Oh! Vart! Dê-me a morte por essa mão amorosa!... Oh! Faça um ato de misericórdia e livre-me desse sofrimento infinito! — exclamou Gil com força inesperada.

O rapaz tentou levantar-se, mas imediatamente, com um gemido surdo, caiu para trás. Vart aproximou-se rapidamente de Basemon.

— Acalme-se, cavaleiro, e beba isso! Quanto ao resto, vamos deixar Deus decidir — disse o Barão, ajudando Eliza a levantar a cabeça do ferido, que bebeu avidamente o conteúdo da taça.

Quase imediatamente seus olhos fecharam-se e ele pareceu congelar com a boca entreaberta.

— Você atendeu o pedido dele, vovô, e favoreceu-lhe a morte? Realmente, isso seria um ato caridoso do qual eu não poderia reclamar — murmurou Eliza com lábios trêmulos.

— Não, minha filha! Não tenho o direito de fazer isso. Dei-lhe um narcótico que me permitirá trocar suas ataduras sem causar-lhe mais sofrimentos. Além disso, esse remédio dará ao seu pai e a Basemon algumas horas de alívio. Assim que Tibo chegar vou examinar os ferimentos e fazer os curativos.

— Deixe-me ajudá-lo, vovô! Sou sua aluna e você sempre elogiou a leveza das minhas mãos e a minha habilidade de fazer curativos.

— Com muito prazer, minha filha! Sei que tem experiência nessa arte, necessária para cada mulher nobre. Mas, terá coragem suficiente para ver ferimentos que, sem dúvida, são bem mais horríveis do que simples machucados?

— Vou ser corajosa! Quando não conseguir mais, então o carcereiro o ajudará.

Sem perder tempo, começaram o trabalho. No primeiro momento, a visão do corpo dilacerado, dos ossos expostos e de todos os escabrosos sinais de tortura fez Eliza quase sentir-se mal, mas ela dominou energicamente a fraqueza. Muito pálida, ajudou Vart a lavar os ferimentos, colocar sobre eles a córpia[3] e a pomada e endireitar os membros retorcidos. Quando Tibo chegou, só lhe restou ajudar a levantar, a virar e a vestir os feridos com roupas limpas levadas pelo Barão, que agia com a destreza de um hábil cirurgião.

Começaram por Ervin e depois ocuparam-se de Gil. Apesar do sedativo, os infelizes não paravam de gemer a cada toque.

Finalmente os dois cavaleiros foram colocados sobre uma espessa camada de palha fresca e cobertos com grossos cobertores de lã que o carcereiro arranjou em troca de ouro. Por mais grosseirão que fosse este último, ficou comovido

---

3 Córpia - Pano de linho desfiado, utilizado em curativos de ferimentos antes do aparecimento da gaze.

com a coragem e a tristeza da bela moça, prometendo visitar os feridos para saciar-lhes a sede e dar-lhes os remédios preparados por Vart. Tibo prometeu também fazer tudo que dependesse dele para transferir os prisioneiros para uma cela mais confortável e, de tempos em tempos, deixar o Barão visitá-los para trocar os curativos.

Muito reconhecida, Eliza tirou do dedo um anel e ofereceu-o ao carcereiro. Em seguida, beijou a mão do pai e despediu-se de Gil com um longo olhar. Agora, ambos dormiam aliviados.

O Barão e Eliza retornaram para casa sem qualquer problema. Quando Eliza ficou sozinha no quarto, a sua energia aparente acabou de repente e ela desmaiou. Fizeram-na recuperar os sentidos, e logo um forte sedativo fê-la mergulhar em sono profundo.

— A pobre criança demonstrou hoje uma coragem sobre-humana — observou Vart com um suspiro, assim que ficou a sós com Fúlvio. — Eu mesmo tremi ao ver o estado dos pobres coitados. Aqueles canibais fizeram-nos literalmente em pedaços.

— Você acha o estado deles muito grave?

— Ervin pode sobreviver, mas sentirá até a morte as conseqüências da tortura. Quanto a Basemon, seu estado é quase desesperador. O auxílio que ele necessitava demorou demais e temo que esteja com algum problema interno muito grave. Na verdade, ele parece feito de ferro. É de surpreender que não tenha morrido até agora. Em todo caso, passarão muitos meses antes que se possa, pelo menos, pensar em sua recuperação.

O choque suportado por Eliza foi tão forte que ela ficou acamada por duas semanas. Mas, mesmo quando recuperou-se totalmente, Vart recusou-se categoricamente a levá-la consigo, dizendo que os pacientes estavam melhor e que a visita dela só iria emocioná-los, o que lhes seria prejudicial.

Vart e Fúlvio mantinham-na informada das novidades. Ambos tomaram todas as medidas para aliviar o destino dos dois templários, o que agora já não era muito difícil, pois o caso deles tinha assumido uma reviravolta mais favorável. O Papa designou uma comissão composta preferencialmente de bispos, presidida pelo arcebispo de Narbonne,[4] uma pessoa fraca e dócil. Além disso, o Papa e o Rei continuavam a discutir e a negociar as duas grandes empreitadas daquela época que eles mantinham bem seguras: o processo de Bonifácio VIII[5] e o processo dos templários.

Chegou o momento de uma certa trégua.

Vart e Faleri aproveitaram-se disso e conseguiram algum alívio no destino dos dois prisioneiros. Um agia através dos bispos; o outro, através dos banqueiros italianos de Filipe "o Belo". Como resultado, os dois templários foram transferidos para uma das torres, cuja cela arredondada era seca e iluminada. Com a ajuda do ouro, os amigos conseguiam fornecer-lhes um certo conforto e alimentação nutritiva. Eliza enviava-lhes saudações, flores e livros sacros.

Finalmente, dois meses depois daquela horrível visita, Vart falou a Eliza que, na noite seguinte, ela poderia acompanhá-lo para ver o pai.

A moça ficou entusiasmada. A emocionante novidade distraiu sua atenção de outra coisa que a perturbara há alguns dias. Eliza recebeu de Raymond a resposta à sua carta. O Conde, em termos extremamente calorosos, expressava suas condolências à infelicidade do cavaleiro Finsterbach e dizia ter esperanças de que conseguiriam salvar a ambos os templários.

Realmente, o ciúme de Raymond desapareceu quando ele ficou sabendo do triste destino do rival. Na opinião do

---

[4] Narbonne - Cidade do sul da França, próxima à costa do Mediterrâneo.
[5] Dentre os acordos feitos entre Filipe IV e o Papa Clemente V, estava o de destruir e anular a memória de Bonifácio VIII. O Rei desejava que Bonifácio fosse excluído da lista de papas como herege e blasfêmico; uma vingança por sua excomunhão promulgada por Bonifácio.

jovem Conde, um homem doente e deformado não poderia rivalizar com ele e uma vida real, novas obrigações e filhos fariam Eliza esquecer definitivamente o seu infantil e passageiro sonho de amor.

Raymond escrevia a esposa sobre a sua vida no mosteiro, sobre as longas meditações junto ao túmulo do pai, sobre os planos para o futuro e sobre a sua impaciência de iniciar vida nova com ela, de quem uma infeliz coincidência de situações separou-o por tanto tempo.

A última parte da carta preocupou muito Eliza. Apesar da firme decisão de manter sua promessa e ser para Raymond uma esposa amorosa e dedicada, ela estava assustada com a paixão do Conde que soava em cada frase. Apesar de tudo, Gil ainda era-lhe muito caro e o amor que sentia por ele e que considerava criminoso ocultava-se agora sob a forma de infinita compaixão.

Mas a notícia de que iria ver os dois prisioneiros, fê-la esquecer-se de tudo. Dessa vez, eles foram por outro caminho. Penetraram por uma passagem secreta na cela da torre, onde, em leitos simples mas limpos, estavam deitados os feridos. Estes ainda estavam muito pálidos, mas já moviam os braços e sentavam-se apoiados em almofadas.

Duas janelas estreitas e com grades estavam abertas, fazendo entrar no quarto o ar noturno, fresco e morno. O quarto estava iluminado por velas em candelabros de ferro.

Eliza jogou-se nos braços do pai e cobriu-o de beijos, depois aproximou-se de Gil e estendeu-lhe ambas as mãos.

— Permita-me beijar essas misericordiosas mãos que não tiveram nojo de tratar meus ferimentos — disse o jovem templário com um olhar cheio de amor e de reconhecimento.

Eliza ficou vermelha e declinou quaisquer agradecimentos, dizendo estar apenas fazendo o seu dever; mas o brilho de seus olhos demonstrava a felicidade que sentia naquele momento.

Conversaram sobre diversas novidades, sobre a morte de Volfram e os trágicos acontecimentos que a motivaram.

Ao saber do grande perigo que Eliza tinha corrido, ambos os cavaleiros tremeram de horror. Ficaram sabendo com grande satisfação da morte de Ortruda e do castigo dos luciferianos.

Notando a profunda emoção de Gil e observando a expressão de sombria tristeza que apareceu em seu rosto, Eliza tentou mudar de assunto e começou a perguntar se eles sentiam falta de alguma coisa e se desejavam algo especial que poderia ser realizado.

Ervin sorriu e disse que estava satisfeito com tudo; Gil, entretanto, acrescentou, tentando parecer alegre:

— O que podemos querer mais? Temos um bom quarto, boa alimentação, nos mimam com guloseimas e livros e estamos sendo tratados por dois verdadeiros magos na arte da medicina; um boa fada nos visita. Além disso, nossos juízes nos deixaram em paz até o momento em que ou nos inocentam ou nos mandam para a fogueira.

Eliza soltou um grito surdo, empalideceu e pôs as duas mãos na cabeça. Ela lembrou da visão que teve no castelo Zapnenstein no dia da partida de Gil, quando viu o jovem templário numa fogueira ardente. Aquela visão, tão incrível e inexplicável na época, tornava-se agora uma sinistra possibilidade, e era tão forte que a moça não conseguia conter-se.

— O que aconteceu? — perguntou Gil, assustado.

Ele não esperava que suas palavras causassem tal reação.

— Senhor Gil, por que fica falando essas coisas horríveis que me fazem gelar o sangue nas veias?! O senhor sabe perfeitamente que vamos ajudá-los a fugir e vocês viverão tranqüilamente na Alemanha, no castelo do vovô — reclamou Eliza com voz intermitente.

Lágrimas grossas rolavam por suas faces.

— Pelo amor de Deus, acalme-se e perdoe as minhas palavras tolas! — exclamou Gil com desespero. — Eu estava brincando! Ninguém tem o direito de nos queimar e, mesmo que sejamos sentenciados à fogueira, não ficaríamos esperando que nos fritassem se temos a possibilidade de fugir, pois a nossa saúde melhora rapidamente e a cada dia recuperamos mais forças.

Mas, Basemon e Ervin debalde tentaram convencer Eliza; ela permaneceu triste, nervosa e preocupada. Ao despedir-se dos prisioneiros, a moça começou novamente a chorar para grande decepção de Gil, que amaldiçoava-se por suas descuidadas palavras.

No dia seguinte, quando Fúlvio levantou-se, Eliza foi ver o jovem veneziano e pediu-lhe com tanta insistência que consultasse o futuro, que ele não pôde recusar-lhe.

— Não tenho aqui nem o espelho mágico e nem outros instrumentos necessários, com a ajuda dos quais poderia ver o futuro em todos os detalhes, mas farei o que for possível para satisfazer o seu pedido — respondeu Fúlvio, dirigindo um olhar cheio de amor e compaixão para o rostinho pálido daquela a quem amava de forma tão pura e desinteressada.

Depois de pensar um pouco, Fúlvio encheu de água uma cuba de vidro, que colocou sobre uma folha de pergaminho branco, e acendeu em volta deste três velas. Em seguida, baixou as pesadas cortinas das janelas.

Retirando de uma caixa de marfim um pequeno frasco cheio de líquido cor de safira, despejou na cuba algumas gotas. A água acendeu-se numa chama azulada que apagou-se em poucos segundos, mudando o conteúdo da cuba para um líquido fosforescente com reflexos metálicos.

Fúlvio ficou por muito tempo observando a superfície do líquido parecido com um espelho móvel. Eliza via com silenciosa tristeza como o expressivo rosto dele foi ficando gradativamente mais sombrio. Por fim, o veneziano afastou a cuba e disse com um certo vacilo:

— Seu pai será salvo...

— E quanto a Gil?... Conte-me toda a verdade, Fúlvio.

— Sobre ele paira a fatalidade e você deve acostumar-se à idéia de sua morte. Devo acrescentar que a saúde dele está irremediavelmente abalada e penso que, durante a tortura, ele recebeu alguma grave afecção interna que...

— Não, não! Ele morrerá de morte violenta! Eu sabia disso — interrompeu-o Eliza.

Então, em lágrimas, ela contou a Fúlvio a sua sinistra visão.

Vendo o desespero da moça, Fúlvio tentou acalmá-la afirmando que talvez fosse possível mudar o destino fatal. Mesmo que não pudesse salvar a vida do infeliz templário, em todo caso podia-se livrá-lo dos terríveis sofrimentos da execução.

Eliza agarrou-se àquela esperança e desde aquele dia só pensava na fuga que se preparava para os prisioneiros. Aguardavam somente o momento em que os cavaleiros estivessem em condições de montar a cavalo. Ficou decidido que os dois deixariam Paris junto com Fúlvio, disfarçados de soldados do seu séquito, e tentariam chegar à fronteira o mais rapidamente possível. Vart e Eliza seguiriam atrás deles, mas bem mais devagar, pois a idade do Barão e o sexo de Eliza não permitiam viagens rápidas.

Eliza observava com febril impaciência as melhoras dos feridos que evoluía com desesperadora lentidão. Ervin, por estar menos traumatizado, recuperava-se mais rapidamente, mas Gil permanecia fraco e movimentava-se com dificuldade.

Com tristeza e amargura, Eliza convencia-se da estranha mudança ocorrida na alma do infeliz rapaz. A vivacidade enérgica e a agitação que o caracterizava tinha mudado agora para uma permanente melancolia. Parecia que a desumana força de vontade durante a tortura quebrara alguma mola em sua alma. Só quando via Eliza, acendia-se em seus olhos uma expressão de alegria.

A moça visitava assiduamente a cela na companhia de Vart ou de Fúlvio. Esforçava-se para parecer alegre e tentava apoiar a recuperação dos cavaleiros com a esperança de rápida libertação.

Certa vez, quando todos estavam reunidos e seu pai discutia com Vart detalhes da fuga, Eliza inclinou-se para Gil, triste e pensativo, e perguntou baixinho:

— Por que está tão triste? Pense sobre o futuro e não sobre o passado. Logo estará livre e esquecerá tudo que suportou injustamente.

Gil estremeceu e dirigiu à moça um olhar estranho.

— Injustamente?... Não Eliza, o que suportei foi um justo castigo, pois sou um grande criminoso. O Senhor foi infinitamente misericordioso comigo, arrancando-me do abismo onde vegetava a minha alma e colocando em meu caminho você, um anjo bom e puro, cuja influência me fez voltar na direção da salvação. Sua compaixão e seu amor deram-me forças para suportar a provação física e espiritual. Por isso, não importa qual seja o meu futuro e o que me reserva o Criador; aceitarei tudo com docilidade e reconhecimento.

Vendo as lágrimas de Eliza, Gil acrescentou, beijando suas pequenas mãozinhas:

— Não fique triste, Eliza! Acredite que estou dando muito valor à liberdade que me espera. Tenho esperanças que Deus, em sua misericórdia, irá prolongar a minha vida o suficiente para eu poder corrigir os erros do passado e iniciar uma nova vida digna dos meus votos monásticos.

Uma pergunta de Ervin interrompeu-o e a conversa tornou-se geral.

Capítulo 19

Finalmente os dois cavaleiros melhoraram o suficiente para poder marcar o dia da fuga da prisão. Fúlvio preparou ótimos cavalos, capazes de executar uma longa corrida.

Pálida e com o coração palpitante, Eliza orava e ficava olhando pela janela, aguardando o retorno de Vart que chegaria para informar a ela o resultado da tentativa de fuga.

Era uma noite escura sem lua, inteiramente favorável àquela perigosa empreitada.

Mas, parecia à moça que a ausência de Vart prolongava-se demais e ela tremia de impaciência e preocupação.

Finalmente ouviram-se passos masculinos e o Barão entrou no quarto. Estava pálido e emocionado.

— Não conseguiram? — murmurou Eliza, ficando branca como lençol.

— Não, acho que seu pai já está a salvo. Ricchio Ravelli, que retornou junto comigo, disse que graças ao salvo-conduto que arranjou, Ervin e Fúlvio puderam deixar a cidade. Se sobre eles ainda recair alguma suspeita, duvido que os alcancem.

— Então Basemon não está entre os fugitivos? — perguntou Eliza, murmurando com voz abafada. — Você não citou o nome dele nenhuma vez!

— Infelizmente! — disse Vart, dirigindo à moça um olhar de comiseração. — A fatalidade pesa sobre ele. Nós descemos muito bem. Estava muito escuro, mas não se podia acender fogo. No momento em que eles foram montar a cavalo, Gil, que já não tinha a destreza anterior, fez um movimento desajeitado e caiu com tanta infelicidade que quebrou o braço e desmaiou. Foi impossível trazê-lo conosco. Seu pai quis ficar com ele de qualquer jeito, mas eu e Fúlvio opusemo-nos energicamente. Então, jurei a Ervin que não partiria de Paris sem Gil, se fosse possível salvá-lo.

— Nada pode salvá-lo! Ele está condenado pelo destino! — disse Eliza com lábios trêmulos.

— Faremos tudo que depender de nós, e o resto estará nas mãos de Deus. Por enquanto, tivemos de deixá-lo junto à torre, embaixo da janela. Tibo pendurou uma corda rompida para que pensassem que os prisioneiros queriam escapar sem o conhecimento do carcereiro.

— Santo Deus! Vocês o deixaram sozinho à noite no chão úmido e sem qualquer ajuda em vez de trazê-lo para cá?

— Eu pretendia fazer isso, minha filha, apesar de não termos direito algum de submeter o honesto Ravelli ao perigo de ser acusado de esconder em sua casa um templário fugitivo. Mas, foi impossível fazê-lo. Perdemos muito tempo. A cada momento poderia passar a ronda e o carcereiro negou-se terminantemente a ajudar-me nisso. Aliás, nem posso criticá-lo; ele tem família. Amanhã saberei o que aconteceu e vou pensar o que será possível fazer pelo infeliz Gil.

A esperança de estabelecer novo contato com Basemon não se realizou. O jovem templário foi transferido para outra cela e colocado sob severa vigilância. O carcereiro não foi colocado sob suspeita, mas castigaram-no por negligência.

Ervin não foi encontrado. O rico veneziano que partiu na mesma noite de Paris a negócios inadiáveis não foi colocado sob suspeita de ter alguma relação com o templário desaparecido.

Passaram-se algumas semanas de infrutíferas tentativas para saber alguma coisa sobre o destino do pobre Gil Basemon. De repente, correu o boato de que alguns templários, entre os quais encontrava-se Basemon, tinham sido condenados à fogueira e que a execução fora marcada para o dia seguinte.

Ao saber que a sua horrível visão iria se realizar, Eliza desmaiou. O próprio Vart ficou profundamente chocado e amargurado.

É difícil descrever o que passou Eliza no terrível dia que antecedeu a execução. Ela, entretanto, não chorava. O horror diante do porvir parecia paralisá-la. Vart saiu ao amanhecer e retornou só à tarde. Estava triste e esgotado. Beijando Eliza, o Barão disse:

— Minha pobre filha, reúna forças se quiser ver Gil pela última vez para dar-lhe a alegria de trocar com você um olhar de despedida.

— Claro que quero! Mas, onde e como? — perguntou Eliza, tremendo como em febre.

— Acalme-se e ouça o que consegui fazer hoje. Como Deus não nos permitiu salvar esse pobre homem, resolvi pelo menos livrá-lo do terrível sofrimento de ser queimado vivo. Mas, para isso, precisava preveni-lo de alguma forma. Então, o Senhor me enviou a idéia de visitar um velho monge que conheço há tempos e que sei que é muito devoto, humanitário e misericordioso. Hoje, pela manhã, fui vê-lo e pedi-lhe para transmitir algumas palavras de despedida a um jovem templário condenado, que conheço desde a infância e que, francamente, considero inocente dos crimes de que acusam a Ordem. O monge suspirou e, depois de pensar um pouco, disse:

— Não sou juiz desses infelizes e não vejo nenhum mal em levar algum alívio ao moribundo. Dê-me o seu bilhete e tentarei entregá-lo! Me aguarde aqui!

— Ele ficou fora durante três horas e retornou preocupado e pensativo. Contou-me que exigiu ver os condenados como confessor e o deixaram passar sem problemas. Ele viu Gil e ficou impressionado com a sua coragem e submissão ao destino. Ele passou a Gil o meu bilhete, no qual eu informava que estaria na praça de execução disfarçado de monge com uma cruz branca nas mãos. Eu me aproximaria dele e ele beijaria a cruz e a minha mão. Aproveitando esse momento, eu colocaria em sua boca um comprimido. Acrescentei que ele poderia vê-la, pois você estaria na janela de uma casa que indiquei a ele. Para maior segurança, escrevi tudo em alemão, que o padre Martin não conhece, mas ele trouxe o bilhete de volta. Nas costas, pela mão de Gil, estavam escritas algumas linhas.

Vart retirou um pequeno rolo de pergaminho e leu as seguintes palavras:

"Agradeço-lhe, meu magnânimo e incansável amigo, pela derradeira prova de amor que me alivia profundamente neste terrível momento. Cumprirei à risca suas instruções. Transmita a Eliza o meu último adeus, o profundo reconhecimento por tudo que ela fez por mim e pela felicidade suprema de permitir que a veja. O meu último pensamento será para ela e nele estarei implorando ao Senhor que conceda-lhe a felicidade. Diga-lhe também que imploro a ela que tenha forças para orar por mim durante a execução, para que Deus conceda a paz e o perdão à minha alma criminosa. A oração pura dela alcançará o altar do Criador Misericordioso; me apoiará no terrível momento e me consolará na vida Além-túmulo.

Gil"

Lágrimas caíam em silêncio dos olhos de Eliza. Quando o Barão calou-se, ela caiu em pranto convulsivo. Vart nem tentou consolá-la. Ele próprio sentia um grande peso na alma e entendia que para o coração sofrido da moça as lágrimas seriam o melhor remédio. Esgotando parcialmente o choro, Eliza endireitou-se aparentando cansaço.

— Vovô! Dê-me esse pergaminho; quero guardá-lo de lembrança. Diga-me que casa é essa de onde vou ver o...

Sua voz cortou.

— Essa casa pertence a um velho amigo de Ravelli que, no momento, está ausente. Lá mora apenas a zeladora com sua filha. Essas pessoas são fiéis e dedicadas ao seu amo. A casa fica na praça perto do local da execução. O cortejo de condenados passará sob as suas janelas. Se você subir na torre lateral, poderá ver a praça inteira e tudo o que acontecer por lá. Só que deve ir para lá ao amanhecer. Ricchio e Loretta irão acompanhá-la. Enquanto isso, eu devo ocupar o meu posto na multidão.

— Como são bondosos o senhor Benvenuto e o seu filho prestando-nos tanta ajuda em tudo! — disse Eliza, agradecida e profundamente emocionada.

Depois, abraçando o Barão, acrescentou:

— Você também, vovô! Como é grande a sua misericórdia! Que riscos você corre para aliviar os sofrimentos do infeliz! Eu, entretanto, quero pedir-lhe mais um favor...

— Diga, minha filha, e se isso estiver dentro das minhas possibilidades, o farei. Quanto ao resto, estou apenas cumprindo o meu dever de cristão.

— Gostaria que você conseguisse os restos mortais de Gil, pois, do contrário, eles serão jogados numa vala qualquer. Vamos levá-los à Alemanha e os sepultaremos perto do seu castelo.

— O seu pai já me fez um pedido semelhante no caso de seu infeliz amigo morrer aqui, e prometi fazê-lo. Portanto, quanto a isso, pode ficar sossegada! Agora, vá descansar! Amanhã precisará de toda a sua coragem.

— Vou agora orar e o Senhor me dará forças — respondeu a moça com simplicidade.

No dia seguinte, antes do amanhecer, Eliza em trajes negros e com um longo véu sobre a cabeça, embarcou junto com Loretta numa liteira fechada e, sob a guarda de Ricchio Ravelli, dirigiu-se à casa indicada. Lá, sentou-se imediatamente junto à janela aberta que saía para a rua onde já se reunia uma grande multidão de curiosos. A moça parecia tranqüila. Entretanto, o brilho anormal dos olhos, a grande palidez e o tremor nervoso que abalavam seu corpo comprovavam que tal tranqüilidade era só aparente e custava-lhe um esforço sobre-humano.

Passou-se uma hora longa e cansativa como a eternidade. De repente, ecoou um ruído distante e surdo, ouviu-se um canto fúnebre e de uma das ruas adjacentes surgiu o sinistro cortejo.

À frente, iam os besteiros e um destacamento de cavalaria; atrás deles seguiam monges com cruzes nas mãos; depois vinham novamente os besteiros e, finalmente, aos pares os templários condenados.

Gil seguia por último. Seu olhar sombrio e ardente procurou avidamente pela casa indicada e, em seguida, fixou-se como encantado na figura de Eliza que ficou em pé e levantou o véu. No seu rosto imóvel e pálido, só os olhos pareciam vivos; mas neles refletia-se tanto sofrimento, tanta mescla de amor, compaixão e desespero que Gil estremeceu e em seu rosto emagrecido surgiu um rubor febril.

No olhar de Gil também surgiu uma expressão indescritível. Tudo isso aconteceu com a rapidez de um raio, mas o pensamento falava mais claramente do que as palavras.

Eliza entendeu tudo: a jura de eterno amor, o grito de agradecimento e a amargura da despedida.

Instantes mais tarde, estava tudo acabado. O condenado passou pela casa e seguiu adiante, cabisbaixo.

Eliza acompanhou-o com os olhos até que os besteiros, que fechavam a procissão e a densa multidão de espectadores, ocultasse os condenados de sua visão.

— Agora, vamos subir na torre — disse Eliza com voz rouca.

Apoiada por Ricchio, pois em certos momentos as pernas recusavam-se a obedecer-lhe, a moça subiu a escada e chegou a uma pequena plataforma.

Daquela altura, Eliza via claramente as fogueiras preparadas com os lúgubres postes fincados em seu centro, diante das quais o cortejo parou. Uma densa massa de curiosos apertava de todos os lados os condenados e a escolta.

O coração de Eliza batia fortemente. Parecia que toda a sua alma concentrava-se nos seus olhos e ela estava absorta num único pensamento: será que Vart conseguirá aproximar-se de Gil?

Não se sabe se por conseqüência da terrível excitação,

mas Eliza de repente sentiu uma estranha sensação acompanhada por um fenômeno inexplicável.

Parecia estar separando-se do corpo e voando no espaço, mas sendo segura por certos laços que lhe causavam uma dor aguda. Ao mesmo tempo, a praça, as fogueiras e tudo que se agitava em volta, aproximava-se rapidamente e tornava-se tão claro como se toda a terrível cena acontecesse aos pés da torre. A moça não apenas via, mas ouvia o ruído e os gritos dos soldados afastando a multidão. Cada palavra feria o seu ouvido como o som de algum sino aéreo.

Lá estava o Barão Vart, vestindo uma batina de monge. Ele saiu da multidão com uma cruz nas mãos. Graças ao empurra-empurra reinante, conseguiu aproximar-se de Gil. Este beijou a cruz com devoção e inclinando-se para a mão do monge, disse com voz intermitente:

— Abençoa-me, padre!

Vart abençoou-o com o sinal da cruz e recuou; mas Eliza notou quando ele enfiou algo na boca do condenado.

Alguns minutos mais tarde, Gil apareceu na fogueira; os carrascos amarraram-no ao poste. O jovem templário estava tranqüilo. O seu olhar dirigia-se para a torre distante. Então, ele sorriu. Talvez, tenha notado o véu negro que o vento matinal agitava sobre a cabeça de Eliza.

Mas, de repente, o olhar dele enevoou-se e foi tomado por uma paralisia apática. Parecia nem notar as chamas que já estalavam aos seus pés e lambiam a sua túnica branca. No ar soaram gritos horríveis provocados pelo sofrimento desumano, mas não eram gritos de Gil, pois sua cabeça pendeu de repente, todo o seu corpo relaxou e ficou dependurado imóvel nas cordas que o prendiam.

Quase no mesmo instante, Eliza fechou os olhos e caiu desfalecida nas lajotas de pedra da plataforma.

Quando, após algumas horas, recuperou-se do desmaio, ela sentia-se muito mal. Os acessos de febre alternavam-se com fraqueza. Vart até temia que a Condessa tivesse novamente apanhado a terrível doença nervosa que durante tanto tempo deixou a sua vida por um fio.

Entretanto, nada disso aconteceu. Após oito dias, o estado de saúde de Eliza melhorou e restou só uma enorme fraqueza que a própria jovem tentava vencer, pois ansiava partir o mais rapidamente possível. Ela preferia hospedar-se em alguma estalagem no caminho desde que partisse o quanto antes daquela odiosa cidade.

As forças da jovem voltaram mais rapidamente do que o esperado e, três semanas depois da execução dos pobres templários, Vart e sua acompanhante deixaram Paris. Foram acompanhados até os portões da cidade por toda a família Ravelli, seus novos e dedicados amigos que compartilharam com eles aqueles terríveis momentos.

Quando diante deles delineou-se novamente o maciço castelo, uma terrível amargura encheu o coração de Eliza e ela olhou com ódio mortal para o estandarte enfeitado de lírios, cujas dobras azuladas desfraldava-se graciosamente sobre a ponta do lúgubre torreão do irmão Hubert.

— Oh! Que todo o sangue e todas as lágrimas que fez derramar, recaiam sobre você e seus descendentes, maldito e cruel Rei! — murmurou Eliza com os lábios trêmulos.

Se a visão espiritual de Eliza pudesse penetrar no futuro, através da escuridão de cinco séculos, teria visto um evento estranho e fatal. Um outro Rei da França adentrava na torre do Templo,[1] mas na qualidade de prisioneiro; seu filho e herdeiro suportou verdadeiros suplícios e os lírios destronados foram afogados num mar de sangue.

Filipe "o Belo" também nada sabia sobre as leis da Causa e Efeito, do equilíbrio que reina igualmente tanto na vida dos impérios quanto na vida pessoal. Conforme essas leis, cada injustiça realizada provoca indefectivelmente uma reação que, às vezes, é adiada por longo tempo, mas é inevitável. A destruição da Ordem dos Templários foi para os contemporâneos equivalente à destruição de um mundo. Por mais

---

[1] Rochester se reporta ao tempo do Rei Luís XVII, filho de Luís XVI e de Maria Antonieta. As torres do Templo serviam de prisão real. Luís XVI e sua família foram encarcerados ali em 1792. Após a morte do pai, Luís XVII foi confiado ao sapateiro Simon, vindo a falecer em 8 de junho de 1795 em virtude de condições insalubres.

que fossem culpados os "iniciados" da Ordem, a crueldade bárbara e desumana com que expulsaram e perseguiram os outros inocentes, permaneceu como uma injustiça que após quatrocentos e cinqüenta anos provocou uma reação que abalou o mundo e destruiu a monarquia francesa.[2]

Vamos acrescentar aqui certos detalhes sobre os processos seguintes dos templários, nos quais não estavam implicados os personagens deste relato.

O processo prosseguiu lentamente. A cruel insistência do Rei da França não encontrou nos outros países o apoio com que ele contava. Em 1310, os templários foram libertados em Ravenna,[3] Mainz[4] e Salamanca.[5] Mas, Filipe não podia permitir inocentar aquelas pessoas se pretendia ficar com seus pertences e estava decidido a isso. Hipócrita e cruel, deixou os comissários do Papa e outras personalidades discutindo a culpa dos templários enquanto ele próprio tomava as medidas necessárias para o caso tomar a direção que lhe interessava. O arcebispo de Paris, criatura do Rei, julgou os templários e cinqüenta e quatro deles foram condenados à fogueira.

Essa inusitada execução foi realizada junto aos portões de Santo Antoine diante de uma multidão estarrecida e muda de surpresa e horror.

Após uma nova série de conversações entre o Papa e o Rei, a Ordem dos Templários foi destruída em 1312. Parte de suas posses passou para a Ordem dos Cavaleiros de São João de Jerusalém ou os "hospitalários", à qual aderiu parte dos ex-templários.

Apesar desse ruidoso caso parecer concluído, o Rei con-

---

[2] A reação a que Rochester se refere e que abalou a Europa e o mundo foi a Revolução Francesa (1789-1799), movimento que derrubou a monarquia de Luís XVI, Rei da França, e propiciou a conquista do poder pela burguesia. O livro "**A Flor de Lys**", do autor Roger Ferraudy (*Edittora do Conhecimento*, 1ª edição) relata em detalhes os bastidores da Revolução Francesa.
[3] Ravenna - Capital da província de mesmo nome, no norte da Itália, próxima ao Mar Adriático, ao qual se liga por um canal.
[4] Mainz - Capital de Rhineland-Palatinale, no oeste da Alemanha; é uma das maiores cidades históricas daquele país.
[5] Salamanca - Situada no centro-oeste da Espanha se tornou famosa depois da fundação de sua universidade por Afonso IX, em 1218, rivalizando com Bolonha, Paris e Oxford, expandindo assim a filosofia árabe para o Oriente.

tinuou mantendo na prisão Jacques de Molay e outros três dignitários da Ordem: o visitador da França e os priores da Normandia e de Aquitânia, cujos destinos o Papa resolveu decidir pessoalmente.

A comissão composta de prelados e cardeais reuniu-se em Paris e parecia ter conseguido a confissão dos acusados, mas depois dois deles, Jacques de Molay e o Príncipe da Normandia, renegaram a confissão. O caso deveria ser novamente reaberto. Ao saber disso, o Rei ordenou que os agarrassem, sem o conhecimento dos juízes, e na tarde do mesmo dia — era 18 de março de 1313 — o grão-mestre e o Príncipe da Normandia foram queimados vivos na mesma fogueira. A execução ocorreu na ilha localizada entre os jardins reais e Augustinianos, onde hoje ergue-se a estátua de Henrique IV.[6]

Essa execução arbitrária, sem a anuência dos juízes, foi um verdadeiro assassinato.

Jacques de Molay, durante o terrível sofrimento que foi propositadamente prolongado com refinada crueldade e que ele suportou com incrível estoicismo, invocou a Justiça Divina e convocou o Papa e o Rei a comparecer diante do Juízo Divino: o Papa, em quarenta dias, e o Rei, em um ano. Ambos, de forma fatídica foram fiéis ao convite marcado. Clemente V, conforme a tradição, enlouqueceu e morreu num ataque de loucura, corroído por dores de consciência e visões aterradoras. Filipe "o Belo" morreu numa caçada, destroçado pelos chifres de um veado.

Conforme a tradição, no dia seguinte à execução, o cavaleiro Omore e sete outros templários, disfarçados de pedreiros, recolheram devotamente as cinzas da fogueira.

Surgiu depois uma nova ordem de franco-maçons, a dos "pedreiros livres", vingadores terríveis e inimigos do papado, do cristianismo e do poder real monárquico.

---

[6] Henrique IV (1553-1610) - Rei da França de 1589 a 1610, fundador da dinastia dos Bourbons.

Estava uma linda tarde de outono.

Quatro personagens reuniram-se no laboratório do Barão Vart em seu castelo no Tirol, onde no início deste relato conhecemos Ervin e Volfram.

Juntos à mesa estavam sentados o proprietário do castelo e Finsterbach, envelhecido, grisalho e doentio, em trajes civis. Mais adiante, junto à janela aberta, estavam Fúlvio e Eliza, pálida e desolada.

A moça tinha chegado naquele dia pela manhã. A felicidade de ver o pai são e salvo e de encontrar novamente o seu amigo Fúlvio, provocou pela primeira vez um sorriso em seus lábios pálidos. Mas essa alegria logo obscureceu quando soube que Fúlvio partiria no dia seguinte e ficaria longe por longo tempo.

Às suas perguntas preocupadas e protestos, Fúlvio respondeu que, depois de ter trazido Ervin a salvo, era obrigado a viajar para Veneza, pois o próprio doge[7] deu-lhe a entender que ele estava ignorando demais os negócios da República e que, até então, jamais tinha ocupado qualquer cargo público.

— Depois, ofereceram-me o lugar novamente vago de podesta de Condia e tive de aceitar essa proposta — acrescentou Fúlvio com um sorriso. — Essa atividade irá afastar-me dos sedentários trabalhos científicos. Em alguns anos, espero livrar-me disso e, então, voltarei com novo ímpeto aos meus estudos preferidos. Nem é preciso dizer, minha querida Eliza, que para você o palácio Faleri continuará como sempre a casa de seu irmão, onde sempre será a dona e a Rainha. Espero que você e seu marido vão visitá-lo. No caso de eu resolver passar algumas semanas em Veneza, os avisarei com antecedência.

Eliza, portanto, precisava se conformar com a partida do amigo. Quanto a Vart, este percebeu que o veneziano pretendia encontrar na nova atividade, um esquecimento

---
7 Doge - Chefe da República de Veneza (século VII a XVIII).

definitivo e o equilíbrio do espírito. Antes de entregar-se definitivamente à ciência, ele queria conseguir poder olhar para Eliza sem sentir emoção nem ciúmes.

Após o jantar, que passou muito tristemente, apesar dos esforços de Fúlvio e de Ervin para animá-lo, o veneziano saiu com Vart para discutir negócios importantes.

Ervin ficou a sós com a filha. Foram até o quarto do cavaleiro, onde iniciaram uma conversa mais íntima.

Finsterbach contou a Eliza sobre a viagem e como instalara-se ali, onde tudo lembrava-lhe a própria juventude. Em seguida, contou que Raymond tinha ido visitá-lo várias vezes e causou-lhe uma impressão muito agradável.

Vendo a emoção de Eliza e o rubor febril que apareceu em sua face ao ouvir o nome do marido, Ervin acrescentou:

— Você vai achá-lo mudado para muito melhor. Ele tornou-se sério e sensato. Dá para notar que os trágicos acontecimentos que suportou, especialmente a morte do pai, marcaram-no para sempre. Tivemos uma conversa muito séria, na qual ele confessou ser muito culpado ante você, mas que anseia com toda a alma corrigir a sua culpa.

— Sei disso, pai, mas temo que não consiga ser para o Conde a esposa que ele deseja.

— Por que isso?

Eliza nada respondeu e abaixou a cabeça.

Ervin pegou-a pela mão, que apertou calorosamente e disse:

— Minha filha, por que não quer confiar-me que em seu coração está viva a lembrança de outra pessoa? Preciso contar-lhe que pouco antes da nossa fuga, Gil confessou-me tudo que aconteceu entre vocês e o meu coração esvaía-se em sangue ao imaginar o destino fatal que os separou. Mas, esse mesmo destino que perseguiu e destruiu com tanta insistência o meu pobre amigo, comprova que essa era a vontade Divina. Devemos submeter-nos e aceitar os desígnos de Deus, mesmo que não os entendamos.

— Não estou contrariada com o meu destino, pai. Desejo iniciar uma nova vida com a melhor das intenções; temo somente que Raymond exija de mim um amor exclusivo. Talvez ele não entenda que o meu coração está sofrendo, que não posso esquecer assim de repente a pessoa que amo e que tornou-se para mim duas vezes mais cara em virtude de seu fim e simplesmente jogar-me alegremente nos braços de outro — disse Eliza baixinho, enxugando as lágrimas.

Ervin balançou a cabeça.

— Por que está tornando o seu dever ainda mais pesado com meras suposições? Estou convencido que Raymond a ama com pureza d'alma, o que pode servir de garantia de sua felicidade. Quem ama deve ser paciente e magnânimo. Seria insensato de sua parte tratá-lo com insultante indiferença e entregar-se a infinitas lamentações. Permita-me lembrá-la que não existe nada mais perigoso que sonhos doentios que enfraquecem e desequilibram a alma. O passado, por mais amargo que tenha sido, torna-se somente uma lembrança. Você pode venerá-lo, mas na vida real deve viver para o futuro. E por que não poderia amar Raymond? Ele foi seu amigo de infância e a pessoa mais próxima que lhe restou, pois estou aleijado e perto da sepultura. À sua volta, tanto quanto à volta dele, tudo morreu, tudo foi destruído... Seria perfeitamente natural se vocês se afeiçoassem um ao outro. O amor aparecerá mais tarde e lhes trará a felicidade. Agora, minha filha, vá dormir! Você precisa descansar bastante depois dessa longa e cansativa viagem.

Obedientemente Eliza despediu-se do pai e foi para o seu quarto. Mas, em vez de ir dormir, sentou-se junto à janela e entregou-se aos próprios pensamentos.

Seu coração estava pesado; uma tristeza nervosa a incomodava. Desde a morte de Gil parecia-lhe que algo arrebentara em sua alma: sentia um certo vazio. Eliza não demonstrava o seu desespero e não chorava. Até agradava-lhe aquele torpor apático após todas as terríveis emoções que suportara nos últimos meses. A notícia da partida de Fúlvio deu-lhe o primeiro empurrão e o próximo encontro com Raymond desencadeou definitivamente tal torpor. Apesar dos seus pedidos de adiar por alguns dias o envio da mensagem comunicando a Raymond a sua chegada, Ervin mesmo assim mandou o mensageiro ao Conde dizendo a ela que um adiamento maior seria um insulto imerecido ao seu marido.

Agora, no silêncio noturno, a ferida em seu coração abriu-se novamente. Eliza reviveu toda a lamentável epopéia de seu amor infeliz e lágrimas amargas corriam-lhe dos olhos. Em dois ou, no máximo, três dias Raymond chegaria e, então, os seus pensamentos seriam um pecado. Ela tinha prometido voluntariamente ser sua esposa. E, naturalmente, não seria com pensamentos num outro alguém que ela demonstraria sua gratidão ao marido por sua magnânima permissão para ela ir a Paris e salvar não só o pai, mas também o seu rival.

De repente, Eliza sentiu um irrefreável desejo de visitar o túmulo de Gil. Finsterbach lhe disse que o jovem templário fora enterrado no fundo do jardim e, conseqüentemente, não seria difícil para ela localizar a sepultura. Por enquanto, ela ainda era dona de sua própria vontade e poderia livremente, sem testemunhas e na presença só de Deus, despedir-se do falecido e de todo o seu passado.

Eliza enrolou-se na capa e desceu apressadamente para o jardim coberto pelo luar. Logo notou ao pé de um carvalho secular um monumento tumular, composto de uma larga lápide de mármore com uma grande cruz em seu topo. Na lápide estava esculpida uma única palavra: "Gil" e embaixo, num mosaico púrpura, a imagem de um pentagrama.

Junto ao túmulo havia um banco, o que provava que Ervin Finsterbach gostava de ir ali para pensar sobre o seu finado amigo.

Com um tremor nervoso, Eliza ajoelhou-se e encostou a cabeça na pedra fria. Lágrimas quentes molharam-lhe o rosto. No espírito da moça despertou toda a amargura que suportara no dia da terrível execução e ela imaginava com uma nitidez doentia os restos mortais desfigurados e enegrecidos do cavaleiro que o carrasco entregou ao Barão Vart e que descansavam agora debaixo daquela lápide.

Aos poucos, o lamento, o desespero e a compaixão transformaram-se em fervorosa prece. Num ímpeto apaixonado, Eliza implorava ao Pai Celestial para que Ele, pela terrível expiação terrena que Gil suportara, perdoasse-lhe os erros e concedesse ao seu espírito paz e a bem-aventurança do paraíso.

Um leve estalar interrompeu sua oração.

De repente, Eliza estremeceu. Uma voz bem conhecida e amada sussurrou-lhe:

— Eliza!

Tremendo com todo o corpo, a moça levantou a cabeça e em seus lábios congelou-se um grito de alegria e de medo.

Junto à cruz estava Gil. A luz do luar cobria sua alta e esguia figura, vestida numa túnica de um branco resplandecente com a cruz púrpura no peito, que parecia emitir uma luz fosforescente.

Aquele não era mais o pálido e emagrecido prisioneiro de rosto desfigurado pelos sofrimentos e nem o sombrio e demoníaco monge, revoltado com o próprio destino. Agora, o belo e rejuvenescido rosto de Gil respirava bem-aventurança e paz; um sorriso encantador vagava em seus lábios e seus olhos escuros dirigidos para Eliza brilhavam com amor e reconhecimento.

— Que a minha memória não obscureça a sua vida! Viva feliz, amorosa e amada! — pronunciou a voz sonora como se estivesse distante.

O espectro inclinou-se e tocou com a mão transparente na testa de Eliza. Em seguida, a visão empalideceu e pareceu desvanecer-se na luz do luar.

Eliza continuou ajoelhada por instantes, como paralisada e sem tirar os olhos da lápide, na qual apoiava-se a visão. Depois persignou-se, beijou a laje de mármore e retornou para casa.

Uma alegre paz enchia a alma da moça, afastando a amargura do passado e os pressentimentos ruins sobre o futuro. Ela tinha visto Gil. Ele estava feliz, reconciliado com

Deus e abençoava a sua nova vida. Oh! Como Deus foi misericordioso, dando-lhe aquele supremo consolo!

Após uma fervorosa prece de agradecimento, Eliza deitou-se na cama a adormeceu feliz e tranqüila.

Dois dias depois, pensativa e séria, Eliza estava parada junto à janela aberta da torre olhando a trilha serpenteante que conduzia ao castelo de Vart. Na véspera, despediu-se de Fúlvio e agora aguardava Raymond. Para encontrar o marido, vestiu um traje cor-de-rosa. Em seus cabelos negros brilhava uma coroa de nove dentes que prendia um longo véu de gaze. Sua aparência em nada deveria lembrar ao Conde a tristeza que reinava em seu coração.

De repente, Eliza ficou vermelha e seu olhar vislumbrou a cavalgada que surgiu na curva da estrada aproximando-se rapidamente do castelo. Ela logo reconheceu Raymond e, meia-hora depois, o Conde apeava do cavalo no paço nobre do castelo.

Eliza aguardava-o no saguão. Ela olhava com curiosidade e com um leve temor para o marido. Ervin estava certo: Raymond mudara para melhor. Emagreceu e tornou-se mais sério, o que o fizera parecer ainda mais com o falecido pai. Trajava um camisolão de veludo violeta e tinha nos ombros uma capa bordada com peles. Aquele rico e sóbrio traje servia-lhe extraordinariamente.

Feliz e satisfeito por Eliza ter ido recebê-lo no paço, Raymond desceu rapidamente do cavalo e abraçou carinhosamente a esposa. A moça pareceu-lhe linda como uma fada e o embaraço que avermelhou suas faces a tornava ainda mais encantadora.

Vart e Finsterbach aguardavam o jovem casal no alto da escada. Eles abraçaram Raymond e dirigiram se ao grande salão, onde todos brindaram à saúde do Conde e de sua jovem esposa.

Ao término do almoço, após uma animada conversa durante a qual trocaram novidades, o casal retirou-se para os aposentos que lhes prepararam. O Conde queria descansar do jantar e conversar a sós com Eliza, que ficou observando-o às escondidas.

Ao ficarem a sós, os jovens sentaram-se no banco que ficava no profundo nicho da janela. Por instantes, mantiveram silêncio. De repente, Raymond puxou Eliza para perto de si e perguntou com um leve vacilo:

— Eliza! Seja franca comigo: as sombras do passado foram afastadas? Elas vão obscurecer o nosso futuro? Você quer ou pode me amar totalmente? Também serei franco com você. Mais do que nunca a amo e tudo farei no mundo para reparar os erros que cometi no passado e fazê-la feliz. Mas não desejo ser apenas aturado e contentar-me com os estilhaços do seu coração.

Eliza levantou a cabeça e, sem o menor vacilo, dirigiu o olhar claro e franco nos olhos obscurecidos do Conde.

— Do passado restou apenas um túmulo, junto ao qual espero que você me permita orar de vez em quando. O espírito de quem lá repousa não irá incomodá-lo. Mas o futuro, Raymond, depende de você. Tanto quanto você, estou inspirada das melhores intenções e de todo coração desejo proporcionar-lhe a felicidade. Por fim, confio à sua magnanimidade e ao seu amor um coração não partido mas cansado, para que ele fique curado e entregue-se inteiramente a você.

Raymond abraçou e beijou ardentemente a esposa.

— Muito obrigado! Acredito em você e acredito no nosso futuro! Amanhã mesmo voltaremos a Reifenstein e iniciaremos lá a nossa nova vida.

— Sob a égide dos nossos entes falecidos que irão orar por nós e nos guardar. Raymond! Realize um desejo meu! Antes de voltar a Reifenstein, vamos rezar um pouco no túmulo de seu pai.

— Concordo! — respondeu o Conde, olhando a esposa com muito amor.

Três dias mais tarde, o suntuoso cortejo dos jovens condes Reifenstein já encontrava-se à vista do seu castelo familiar. A antiga fortaleza estava enfeitada de guirlandas e bandeiras em comemoração à chegada da nova proprietária. De ambos os lados da estrada aglomerava-se o povo que acorreu para ver a chegada dos condes e receber as generosidades distribuídas por ordem de Raymond. À frente de todos seguiam músicos tocando alegres árias; atrás destes ia um escudeiro portando a bandeira do condado. Os condes montavam lindos cavalos cobertos com xairéis bordados a ouro. Atrás deles vinha um longo séquito de pajens, escudeiros e guerreiros. Raymond e Eliza seguiam lentamente, respondendo com acenos de cabeça aos alegres cumprimentos dos vassalos, aos quais o tesoureiro distribuía trocados.

O jovem casal conversava tranqüilamente. Pela manhã, eles tinham orado junto ao túmulo de Volfram e o caminho inteiro ficaram falando sobre o falecido e lembrando a infância. Quando o castelo já estava à vista, Raymond repentinamente soltou uma gargalhada. Eliza, surpresa, cobriu-o de perguntas e ele, finalmente, contou-lhe todas as tocantes peripécias do dia do seu casamento. A moça, no início, riu às lágrimas e depois observou num tom misto de raiva e brincadeira:

— Se você foi com tanta má vontade para o altar a ponto do tio Volfram precisar apelar para medidas tão severas para obrigá-lo a casar-se comigo, então deveríamos nos separar! Então, por que depois você foi tão contrário ao divórcio?

— Porque havia chegado o momento previsto por meu pai, e aprendi a dar valor à pérola cuja posse ele tão sabiamente reservou para mim — respondeu Raymond alegremente. — Quanto àquele episódio tragicômico, este prenunciava os obstáculos e as lutas que durante tanto tempo envenenaram a minha felicidade. Finalmente, o destino fatídico foi vencido, os obstáculos afastados e o velho ninho dos Reifenstein, cheio de alegrias e esperanças, recebe a sua maravilhosa senhora! Portanto, vamos esquecer as sombras do passado e viver o presente!

Fim

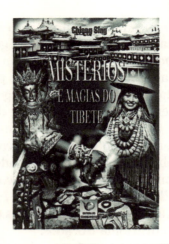

Mistérios e Magias do Tibete
CHIANG SING
ISBN 85-7618-081-2 • Formato 14 x 21 cm • 256 pp.

Tibete! Uma das regiões mais misteriosas do mundo.

A jornalista Chiang Sing, foi a primeira brasileira que conseguiu ingressar nessa terra ignota, e durante meses a atravessou no rumo da cidade sagrada de Lhasa, descobrindo no trajeto as facetas mais fascinantes da espiritualidade do seu povo, para relatar nesta obra.

Poderes psíquicos que produzem fenômenos quase inacreditáveis, tradições e festas ancestrais, a incrível materialização dos mestres no Festival de Wesak, a "sombra do Buda" numa caverna sagrada, instruções da sabedoria milenar dos lamas e seus ensinamentos secretos, predições surpreendentes, monges que levitam, rituais da magia das sombras, a fantástica eficácia de uma medicina milenar. Tudo isso e muito mais transita nestas páginas, enquanto em seu texto fácil e agradável, viajamos junto com a autora na vastidão do "país das neves".

Um sucesso editorial que retorna para fascinar novos leitores.

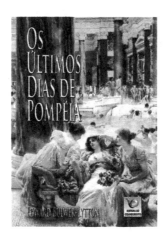

Os Últimos Dias de Pompéia
EDWARD BULWER-LYTTON
ISBN 85-7618-042-1 • Formato 14 x 21 cm • 512 pp.

Em meio à tragédia que se abate sobre a cidade de Pompéia no ano de 79 d.C., quando as lavas do adormecido Vesúvio ressurgem petrificando para sempre o cotidiano e as riquezas de seus habitantes (aliás, uma alegre e imponente engrenagem de prazer!), ganha vida a atribulada história de amor entre o rico ateniense Glauco e a bela napolitana Ione. O romance surge num ambiente marcado pela inveja e pela maldade de Arbaces, cujo gélido semblante parece entristecer o próprio Sol. A qualquer preço o astuto mago egípcio pretende possuir sua jovem tutelada, e acaba por envolvê-la num plano sórdido e macabro que choca pela crueldade.

Pontuada por intrincados lances de puro lirismo, fé e feitiçaria, a trama envolve ainda os primórdios do cristianismo, que busca se afirmar numa cultura marcada pelo panteísmo e pela selvageria das arenas e sua sede de sangue.

Narrado brilhantemente por Edward Bulwer-Lytton, numa perspectiva presente, este instigante romance histórico, aqui condensado em um único volume, revela que a eterna busca do homem pelos valores superiores ultrapassa a própria História e até as grandiosas manifestações da natureza.

Com toda certeza, *Os Últimos Dias de Pompéia* é obra de enorme valor literário que vai conquistar o leitor brasileiro, assim como ocorreu em inúmeros países onde foi traduzido e se fez best-seller.

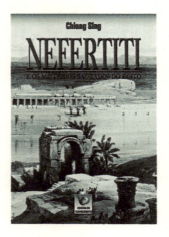

Nefertiti e os Mistérios Sagrados do Egito
CHIANG SING
ISBN 85-7618-065-0 • Formato 14 x 21 cm • 352 pp.

Nefertiti e os mistérios sagrados do Egito não é uma obra a mais sobre a terra dos faraós; é uma contribuição séria e importante para aqueles que desejam penetrar no âmago da história do antigo Egito e desvendar os sagrados mistérios de seu povo, seus costumes, seus deuses e seus governantes. O leitor pode aceitar ou não as conclusões que Chiang Sing apresenta, porém é incontestável a seriedade dos seus documentos e a inegável honestidade das fontes que ela utilizou como alicerce para a confecção desta obra histórica. Inspirada nos papiros, Chiang Sing preferiu adotar a versão de que Nefertiti é quem foi a incentivadora do culto a Aton no Egito, contribuindo para a transformação das idéias religiosas de seu esposo, o faraó Akhnaton. "Que cada um escolha a sua própria versão. A verdadeira talvez nunca venha a ser conhecida", afirma o diplomata egípcio Mohamed Salah El Derwy admirador e amigo da autora.

OS TEMPLÁRIOS
foi confeccionado em impressão digital, em outubro de 2023
Conhecimento Editorial Ltda
(19) 3451-5440 — conhecimento@edconhecimento.com.br
Impresso em Luxcream 80g - StoraEnso